LE LANGAGE DES SIGNES
Aspects psycholinguistiques et éducatifs

Jean-Adolphe Rondal
Fabienne Henrot
Monique Charlier

Le langage des signes

Deuxième édition

MARDAGA

© Pierre Mardaga éditeur
Hayen 11 - B-4140 Sprimont
D. 1997-0024-14

A Alexandra-Jane

«Tout Sourd & Muet qu'on nous adreffe, a déjà un langage qui lui eft familier, & ce langage eft d'autant plus expreffif, que c'eft celui de la nature même, & qui eft commun à tous les hommes. Il a contracté une grande habitude de s'en fervir pour le faire entendre des perfonnes avec qui il demeure, & et il entend lui-même tous ceux qui en font ufage. Il manifefte fes befoins, fes defirs, fes inclinations, fes doutes, fes inquiétudes, fes craintes, fes douleurs, fes chagrins, &c. &c., & il ne fe trompe pas, lorfque les autres expriment de pareils fentimens. Il reçoit & exécute fidèlement les commiffions dont on le charge, & il en rend un compte exact. Ce font les différentes impreffions, qu'il a éprouvées au dedans de lui-même, qui lui ont fourni ce langage fans le fecours de l'art. Or ce langage eft le langage des fignes.

On veut donc l'inftruire; & pour arriver à ce but, il s'agit de lui apprendre la langue Françoife. Quelle fera la langue Françoife. Quelle fera la méthode la plus courte & la plus facile ? Ne fera-ce pas celle qui s'exprimera dans la langue à laquelle il eft accoutumé, & dans laquelle on peut dire même que la néceffité l'a rendu expert ?» (pp. 36-38).

Charles MICHEL, ABBE DE L'Epée, Instituteur gratuit* des sourds et muets
(Institution des Sourds et Muets par la voie des signes méthodes, Paris, 1776).

---

* C'est le titre que se décernait lui-même l'Abbé de l'Epée (d'après un autographe d'époque).

Avant-propos

Un ouvrage de synthèse, et en même temps d'ouverture et d'interrogation sur les pistes à découvrir et à fouiller en matière de langage des signes est de toute évidence nécessaire, tant les problèmes qui se posent à ce sujet et qui concernent au premier chef l'éducation de l'enfant sourd et la communication entre personnes sourdes et entre personnes sourdes et entendantes, sont aigus et bien insuffisamment compris.

Si l'on excepte les travaux de Pierre Oléron (1950, 1952, 1974, 1978, 1981), et ceux de Christiane Lepot-Froment (*L'enfant sourd raconté par ses parents*, Louvain-la-Neuve, Cabay, 1981), Danièle Bouvet (*La parole de l'enfant sourd*, Paris, Presses Universitaires de France, 1982), Busquet et Mottier (*L'enfant sourd. Développement psychologique et rééducation*, Paris, Baillière, 1978), Bill Moody (*La langue des signes*, Paris, Ellipses, 1983), Christian Cuxac (*Le langage des sourds*, Paris, Payot, 1983), et Joseph Coll (*L'enfant malentendant*, Toulouse, Privat, 1979), la littérature de langue française sur le langage des sourds, les problèmes psychologiques et sociaux liés à la surdité et l'éducation de l'enfant sourd reste très peu fournie. Le présent travail vise à combler, au moins partiellement, certaines lacunes en ce domaine. Le point de vue d'ensemble est celui de la psychologie du langage. Les implications éducatives des données rapportées et des problèmes posés n'ont cependant pas été délaissées; bien au contraire.

L'ouvrage comporte de nombreuses illustrations et, notamment, des reproductions de signes gestuels. A ce sujet, nous n'avons pas invariablement précisé l'origine de ces signes (American sign language, langage des signes français), notre propos n'étant pas essentiellement lexicographique. Nous renvoyons les lecteurs intéressés aux dictionnaires de signes gestuels mentionnés dans le cours de l'ouvrage.

Nous exprimons notre gratitude à notre collègue et ami Jésus Alégria de l'Université Libre de Bruxelles qui a aimablement mis à notre disposition certains articles et livres spécialisés. Nous avons eu l'occasion à diverses reprises au cours des dernières années d'échanger au sujet de certains points repris dans le livre avec notre collègue le Professeur Jean Mélon, éminent spécialiste des problèmes médicaux de la surdité, Sonia Demanez, psychologue et directrice du Centre de Montegnée, dans la banlieue liégeoise, et les directeurs de l'Institut Royal pour les Handicapés de l'Ouie et de la Vue (I.R.H.O.V.) de Liège, Claude Hustinx et Michel Marlaire. Plus récemment, des contacts établis avec Jean-Marie Capouillez, directeur de l'Ecole Intégrée de Bruxelles, nous ont permis de mettre à jour notre information sur l'approche générale et les techniques éducatives qui sont celles de cet établissement. Que ces personnes trouvent ici l'expression de nos sentiments amicaux. Nos remerciements vont également à Bernard Mottez, directeur du Centre d'Etudes des Mouvements Sociaux, qui nous a accueilli à Paris et fait visiter la «Tour de Vincennes». Son rôle dans la nouvelle reconnaissance de la langue des signes français (LSF) a été prépondérant.

Nos remerciements vont encore à Jean-François Bachelet pour sa relecture attentive du manuscrit et l'exécution des tableaux et des figures, à Agnula Castias pour son aide secrétariale précieuse et sa diligente dactylographie du manuscrit terminal, à Renée Zeyen et à Francisca Prados pour leur aide dactylographique et à Jean-Pierre Thibaut, Joelle Mocci, Dominique Berger, Nicoletta Mascilli, Martine Ghiotto, Martine Haidon, Martine Warland et Jean-Claude Massart pour leur aide lors de la préparation du manuscrit terminal. Nous remercions également le Fonds National Belge de la Recherche Scientifique pour le généreux financement d'une partie de nos recherches et sa participation financière à plusieurs déplacements et séjours d'études effectués au cours des dernières années.

Nos bonnes pensées vont également à nos amis américains Don Moores, Bob Hoffmeister et Julia Maestas y Moores, respectivement du Gallaudet College, Boston University, et Georgetown University à Washington, D.C. Ce sont eux qui voilà déjà quelques années nous ont introduits au monde des gestes communicatifs à Minneapolis, State College, Pensylvania et Boston. Leurs travaux sur le sujet, parmi les plus connus internationalement, ont contribué et contribuent encore à éclairer bien des problèmes difficiles dans le contexte de la communication par signes gestuels, du développement, du langage et de l'éducation des enfants sourds. Ils ont largement influencé nos conceptions et notre écriture.

Enfin, la première motivation et les conceptions qui ont présidé à l'élaboration du présent ouvrage doivent beaucoup à un cours de langage gestuel organisé à Heusy-Verviers en 82-83 par Fabienne Henrot et enseigné par Maurice Hayard. Divers échanges de vue, à cette occasion, entre Maurice Hayard, Francine Henrot et les deux premiers auteurs ont permis de préciser certaines des questions de départ et ont aiguisé notre curiosité pour les problèmes de la communication par signes gestuels. Nous leur exprimons également notre gratitude.

Table des matières

AVANT-PROPOS 7

TABLE DES MATIERES 11

INTRODUCTION 15
Notes de l'introduction 20

CHAPITRE 1. LES SYSTEMES VERBAUX ET NON VERBAUX DE
              COMMUNICATION 21

1.1. *Les aspects paraverbaux et paranonverbaux de la communication* 22

   1.1.1. Les accompagnants vocaux du langage parlé 23
   1.1.2. Les expressions faciales 24
   1.1.3. Le regard 24
   1.1.4. Les postures et les gestes 24
   1.1.5. Les accompagnants vocaux et verbaux des langages de signes gestuels . 26
   1.1.6. Les éléments supra-segmentaux des langages de signes gestuels 26
   1.1.7. L'expressivité faciale et le langage gestuel 27
   1.1.8. Le regard et le langage gestuel 27
   1.1.9. Les postures et le langage gestuel 27

1.2. *Langage, langue, parole et signes gestuels* 27

1.3. *Les fonctions du langage* 29

Notes du chapitre 1 31

CHAPITRE 2. LES LANGAGES DE SIGNES GESTUELS ET LES
              SYSTEMES D'AIDE A LA LECTURE LABIALE 33

2.1. *Composantes de l'expression gestuelle* 34

2.1.1. La position dans l'espace 34
2.1.2. Le mouvement 34
2.1.3. La configuration de la main et des doigts 36
2.1.4. L'orientation de la main ou des mains 38
2.1.5. L'expression faciale 39

2.2. *Le langage des signes français* 39

2.3. *Le français signé* 40

2.4. *L'alphabet dactylologique* 42

2.5. *Les systèmes d'aide à la lecture labiale* 48

2.5.1. La lecture labiale 48
2.5.2. Le cued speech 49
2.5.3. L'alphabet des kinèmes assistés 52

Notes du chapitre 2 54

CHAPITRE 3. LES SURDITES: REALITES BIOLOGIQUES,
PSYCHOLOGIQUES ET SOCIALES 55

3.1. *Le handicap auditif* 55

3.1.1. Les types de surdité 55
3.1.2. Etiologies des surdités 56
3.1.3. Les niveaux de surdité 58
3.1.4. Tests audiologiques 60
3.1.5. L'appareillage prothétique 62

3.2. *Surdité et fonctionnement intellectuel* 63

3.2.1. Pensée, langage et surdité 65
3.2.2. Etudes empiriques 71

3.3. *Recherches sur la personnalité des personnes sourdes* 75

Notes du chapitre 3 80

CHAPITRE 4. APERCU HISTORIQUE SUR L'EDUCATION
DES SOURDS 81

4.1. *L'antiquité et le Moyen Age* 81

4.2. *La Renaissance et les Temps Modernes: les débuts de l'éducation des sourds* . 82

4.3. *L'œuvre de l'Abbé de l'Epée et l'élaboration des «philosophies» manualiste et oraliste* 84

4.4. *Les précurseurs américains* 88

4.5. *L'épanouissement du gestualisme en France* 89

4.6. *La victoire de l'oralisme* 90

4.7. *L'évolution récente* 92

Notes du chapitre 4 93

CHAPITRE 5. ETUDES LINGUISTIQUES ET
PSYCHOLINGUISTIQUES 95

5.1. *Nature des langages de signes gestuels* 95

5.1.1. Les critères qui définissent un «vrai langage». Application au langage
gestuel 97
5.1.2. Humour et expression poétique en langage gestuel 110

5.2. *La syntaxe des langages de signes gestuels* 113

5.2.1. Généralités 113
5.2.2. Principes de syntaxe gestuelle 117
5.2.3. La syntaxe du LSF 128
5.2.4. Conclusion 142

5.3. *Aspects sociogestolinguistiques* 143

5.3.1. Variantes lexicales et grammaticales 143
5.3.2. Registres gestuels 147

Notes du chapitre 5 148

CHAPITRE 6. L'ACQUISITION DU LANGAGE DES SIGNES PAR
LES ENFANTS SOURDS 151

6.1. *L'acquisition du langage chez l'enfant entendant* 152

6.2. *Quelques implications pour l'enfant sourd* 155

6.3. *Le cas des enfants sourds nés de parents sourds* 156

6.3.1. Les premiers mois 157
6.3.2. Lexique gestuel 161
6.3.3. Acquisitions chérématiques 161
6.3.4. Développement sémantique 162
6.3.5. Acquisitions syntaxiques 162
6.3.6. L'environnement langagier des enfants sourds nés de parents sourds .. 166

6.4. *Le cas des enfants sourds nés de parents entendants* 167

6.5. *Conclusion* 168

Notes du chapitre 6 169

CHAPITRE 7. L'EDUCATION DES ENFANTS SOURDS
A LA COMMUNICATION 171

7.1. *Le débat oralisme-manualisme* 172

7.1.1. La position oraliste stricte 172
7.1.2. Critique de la position oraliste stricte 173
7.1.3. La position manualiste stricte 175
7.1.4. Critique de la position manualiste stricte 175

7.2. *La communication totale* 176

7.2.1. Définition 176

7.2.2. Les différents moyens de communication 176

7.3. Evaluation des différentes approches 185

7.4. Quelques modalités récentes d'éducation de l'enfant sourd en Europe francophone 189
7.4.1. Apprentissage de la langue écrite sans passer par la langue orale 189
7.4.2. La communication unilingue bimodale 190
7.4.3. La communication bilingue bimodale 190

7.5. *Le contexte de l'éducation de l'enfant sourd: intégration ou ségrégation?* . 191

7.6. *Pour une axiologie diversifiée de l'éducation des enfants sourds à la communication* 194

7.7. *La formation des enseignants et des professionnels* 200

Notes du chapitre 7 202

Conclusion générale 203

GLOSSAIRE 205

ICONOGRAPHIE 209

BIBLIOGRAPHIE 211

Introduction

La communication gestuelle et les aspects paraverbaux de la communication verbale suscitent beaucoup d'intérêt non seulement parmi les spécialistes du langage, mais aussi de plus en plus au sein du grand public.

On entend par *aspects paraverbaux de la communication verbale* les éléments de signification (conventionnels ou non) produits au niveau de la face et des membres parallèlement à la production de la parole ainsi que les attitudes et les postures corporelles, dans la mesure où tous ces éléments permettent de nuancer, de préciser, voire de contredire les messages oraux transmis simultanément. Les gestes font partie de l'expression paraverbale lorsqu'ils sont produits comme des « modulateurs » de l'expression verbale. Cependant, l'expression gestuelle trouve une existence propre, complètement ou partiellement indépendante du langage parlé, dans *les langages de signes gestuels,* c'est-à-dire dès qu'il y a code ou système de relations entre signifiés et signifiants, les signifiants étant constitués dans ce cas de gestes ou de séquences de gestes conjointement avec les mimiques faciales et l'expression corporelle.

L'ouvrage est intitulé « *Le langage des signes* ». Ce sont les termes préférés par les sourds pour désigner leur langage. Le terme « signe » y est employé dans un sens ancien pour désigner un « mouvement conventionnel destiné à communiquer ». Cependant, au sens saussurien du mot (« entité à double face constituée par l'association d'un signifié ou d'une classe de signifiés et d'un signifiant »), il existe également des signes verbaux, oraux et écrits. L'expression « les langages de signes gestuels » que nous utilisons souvent dans la suite de l'ouvrage permet d'établir clairement qu'il s'agit de *signes gestuels*. On est toujours libre évidemment de réduire la formule « le(s) langage(s) des signes gestuels » en « le langage des signes » (ou encore « le langage gestuel »), ou d'utiliser l'expression « la langue des signes » si on veut désigner le code plutôt que l'activité langagière elle-même. L'expression « signes gestuels » doit être prise au sens le plus large. Les gestes se constituent en entités signifiantes dans le contexte général de l'expressivité corporelle. En outre, comme on le verra dans la suite, leur signification peut être modifiée par le jeu des mimiques faciales et des attitudes et mouvements du corps.

L'intérêt actuel pour les langages de signes gestuels a plusieurs explications. La vogue contemporaine pour tout ce qui est « corps », expression corporelle et réalisation de soi n'y est sans doute pas étrangère. D'autres raisons concernent la fin de la dominance inconditionnelle du langage oral dans l'esprit des spécialistes des sciences humaines ainsi que du public informé. Il n'y a pas si longtemps, l'absolue primauté du langage parlé était un dogme dont on imaginait mal qu'on pût le remettre en cause. Ne s'agissait-il pas en effet de la caractéristique la plus immuable de l'espèce humaine, d'un privilège dont on ne pouvait guère trouver d'équivalent même à l'état de trace grossière dans l'échelle phylogénétique ? N'était-ce pas également le véhicule par excellence de la pensée rationnelle, miroir de la logique, joyau du fonctionnement mental humain ? Ne s'agissait-il pas enfin du seul système linguistique véritablement digne de ce nom ? (cfr, par exemple, le linguiste Benveniste, 1966). Ces positions ont été récemment battues en brêche.

D'abord, avec la démonstration expérimentale renouvelée à plusieurs reprises de l'existence de capacités linguistiques réelles — même si elles restent modestes par comparaison avec les capacités d'apprentissage linguistique des humains — chez les primates non humains (gorilles et surtout chimpanzés). On verra sur ce point les travaux de Premack, Gardner, Fouts, Rumbaugh, Terrace, Patterson, etc. (cfr le chapitre 1 pour un aperçu sur ces données et Oléron, 1979, pour une revue et une analyse de la littérature). Une démonstration parallèle plus convaincante encore a été récemment effectuée pour les dauphins (cfr Herman, Richards et Wolz, 1984).

Ensuite, l'avancement des connaissances dans les sciences cognitives a fait progressivement fait prendre conscience aux psychologues qu'il existe des formes développées de pensée non verbale. Les travaux et les positions théoriques de Piaget ont beaucoup contribué à l'évolution des positions sur ces points (on verra l'ouvrage rédigé par Kosslyn, 1980, pour une synthèse sur les problèmes de la relation entre la pensée et l'imagerie mentale, de même que l'intéressant travail de Denis, 1979).

Enfin, d'authentiques travaux de linguistique théorique et appliquée ont clairement établi que les langages de signes gestuels (le prototype le plus étudié à ce niveau étant le système américain connu sous le nom d'*Ameslan*) constituent des systèmes linguistiques à part entière. On s'accorde depuis à leur reconnaître les caractéristiques fondamentales des langues naturelles (cfr le chapitre 5).

L'intérêt pour les langages de signes gestuels est vif chez les psychologues du langage, et notamment chez ceux qui s'occupent de l'acquisition du langage chez l'enfant.

Nous n'en voulons pour preuve que le récent ouvrage dirigé par Wanner et Gleitman «*Language acquisition: The state of the art*» (publié par Cambridge University Press, New York, 1982). On y trouve plus de vingt passages faisant référence à l'acquisition du langage des signes par les enfants sourds. Il n'est pas plus d'un ou deux chapitres sur la douzaine que comporte l'ouvrage qui ne contiennent au moins une discussion de faits d'observation ou d'hypothèses théoriques concernant le langage des signes dans l'analyse des données qui portent sur l'acquisition du langage parlé par les enfants entendants. Les spécialistes de la psycholinguistique développementale confirment la pertinence des études qui portent sur les langages de signes gestuels et leur acquisition par l'enfant sourd pour éclairer la problématique générale de l'acquisition du langage. Cet intérêt est facile à comprendre. Dans l'acquisition des langages de signes gestuels, le medium linguistique est différent de la langue parlée mais les nécessités de la communication impliquent la codification et la transmission d'intentions signifiantes semblables (ou postulables comme telles) dans des contextes situationnels identiques (ou postulables comme tels). Cela permet de nombreuses comparaisons développementales éclairantes au plan théorique.

Les langages de signes gestuels intéressent également un public plus large. On peut signaler à ce sujet des articles dans la presse (par exemple, dans un numéro de l'*Information*, un hebdomadaire de la région liégeoise — *L'Information*, 1983, 16, 22/4/83, p. 20 — le «doublage» en signes gestuels de conférences, émissions télévisées, et même de shows commerciaux (par exemple, les concerts donnés par le chanteur Pierre Rapsat). Il faut signaler également en Belgique francophone l'initiative du Ministre Philippe Monfils visant à la création d'une commission composée de personnes sourdes et entendantes dans le but de constituer un inventaire des signes gestuels utilisés par les sourds dans nos régions (voir aussi le chapitre 5). Divers groupes de personnes entendantes se sont également formés spontanément dans différents endroits du pays et se réunissent sous la direction de spécialistes pour apprendre le langage des signes, soit parce qu'ils connaissent et sont en relation avec des personnes sourdes, soit par curiosité et intérêt intellectuel ou social.

Des revues spécialisées dans le domaine des langages de signes gestuels et des problèmes sociaux, culturels, professionnels, juridiques, etc., des personnes sourdes sont publiées régulièrement. C'est le cas, en ce qui concerne surtout les analyses linguistiques et les recherches psychopédagogiques et sociologiques en matière de langage de signes gestuels, de la revue *American Annals of the Deaf,* publiée par les soins du Gallaudet College de Washington, seule université mondiale pour les sourds et centre le plus important de la planète pour l'étude des problèmes de la surdité, et de la revue *Sign Language Studies* publiée par la Maison d'édition américaine Linstok Press. En langue française, on signalera notamment la revue «*Coup d'Œil*» éditée par les soins de la Maison des Sciences de l'Homme, à Paris, sous la direction du sociologue Bernard Mottez, et le Bulletin trimestriel de l'Institut Royal pour Sourds et Aveugles (I.R.S.A.) de Bruxelles, *Publirsa.*

Un autre indice est la tenue relativement fréquente de réunions et de conférences internationales comme le *3e Symposium International sur la Recherche en Langage des Signes* organisé à Rome (juin 1983) où se sont retrouvés de nombreux chercheurs et délégués des cinq continents.

Tout cela témoigne de la vitalité d'un courant d'intérêt qui gagne en force et en vitesse de diffusion.

Cet intérêt est pleinement justifié, ne serait-ce qu'en raison de l'importance des questions qui touchent à la manière correcte de concevoir l'éducation de l'enfant sourd et la mise au point des meilleures méthodes éducatives possibles. Rappelons qu'il y a en Belgique environ 20.000 sourds profonds, les malentendants étant eux au nombre d'environ 160.000.

Sur le terrain de l'éducation des enfants sourds est engagé depuis longtemps un important débat, à la fois théorique et appliqué, qui porte sur le type de langage qu'il faut favoriser dans l'éducation familiale, sociale et scolaire de ces enfants. Le problème est en fait celui de l'opposition oralisme-manualisme. Nous l'examinerons en détail au chapitre 7.

Quelle que soit l'intensité de cette discussion entre partisans des méthodes orales et défenseurs des méthodes gestuelles, tout le monde est à présent d'accord pour affirmer la nécessité d'entamer très précocement la stimulation de l'enfant sourd et d'enrichir son environnement de façon à minimiser l'impact négatif du handicap auditif et communicatif sur le développement psychologique. Malgré cet accord de principe, on est encore très loin de disposer des services nécessaires dans nos pays. Il y a dans ce domaine un gros effort à faire de la part des pouvoirs publics, effort capital pour le développement et le bien-être des enfants sourds.

Un mot, enfin, sur le découpage du livre en chapitres.

Le premier chapitre introduit et commente les principales similitudes et différences entre les systèmes verbaux et les systèmes non verbaux de communication (y compris les aspects paraverbaux et paranonverbaux de la communication verbale et non verbale, respectivement). Le deuxième chapitre expose les principales caractéristiques des systèmes gestuels: le langage des signes français (LSF)[1], le français signé (FS) et l'alphabet dactylologique (AD). Ce dernier est bien un système de signes gestuels (manuels et dactylologiques), mais les gestes discrets que l'on y utilise renvoient non à des signifiés idéels comme c'est le cas pour les deux autres systèmes mais aux lettres de l'alphabet de la langue écrite. On envisage aussi les systèmes d'aide à la lecture labiale: le «cued speech» (CS ou LPC, c'est-à-dire, langage parlé complété) et l'alphabet des kinèmes assistés (AKA).

Le chapitre 3 fournit des précisions sur les niveaux de handicap auditif, l'étiologie de la surdité, ainsi que sur les réalités psychologiques et sociales qui sont celles de la surdité.

Le chapitre 4 retrace l'histoire des problèmes de la surdité et des langages de signes gestuels depuis les temps anciens jusqu'à nos jours.

Le chapitre 5 résume les études linguistiques et psycholinguistiques effectuées depuis quelques années sur les langages de signes gestuels. Ces travaux ont permis de se faire une meilleure idée de la nature de ces systèmes alors que prévalaient jusque là beaucoup d'idées stéréotypées. On y pose également un certain nombre de problèmes en relation avec les langages de signes gestuels tels qu'ils sont utilisés en territoire francophone. Un des problèmes les plus urgents à résoudre est relatif aux variations «gestolectales» selon les régions géographiques du pays, le niveau d'éducation, les écoles spécialisées fréquentées, l'âge des personnes sourdes, etc.

Le chapitre 6 porte sur l'acquisition de la langue des signes par les enfants sourds, en particulier les enfants sourds nés de parents sourds. Le peu de données dont nous disposons pour les pays francophones nous oblige à nous référer essentiellement aux travaux qui ont été menés aux Etats-Unis depuis une dizaine d'années. Enfin le chapitre 7 traite de l'éducation des enfants sourds à la communication. Nous y abordons le débat oralisme-manualisme et la solution proposée en terme de communication totale. L'orientation méthodologique générale doit être nuancée et relativisée selon les caractéristiques des enfants, notamment l'audition résiduelle et les capacités de compensation. La nécessité de l'organisation d'une intervention précoce avec les enfants sourds est également envisagée. Une bibliographie des travaux cités et un glossaire des principaux termes techniques complètent l'ouvrage.

NOTE

[1] Bien qu'elle soit largement utilisée, l'expression «le langage des signes français» — LSF — est peu appropriée. On désigne de cette façon le langage des signes gestuels utilisé en territoire francophone, langage propre aux sourds et non ou seulement peu influencé par le français parlé ou écrit. En réalité, l'expression originale, forgée par Mottez, est «la langue des signes française». Mais cela ne change rien au problème nominal. Par définition, ce type de langue ou de langage n'est pas «français». Il se trouve qu'il est utilisé par les sourds en territoire francophone (sans qu'on ait pu établir à l'heure actuelle si les variétés de codes gestuels utilisées en France, Suisse romande, Québec, Belgique et même dans les différentes régions de ces pays, sont proches ou diffèrent sensiblement — cfr le chapitre 5).

Chapitre 1
Les systèmes verbaux et non verbaux de communication

On peut classer les systèmes de communication selon deux critères : (1) la *distance* entre l'émetteur et le récepteur (proximale ou distale), et (2) la *modalité* principale utilisée lors de l'épisode de communication (verbale ou non verbale). Le tableau 1 reprend ces distinctions.

Tableau 1. Systèmes de communication
MODALITE

Systèmes verbaux	Systèmes non verbaux

Proximal - Langage oral (oro-auditif)	- Langages de signes gestuels (manuo-visuel) :
	    - Langage des signes français (LSF)
	    - Français signé (FS)
	 - Alphabet dactylologique (AD)
	 - « Système Premack »
	 - « Système Yerkes » (« Yerkish »)
	 etc.

Distal - Langage écrit (grapho-visuel)	- Sémaphore - Morse - « Système Bliss » - Rébus, pictogrammes - Signaux du code de la route etc.

Quelques informations complémentaires sur le tableau 1. Le système appelé « Premack » est le système mis au point par David Premack il y a quelques années à l'université de Californie (Premack, 1970) pour enseigner une base linguistique (vocabulaire, poser des questions, y répondre, fonction métalinguistique, arbitraire du signe, etc.) à un jeune chimpanzé au moyen d'un jeu de pièces en matière plastique de plusieurs couleurs doublées de métal de façon à pouvoir adhérer à un tableau aimanté. Chaque pièce de plastique constitue un « mot » du langage non verbal ainsi constitué. Dans le même ordre d'idées, mais avec des moyens différents, Duane Rumbaugh et ses collaborateurs (Rumbaugh, Gill et Von Glaserfeld, 1973) ont entraîné un autre chimpanzé à « converser » avec un ordinateur dûment programmé à cet effet au moyen d'un clavier de commande où figurent les symboles du système appelé « Yerkish », du nom du centre Yerkes, à l'université de Géorgie, aux Etats-Unis, où eurent lieu les expériences. Le sémaphore est bien connu, de même que les pavillons standards utilisés dans la marine pour communiquer des informations à distance. Le Morse est un alphabet de même qu'un système de numération où les lettres et les nombres sont symbolisés par des séquences de points et/ou de barres (en transcription écrite) et de sons standards courts et plus longs (en transmission sonore). Le système Bliss (cfr Clark et Woodcock, 1976) consiste en une série de symboles idéographiques. Ces symboles peuvent être combinés en séquences linéaires et constituer des phrases. Les rébus sont également bien connus. Certaines méthodes pédagogiques les exploitent à titre d'étape intermédiaire dans l'apprentissage de la lecture (cfr, par exemple, Clark et Woodcock, 1976).

Il ne convient pas d'accorder une importance exagérée au paramètre de distance. On peut évidemment procéder à l'enregistrement du langage sur bande magnétique ou magnétoscopique et communiquer à distance au moyen de ces enregistrements.

1.1. Les aspects paraverbaux et paranonverbaux de la communication

Les aspects oraux de la communication verbale s'inscrivent inévitablement sur la toile de fond du contexte paraverbal de cette communication (à distinguer du contexte situationnel et historique). Les aspects paraverbaux de la communication orale ont été longtemps négligés. Ils font l'objet d'une attention accrue depuis quelques années. On peut les ramener à cinq. Nous les développons ci-dessous — à l'exception du dernier — en nous basant sur l'analyse d'Argyle (1975) que le lecteur consultera pour plus de détails. Il s'agit, sans ordre de préséance, des accompagnants vocaux du langage parlé, des expressions faciales, du regard, des postures et des gestes, et de l'occupation de l'espace (aspect «proxémique») au cours de l'épisode de communication proximale. Pour l'analyse du système proxémique, le lecteur est renvoyé à Bouvron (1983), à Sommer (1969) et à Hayduk (1978). Cette analyse sort en effet du cadre du présent ouvrage.

1.1.1. Les accompagnants vocaux du langage parlé

Argyle (1975) distingue, d'une part, *les propriétés vocales des sujets parlants,* et d'autre part, *les signaux vocaux* agissant éventuellement en tant que modulateurs des significations transmises par le canal verbal. Les premières incluent le timbre de voix, les accents et les habitudes individuelles de parole. Ces aspects idiosyncratiques de l'expression orale ne sont pas directement liés aux contenus sémantiques des messages verbaux. Ils renseignent sur le locuteur (sexe, âge, origine géographique, caractéristiques psychologiques, etc.). Les seconds complètent et peuvent amener l'interlocuteur à relativiser le contenu du message verbal. Ces signaux concernent *l'accentuation sonore* de certains éléments de l'énoncé à des fins contrastives (à différencier de l'accent tonique dont la place est fixe — en français, il tombe invariablement sur la dernière syllabe accentuée du groupe de mots — et qui ne peut donc être utilisé de façon contrastive), *le temps,* c'est-à-dire les variations du rythme des productions verbales, et *les pauses* dans la chaîne du discours.

Les pauses surviennent à concurrence d'environ 50 % des cas à la fin des phrases, des propositions et des principaux syntagmes dans le langage échangé entre adultes. Il reste donc l'autre moitié des pauses marquées pour servir éventuellement une fonction expressive ou stylistique. *L'intonation,* c'est-à-dire les contours ascendants et descendants des énoncés et/ou des parties d'énoncés, peut également avoir une fonction contrastive. Il faut toutefois remarquer que les sujets parlants ne disposent pas d'une liberté individuelle complète en matière d'intonation puisqu'il est des patrons intonatoires conventionnels en relation avec le type illocutoire des énoncés (intonation ascendante sur la partie terminale des phrases interrogatives fermées[1] — c'est-à-dire dont la réponse peut se faire par «oui» ou par «non» —; intonation descendante sur la partie terminale des phrases déclaratives, etc.). L'intonation, l'accentuation et le temps constituent la *prosodie.* On dit également (par exemple, Martinet, 1970) qu'il s'agit des aspects *suprasegmentaux* du langage parlé par opposition aux aspects discrets ou *segmentaux* que sont les phonèmes.

1.1.2. Les expressions faciales

En cours d'interaction verbale, les mouvements et les expressions des regards des interlocuteurs servent éventuellement à compléter ou à nuancer (parfois singulièrement) les significations transmises par le canal oro-auditif, ou encore à modifier le cours des interactions. L'interlocuteur peut afficher une moue, produire une mimique dubitative ou au contraire encourageante, etc., à l'audition des propos du locuteur. Ces manifestations ne sont généralement pas sans influencer ce dernier.

1.1.3. Le regard

Le regard joue également un rôle modulateur des interactions verbales menées oralement. Il est utilisé pour synchroniser un énoncé ou une partie d'énoncé avec une référence contextuelle extraverbale. Il est utilisé ou utilisable comme signal particulier de façon à transmettre une variété d'informations additionnelles : attention accrue ou désintérêt pour les propos tenus par le partenaire, ouverture ou fermeture totale ou partielle du canal de communication, etc. Le rôle du regard est également notable dans l'établissement des prises de tour dans les échanges conversationnels. La volonté de céder la parole à l'interlocuteur ou au contraire de la conserver encore pendant un ou plusieurs énoncés se traduit dans les signaux suivants : ralentissement-interruption / accélération du débit de parole ; abaissement / maintien-élévation de la voix ; complétion / réouverture d'un paragraphe (unité discursive supérieure à la phrase) ; mouvement du corps ou au moins de la tête ou d'un membre vers l'interlocuteur et pose du regard sur ce dernier / immobilité ou mouvement et regard non orientés vers l'interlocuteur.

1.1.4. Les postures et les gestes

En parlant, les personnes adoptent des postures corporelles et effectuent divers gestes qui mobilisent les bras, les mains, la tête et, dans une moindre mesure, le reste du corps. L'ensemble des modifications posturales et des gestes accompagnant la communication orale ont été regroupés par Birdwhistell (1970) sous les termes de *signaux kinétiques* (on verra aussi Scheflen, 1972). Ces signaux servent à accentuer, à ponctuer ou à nuancer tout ou partie des énoncés. Ils fournissent aussi une information en retour à l'interlocuteur (feedback) — acquiescement, dénégation, doute, encouragement, mise à distance, etc. — signalent le maintien de l'attention, indiquent la prise de tour, etc.

On considère cependant qu'une partie de cette activité kinétique associée à la parole (partie dont l'importance quantitative n'a pas pu être estimée à ce jour) n'a pas une fonction communicative à proprement parler mais bien physiologique. Elle contribuerait selon le modèle pavlovien de la «réafférentation motrice» (cfr Luria, 1966; Sokolov, 1967; Zhinkin, 1967) à stimuler les analyseurs verbaux du système nerveux central, avec comme conséquence un meilleur fonctionnement de ceux-ci et une meilleure performance verbale chez les sujets. On peut se convaincre intuitivement du bien fondé de cette hypothèse en s'efforçant d'inhiber toute activité posturale et gestuelle pendant qu'on s'exprime oralement pour constater la gêne ainsi induite dans l'expression orale.

On distingue parmi les gestes qui participent aux signaux kinétiques : (1) *les gestes déictiques,* (2) *les gestes pantomimiques* et (3) *les gestes sémantiques* (cfr Gutmann et Turnure, 1979). Des classifications plus détaillées ont été proposées par Argyle (1975), Ekman et Friesen (1969), et d'autres (voir Argentin, 1983, pour une revue de cette littérature). Mais nous nous en tiendrons à celle plus intégrative mentionnée ci-dessus. Les trois types de gestes se retrouvent également dans les langages de signes gestuels.

Les gestes déictiques comprennent les gestes qui signalent une orientation, une direction, une position en relation avec le discours du sujet (par exemple, désigner du doigt un objet référé ou indiquer de la main la direction à suivre). Les gestes pantomimiques reprennent les copies gestuelles et mimiques des objets, des événements et éventuellement des personnes ou des attributs de ces catégories de référents (par exemple, le geste du doigt pointé en direction ou au contact de la tempe avec rotation de poignet pour indiquer à propos de quelqu'un qu'il est fou («piqué»). Ces deux catégories de gestes peuvent être et sont habituellement comprises indépendamment de leur accompagnement verbal. La troisième catégorie — les gestes sémantiques — comprend, d'une part, les mouvements dits «modificateurs sémantiques» qui modulent, mettent en relief, nuancent, contrastent les informations contenues dans le message verbal ou qui servent de toile de fond à ce dernier, et, d'autre part, les mouvements des bras, des mains et les déplacements de la tête qui ajoutent certaines informations à la communication verbale. Cette dernière et double catégorie de gestes n'est habituellement pas compréhensible indépendamment du message verbal.

En ce qui concerne *le langage écrit,* le contexte paraverbal est évidemment beaucoup plus restreint mais il n'est pas nul. On peut évoquer les caractéristiques de l'écriture (ou la frappe de la machine à écrire si elle peut être différenciée) — forme, pression, rythme, occupation de l'espace disponible — qui constituent la donnée des examens graphologiques. Elles sont susceptibles de fournir des renseignements sur l'émetteur à l'instar des accompagnants vocaux pour le langage oral. Il en va de même pour le choix du papier à lettre, la disposition éventuelle de l'en-tête imprimée. De même, le fait de souligner certains mots ou certains passages peut constituer l'équivalent des contrastes intonatoires et de l'accentuation présents dans le langage parlé.

On peut également parler de *contexte paranonverbal de la communication non verbale* et définir un certain nombre d'accompagnants contextuels des messages exprimés non verbalement. Pour ce qui est des langages de signes gestuels, aucune étude systématique n'a encore été réalisée à notre connaissance, mais on peut imaginer que les aspects suivants du contexte paranonverbal de la communication non verbale ont de l'importance.

1.1.5. Les accompagnants vocaux et verbaux des langages de signes gestuels

Nombre de personnes (y compris beaucoup de personnes sourdes) qui communiquent par signes gestuels verbalisent ou vocalisent simultanément. La distinction entre *verbalisation et vocalisation* est la suivante : toute verbalisation (le «verbe», étymologiquement, est le mot) implique la production d'au moins un mot. Elle implique donc également la production du matériel phonétique constitutif du mot (vocalisations). Une vocalisation est la production d'un son. On rapporte qu'entre 80 et 90 % des sourds profonds verbalisent ou vocalisent en même temps qu'ils communiquent par signes gestuels (Moores, 1978). Certes, l'intelligibilité de ces productions vocales ou verbales varie considérablement d'une personne à l'autre. Il ne s'agit cependant pas d'une utilisation verbale ou vocale à des fins proprement communicatives mais plutôt sans doute du résidu d'une éducation oraliste accompagnant la production des gestes.

1.1.6. Les éléments supra-segmentaux des langages de signes gestuels

Les éléments segmentaux des langages gestuels étant les signes gestuels, on peut considérer que les éléments supra-segmentaux de ces mêmes langages sont constitués par *le rythme ou la distribution* temporelle des signes gestuels dans l'échange communicatif et *le marquage kinétique* des signes gestuels produits, c'est-à-dire le tonus musculaire impliqué dans les mouvements effectués pour produire le signe gestuel (équivalent gestuel de l'accentuation en langage parlé). Ces éléments supra-segmentaux des langages de signes gestuels, comme ceux qui existent dans le langage parlé, ont une fonction expressive et contrastive.

1.1.7. *L'expressivité faciale et le langage gestuel*

L'expressivité faciale joue un rôle important dans la construction des signifiants gestuels eux-mêmes et dans l'organisation grammaticale du langage gestuel (cfr le chapitre 5). A côté de ce rôle constitutif du code, les expressions faciales peuvent, comme en langage parlé, servir à nuancer ou à renforcer le message gestuel. On observe habituellement d'importantes différences entre les personnes qui ont atteint un bon niveau de fonctionnement en langage gestuel et celles qui débutent. Ces dernières tendent à inhiber considérablement leur expressivité faciale «d'accompagnement» lorsqu'elles communiquent par signes gestuels sans doute en raison de l'importante concentration sur les mouvements des mains et des doigts qui est requise.

Les sourds qui pratiquent le langage gestuel depuis des années manifestent souvent une grande expressivité faciale d'accompagnement dont la fonction est de renforcer ou de nuancer l'information transmise au moyen du medium gestuel.

1.1.8. *Le regard et le langage gestuel*

En principe, le rôle du regard au niveau des aspects contextuels de la communication gestuelle est le même que pour la communication verbale. Dans la pratique des langages de signes gestuels cependant, le regard est mobilisé par le déroulement de la communication en signes gestuels. On assiste alors, croyons-nous — mais ceci devrait faire l'objet d'études précises — à un va-et-vient continuel du regard d'une zone délimitée par la tête, les épaules, les bras et la poitrine où se font les signes gestuels, à la face de l'émetteur de façon à suivre le message gestuel et à pouvoir en même temps intégrer des éléments d'information transmis d'une façon paranonverbale.

1.1.9. *Les postures et le langage gestuel*

Les positions du corps, ou tout au moins certaines d'entre elles, jouent un rôle syntaxique en langage gestuel, comme on le verra au chapitre 5. En dehors de cette fonction, les signaux kinétiques posturaux sont susceptibles de jouer le même rôle en langage gestuel que dans la communication verbale orale.

1.2. Langage, langue, parole et signes gestuels

Par *langage*, il faut entendre la fonction complexe qui permet d'exprimer et de percevoir des états affectifs, des concepts, des idées, au moyen de signes acoustiques, graphiques ou gestuels. La fonction langagière suppose, d'une part, un *système de règles* — la *langue* ou le code qui spécifie l'utilisation du matériel acoustique, graphique ou visuel pour signifier (symboliser) la réalité objective ou imaginaire — et d'autre part, la matérialisation de ce système en *comportements concrets* de parole, d'écriture ou de gestes manuels.

La langue ou le code régit les associations entre les affects, les concepts, les idées à exprimer, en un mot les *signifiés*, et le matériel *signifiant* utilisé à cet effet. Cette régulation intervient à plusieurs niveaux : (1) *Au niveau lexical*. Pour le mot, c'est la combinaison des phonèmes (le système formé par les sons propres à une langue particulière) ou des graphèmes (langue écrite) dans un ordre déterminé qui assure la correspondance entre une idée ou un concept particulier et une enveloppe phonématique ou graphématique spécifique. Nous abordons plus loin la question de savoir s'il existe un étage comparable à l'étage phonologique dans les langages de signes gestuels. (2) Au niveau des combinaisons de mots ou de gestes en *syntagmes* (séquences de mots ou de gestes organisées grammaticalement), en *phrases* (énoncés comportant, au minimum, un nom ou un pronom et un verbe dans une relation grammaticale sujet-verbe, à l'exception des phrases impératives où le sujet n'est pas exprimé), en *paragraphes* (groupes séquentiels d'énoncés centrés autour d'une même thématique), et en *discours* ou *«textes»* (ensemble des paragraphes produits en un intervalle de temps déterminé).

On distingue classiquement entre ce qu'il est convenu d'appeler la «compétence» et la «performance» linguistique. Par *compétence linguistique*[2], il faut entendre la connaissance que le sujet a du code, c'est-à-dire du système de règles qui constitue la langue. Il ne s'agit pas nécessairement d'une connaissance consciente et réflexive, mais de celle qu'on doit prêter à tout émetteur-récepteur de façon à rendre compte de ses actes concrets de parole, d'écriture et/ou de communication gestuelle dans leurs aspects productif et réceptif.

La *performance* est constituée par ces actes concrets de parole, d'écriture et/ou la production-réception des signes gestuels eux-mêmes. La performance n'est pas nécessairement un reflet parfait de la compétence linguistique. Il arrive souvent en effet que nous commettions toutes sortes d'erreurs de réalisation en raison de distractions, d'un état de fatigue, d'un oubli momentané d'un élément lexical ou d'une règle, d'une erreur articulatoire, d'écriture ou d'une erreur gesticulatoire selon le type de langage, etc. Pour évaluer la compétence d'un émetteur-récepteur déterminé, il faut pouvoir disposer d'un ensemble d'informations sur ses comportements langagiers.

Les organes de la *parole* et leur commande neuromusculaire permettent de réaliser les significations projetées par l'émetteur sous forme de groupe de sons organisés. Ceux-ci sont reçus et décodés par le récepteur de façon à en retrouver la signification. Il en va de même pour *l'écriture*. Les systèmes d'écriture, pour la plupart des langues du monde, sont des systèmes de signes de signes. Ils renvoient à la langue orale et, par l'intermédiaire de celle-ci, à la réalité extralinguistique et à sa représentation mentale. Nos systèmes d'écriture sont *phonographématiques,* c'est-à-dire qu'ils sont basés sur une correspondance systématique (idéalement) entre phonèmes et graphèmes. Quelques langues écrites font exception, comme le chinois et le japonais (système kanji). Leurs systèmes d'écriture renvoient en tout ou en partie à une représentation stylisée, et souvent abstraite, de la réalité et non aux phonèmes de la langue parlée. Ces langues sont à base d'idéogrammes. Pour les langages de *signes gestuels*, les bras et les mains en synergie avec le tronc, le cou, la tête et les commandes neuromusculaires de ces organes permettent de réaliser les significations projetées sous forme d'ensembles spatiaux et de séquences de signes gestuels. Celles-ci sont décodées par le récepteur.

1.3. Les fonctions du langage

Il existe diverses listes et relevés des fonctions du langage. Qu'il s'agisse de langage parlé, écrit ou de langage des signes, nous nous exprimons toujours dans un but déterminé. Nous cherchons à agir sur notre environnement humain en paroles, en écrits et/ou en gestes ou par paroles, écrits et/ou gestes interposés.

Halliday (1975) distingue sept fonctions de base du langage. Bien qu'il les ait conçues en référence au langage oral, elles s'appliquent également aux langages des signes gestuels. Il s'agit des fonctions:

1. *Instrumentale* (visant à la satisfaction des besoins matériels et des services requis par le sujet; c'est la fonction «Je veux» du langage);
2. *Régulatoire* (vise au contrôle du comportement d'autrui; les requêtes font partie de cette catégorie fonctionnelle; c'est la fonction «Fais ce que je te dis» du langage);
3. *Interactive* (reprend les salutations et les autres instances sociales et sociocentriques du langage; — c'est la fonction «toi et moi» du langage);
4. *Personnelle* (vise à l'expression de soi, des opinions et sentiments; — c'est la fonction «C'est moi» du langage);
5. *Heuristique* (reprend les activités verbales de questionnement et autres visant à la connaissance de l'univers; — c'est la fonction «Dis-moi» ou «Dis-moi pourquoi» du langage);

6. *Imaginative ou créative* (visant à la création de son monde propre par le sujet et au dépassement imaginaire et créatif de la réalité; — c'est la fonction «Si on disait que...» du langage);

7. *Informative* (concerne l'échange d'information, sur base langagière, du locuteur à l'interlocuteur; — c'est la fonction «J'ai ceci à te dire...» du langage).

On pourrait discuter longuement du bien-fondé de la classification des fonctions proposée par Halliday. Ce n'est pas notre objectif. La liste ci-dessus est simplement fournie à titre exemplatif. Nous nous bornerons à remarquer que certaines de ces fonctions ne sont pas mutuellement exclusives (par exemple, les fonctions «personnelle» et «imaginative») ce qui rend l'utilisation pratique de la liste proposée difficile. En fait, toute liste fonctionnelle peut sans doute se ramener en dernière analyse à un couple de deux «macro-fonctions» polarisées (vers soi et vers l'autre), comme l'indique le tableau 2.

Tableau 2. Fonctions du langage

---

1. *Fonction idéique - représentationnelle*

(Représentation de la réalité, référentiation; analyse et traitement de l'information, conceptualisation)

A. Cette fonction est impliquée dans le fonctionnement mental et intellectuel.

B. La représentation fournit la base du code qui permet l'expression de soi et l'échange interpersonnel aussi bien qu'intrapersonnel.

---

2. *Fonction interpersonnelle (et intrapersonnelle) - conative*

(Expression de soi; échange d'information; contrôle et régulation du comportement)

Le contrôle du comportement concerne le comportement d'autrui aussi bien que le comportement propre. Le contrôle verbal du comportement d'autrui procède essentiellement par requêtes en *action* («Passez-moi le sel») et requêtes en *information* («Quelle heure est-il?»).

Il faut remarquer cependant qu'il n'existe pas tant pour le langage parlé que le langage écrit (et sans doute pas non plus pour le langage des signes gestuels mais cela resterait à vérifier) de correspondance systématique entre la forme et la fonction des énoncés. A l'exception des énoncés impératifs qui concernent invariablement la fonction conative, il semble que les autres types structuraux d'énoncés puissent remplir n'importe quelle fonction. Par exemple, les énoncés déclaratifs et exclamatifs peuvent servir à asserter et à nier mais aussi à contrôler autrui et à requérir («Vous me finirez cela pour demain»). Un certain nombre de requêtes indirectes ou inférées («Tu vas sans doute fermer cette fenêtre»; «Cette fenêtre devrait être fermée») sont formulées à l'aide d'énoncés déclaratifs (Garvey, 1975). De même, les énoncés interrogatifs peuvent servir à asserter, à nier d'une manière plus indirecte et plus polie et à requérir d'une manière également indirecte («Pourriez-vous fermer cette fenêtre?»). Formes et fonctions langagières semblent bien être deux domaines distincts[3].

NOTES

[1] Ceci n'est vrai toutefois que des interrogatives qui signalent leur statut d'interrogative au moyen de l'intonation (par exemple, «Tu viens?») et non — ou pas nécessairement — de celles qui emploient des moyens lexico-syntaxiques au même effet (par exemple, «Est-ce que tu viens?»).
[2] La compétence est envisagée ici d'une façon neutre en regard des théories linguistiques sur la nature du code.
[3] Ceci ne doit pas être interprété comme signifiant que les différents *types de discours* (narratif, descriptif, etc.) ne comportent pas des usages formels particuliers susceptibles d'être reconnus et définis.

Chapitre 2
Les langages de signes gestuels et les systèmes d'aide à la lecture labiale

Il faut distinguer entre les systèmes de communication gestuelle ou langages de signes gestuels à proprement parler et les systèmes d'aide à la lecture labiale. Dans la première catégorie, on trouve, d'une part, des systèmes de signes dits ésotériques indépendants des langages parlés (comme l'Ameslan, le LSF, l'Israeli sign language, etc.), et, d'autre part, des langages signés utilisant un lexique gestuel mais empruntant aux langages parlés correspondants leur organisation grammaticale (par exemple, le signed English — SE —, ou le français signé — FS —). Les systèmes de la seconde catégorie (comme le cued speech — CS ou LPC —, ou l'alphabet des kinèmes assistés — AKA —) ne permettent pas une communication réciproque entre interlocuteurs. Ils ont été conçus de manière à faciliter la lecture du message oral sur les lèvres du locuteur (lecture labiale).

On trouve également un autre système qu'il faut ranger dans la première catégorie identifiée ci-dessus, l'alphabet dactylologique (AD). Ce dernier permet d'épeler les mots du langage écrit au moyen de gestes de la main et des doigts (épellation digitale).

Avant d'entrer davantage dans le détail de la définition de ces systèmes, voyons les éléments qui interviennent dans la production des signes gestuels. Ces éléments sont: la position dans l'espace, le mouvement, la configuration de la main et des doigts, l'orientation de la main ou des mains et l'expression faciale[1].

2.1. Composantes de l'expression gestuelle

2.1.1. La position dans l'espace

On peut délimiter autour du corps du signeur un espace dans lequel les gestes sont effectués (en contact ou non avec le corps). Cet espace peut varier en grandeur selon les individus et les situations (conversation familière, conférence). Il forme un parallélipipède rectangle dont la hauteur va de la taille jusqu'au-dessus de la tête. En largeur, il déborde un peu de chaque côté du corps; et en profondeur, il va de la surface antérieure du corps à une limite située à une vingtaine de centimètres vers l'avant. Aucun geste n'est produit derrière le corps. On peut diviser ce parallélipipède rectangle en trois colonnes sur la largeur, quatre sur la hauteur et deux en profondeur (figure 1). Les cases ainsi obtenues permettent de localiser facilement les mouvements. Elles sont également pertinentes pour la signification des signes gestuels. Ceux-ci peuvent modifier leur sens en changeant de case même si les autres composantes du signe gestuel demeurent constantes.

2.1.2. Le mouvement

Stokoe, Croneberg et Casterline (1976) identifient 24 mouvements qu'ils regroupent en plusieurs catégories: mouvements verticaux, horizontaux, latéraux, circulaires, mouvements d'ouverture et de fermeture, mouvements combinés, etc. (cfr le chapitre 5). Ces mouvements des mains et des avant-bras peuvent s'effectuer dans la même case ou en passant d'une case à l'autre dans le dispositif présenté à la figure 1. A l'intérieur de la même case, les différences entre les divers mouvements de la main peuvent être très subtiles. Par exemple, les signes gestuels correspondants aux mots «samedi», «semaine», «septembre» et «sœur» sont réalisés dans la même case avec la même configuration (le poing fermé). Seul le mouvement change comme le montre la figure 2.

Un redoublement du geste peut lui donner un sens nouveau. Les gestes peuvent être faits avec une seule main (généralement la main dominante) ou avec les deux mains. Les deux mains exécutent alors le même mouvement ou bien elles travaillent en miroir. Il existe encore une autre possibilité: la main dominante effectue le signe gestuel tandis que l'autre main (parfois le bras) sert de support ou de point de référence (figure 3).

On peut nuancer le sens des signes gestuels en modifiant légèrement le mouvement. Par exemple, pour transmettre la notion adjectivale «chaque», le signe consiste à faire un mouvement de gauche à droite

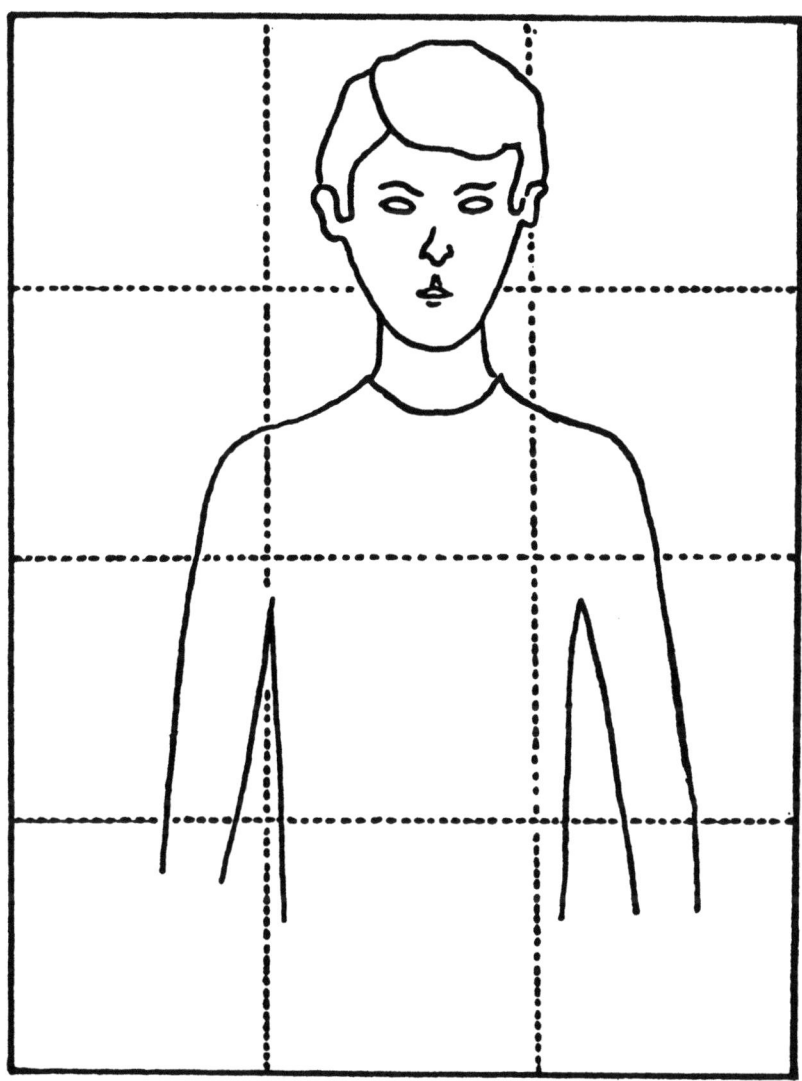

FIG. 1: L'espace gestuel.

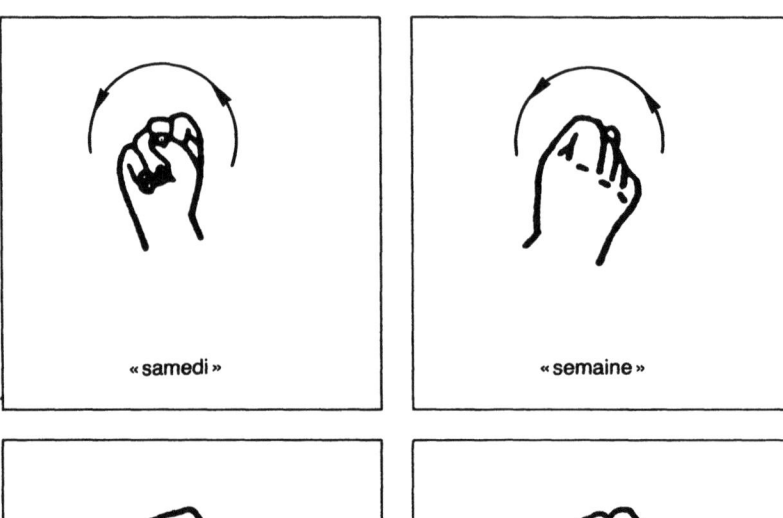

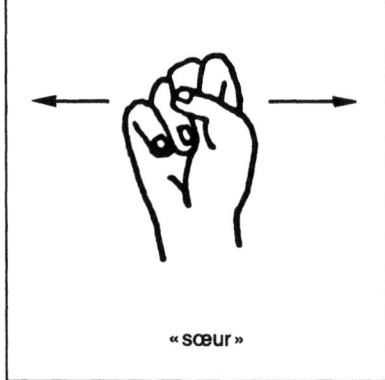

FIG. 2: Signes gestuels pour «samedi», «semaine», «septembre» et «sœur».

en arrondissant la trajectoire de la main, celle-ci étant fermée avec le pouce vers le haut (configuration du *A*, cfr la figure 8 infra). Si on veut pronominaliser la même notion qui correspond alors au terme «chacun», on déplace la main par petits bonds, ce qui donne au geste une allure plus saccadée (figure 4).

2.1.3. *La configuration de la main et des doigts*

Il existe 19 configurations de la main et des doigts dans le système de Stokoe et al. (1976) - cfr le chapitre 5. Certaines sont fournies à la figure 5. D'autres descriptions ont été proposées qui reprennent davantage de configurations manuelles (par exemple, Moody, 1983, en distingue 36 pour le LSF).

«matin»

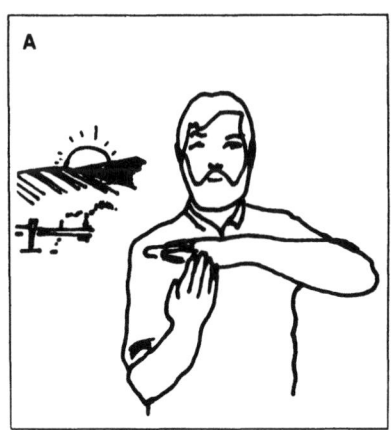 

La main dominante: A. Est dressée plate avec la paume orientée vers l'autre main. B. Elle «grimpe» le long de l'autre main jusque devant la bouche.
L'autre main: A. Est tendue plate avec la paume tournée vers le sol horizontalement devant la poitrine. B. Elle garde la même pose.

FIG. 3: Geste où la main dominante fait le signe et où l'autre main sert de support ou de point de référence. D'après le Dictionnaire des signes, *C.B.F.L.S., reproduit avec permission.*

«chaque»

La main dominante: A. Le poing est fermé assez écarté devant le coude, le pouce est dresé. B. La main fait un petit bond vers le milieu devant le signeur. C. Elle fait ensuite un autre petit bond vers l'extérieur du même côté.

FIG. 4: Signe gestuel pour «chaque». D'après le Dictionnaire des signes, *C.B.F.L.S., reproduit avec permission.*

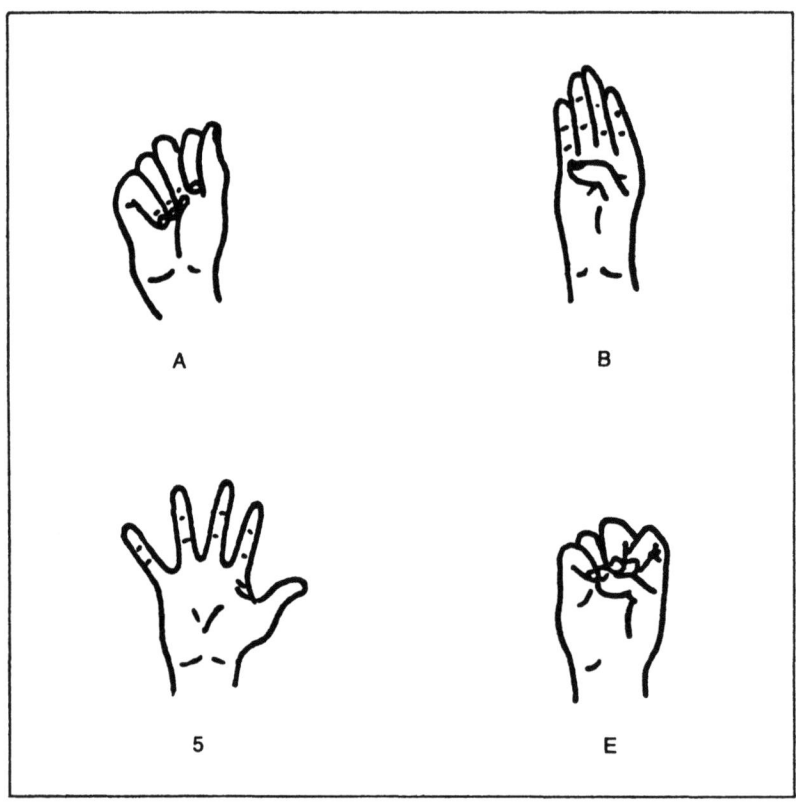

FIG. 5: *Exemples de configurations de la main et des doigts. Adapté d'après S.W. Stokoe, C. Croneberg et D. Casterline,* A dictionary of American Sign Language, *Washington, D.C., Gallaudet College, 1976.*

2.1.4. *L'orientation de la main ou des mains*

La main peut prendre 5 orientations. La paume peut être tournée vers: (1) l'émetteur, (2) le récepteur, (3) le haut, (4) le sol ou encore (5) être placée sagittalement (c'est-à-dire de profil). Il en va de même lorsque les deux mains sont impliquées dans la formation du geste. L'orientation des mains peut changer durant l'exécution du signe. Le signe pour «porte» consiste à mimer l'ouverture de la porte avec les mains. Les mains sont placées à la verticale paumes tournées vers l'émetteur avec l'extrémité des doigts en contact. On ouvre ensuite les mains vers l'extérieur jusqu'à la position de profil.

2.1.5. *L'expression faciale*

Le dernier élément pouvant intervenir dans la production d'un signe gestuel est l'expression faciale. En langage ésotérique des signes gestuels, le sens des signes peut différer si l'on varie l'expression du visage. L'expressivité faciale n'intervient pas en principe au niveau de l'organisation du code dans les langages gestes formels (FS, signed English, etc.).

2.2. Le langage des signes français (LSF)

Contrairement à une opinion répandue, il n'existe pas de langue des signes gestuels qui serait utilisée et comprise universellement. Bien qu'il existe un petit répertoire de signes communs, les langues des signes gestuels pratiquées dans les pays diffèrent notablement les unes des autres. Moores (1978) rapporte qu'en 1968 au congrès de la Fédération Mondiale des Sourds, tenu à Paris, pas moins de six interprètes manuels furent utilisés pour traduire les présentations des conférenciers dans les différentes langues de signes gestuels des participants[2].

Le problème est complexe et ce pour deux raisons au moins. Premièrement, il se trouve des enfants et des adultes sourds aux quatre coins du monde qui utilisent de nombreux systèmes de communication visuomoteurs, systèmes qu'on peut placer sur un continuum de complexité structurale et d'utilisation. Il y a, d'une part, les systèmes particuliers constitués d'un répertoire limité de signes inventés et utilisés seulement par un petit groupe de personnes (par exemple, à l'intérieur d'une seule famille). On trouve de l'autre côté du continuum les systèmes davantage codifiés connus sous le nom de langage des signes français, Ameslan, Israeli sign language, signed English, etc., lesquels sont compris et utilisés par un nombre de personnes beaucoup plus important.

Il existe également, comme pour les langues orales des dialectes ou variétés régionales de codes de signes gestuels qu'on pourrait appeler « gestolectes ». Par exemple, dans la région francophone de Belgique, des différences sensibles paraissent exister dans les signes utilisés et dans leurs champs référentiels selon les régions (Bruxelles, Liège, Hainaut, etc.), différences qui restent encore largement non analysées (cfr le chapitre 5). Aux Etats-Unis, selon Moores (1978), la langue de signes gestuels utilisée au Gallaudet College à Washington, D.C. a toujours été considérée comme le gestolecte dominant bien qu'une tendance se soit dégagée depuis quelques années visant à reconnaître aux différents gestolectes régionaux une égalité de droit. Il en est donc de ce point de vue sociolinguistique des langages gestuels comme des langages verbaux.

Le langage des signes français est le langage des sourds vivant en francophonie. En fait, on devrait parler des langages de signes français (ou mieux « utilisé en territoire francophone ») en raison de l'existence probable de notables variations régionales. Si l'on peut cependant regrouper — au moins provisoirement — les différents gestolectes sous une appellation commune, c'est qu'ils ont la même origine : la langue des sourds de l'Institution de Paris au XVIIIe siècle. De plus, malgré l'indépendance théorique du LSF par rapport au français parlé et écrit, les sourds résidant en francophonie partagent le même environnement physique et culturel (au moins partiellement) que les entendants francophones. On peut supposer qu'il existe des interactions subtiles entre le français et la langue des signes pratiquée dans les régions francophones. Ce domaine n'a pas encore fait l'objet d'études approfondies.

Le langage des signes a sa structure propre. Un signe gestuel renvoie à un concept. Il n'y a pas de correspondance terme à terme avec le français. Nous ne discuterons pas ici de la syntaxe des langages gestuels. On verra le chapitre 5 à ce sujet. Nous soulignerons cependant le fait que le LSF comme les autres systèmes gestuels est un langage de l'espace. Grâce à cette dimension spatiale, certains signes peuvent être produits simultanément alors que dans une langue orale les morphèmes doivent toujours être produits en séquence. La langue des signes gestuels a également une dimension corporelle qui lui donne un aspect particulier. Elle fait une référence directe et continuelle au corps de l'émetteur; les mains et le visage ou le tronc de ce dernier étant les supports matériels des signes gestuels. Il faut se garder d'analyser ces caractéristiques spatiales et corporelles selon des critères conçus spécifiquement pour et à partir des langues parlées.

2.3. Le français signé (FS)

Le français signé est, comme son nom l'indique, le français parlé traduit en gestes. Contrairement aux langages ésotériques de signes comme le LSF, chaque signe gestuel en français signé correspond à un mot. Les signes gestuels sont ceux du LSF. On respecte la syntaxe du français. Les « signes-mots » sont ordonnés selon les règles séquentielles du français parlé. On introduit les articles, les prépositions et les pronoms à l'aide de signes particuliers ou de l'alphabet dactylologique. On marque le genre et le nombre. Par exemple, le genre féminin est marqué au niveau de l'adjectif (et de certains substantifs) par un léger frottement du pouce de la main dominante (en configuration *A*) sur la joue juste après la production du signe marqué. Il existe aussi des marqueurs pour les temps de la conjugaison. Ce système est assez lourd à manier. Il en existe plusieurs variantes allant d'un français signé où toutes les règles grammaticales du français sont respectées à d'autres variétés où l'on utilise l'ordre des mots tout en omettant diverses spécifications grammaticales. La même situation existe pour l'anglais. On trouve à côté du signed English des systèmes où toutes les particularités de l'anglais parlé sont représentées en signes gestuels (par exemple, le Signing Exact English - SEE -).

Systèmes créés artificiellement, le signed English ou le français signé exploitent moins les possibilités qu'offre la dimension spatiale que les langues ésotériques. Par exemple, la phrase «Je te donne» nécessitera trois gestes en français signé mais un seul en LSF (figure 6).

Le français signé doit être considéré comme un système-pont entre les langages ésotériques de signes gestuels et les langues parlées. Son ancêtre est le système des signes méthodiques conçu par l'abbé de l'Epée comme outil pédagogique pour faciliter l'apprentissage de la lecture et de l'expression écrite par les sourds (cfr le chapitre 4). L'utilisation du français signé à l'heure actuelle doit être envisagée

1. En français signé

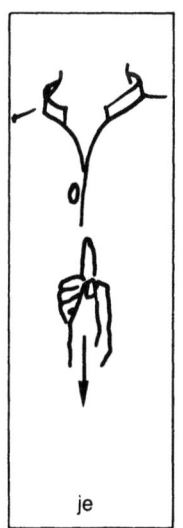
je

te

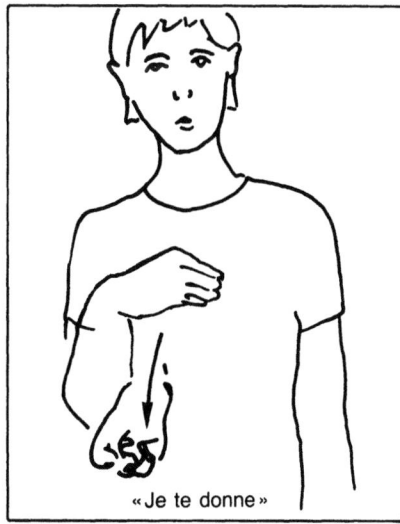
«Je te donne»

2. En LSF

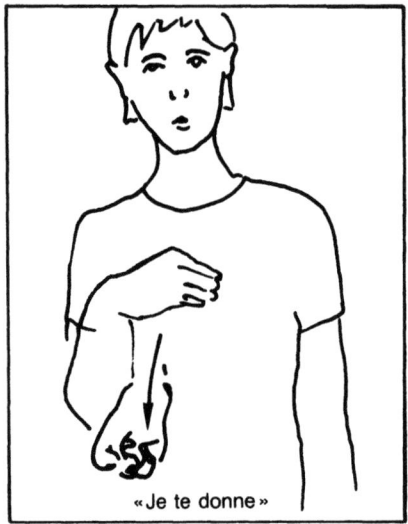

FIG. 6: Signes gestuels pour « Je te donne ». Adapté d'après W. Moody, La langue des signes, Paris : Ellipses, 1983.

dans cette même optique d'enseignement. Il est indiqué de l'enseigner aux sourds, comme seconde langue signée, pour leur rendre plus aisé l'accès à la langue verbale et de l'enseigner aux entendants qui sont désireux d'apprendre un système de communication gestuel. Ces derniers se trouvent moins déroutés, dans un premier temps, par le français signé que par le LSF. Il leur sera toujours loisible ensuite de chercher à progresser dans la maîtrise du LSF. Nous revenons sur cette question au chapitre 7.

2.4. L'alphabet dactylologique

L'alphabet dactylologique est un système gestuel où chaque lettre de l'alphabet écrit correspond à une configuration particulière de la main et des doigts. Ce système est en fait une écriture dans l'espace.

Lorsqu'un mot est épelé digitalement, la main réalise les configurations qui correspondent aux lettres du mot les unes à la suite des autres. La main peut se placer à hauteur de la bouche, favorisant une lecture labiale simultanée. La paume de la main est le plus souvent tournée vers l'interlocuteur. Pour les chiffres, cependant, la paume est tournée vers l'émetteur (figure 7).

LANGAGES DE SIGNES GESTUELS 43

FIG. 7: Signes gestuels pour les chiffres de 1 à 20 en LSF.

L'alphabet dactylologique est construit à partir du seul composant «configuration de la main et des doigts». Les autres composants gestuels, c'est-à-dire la position dans l'espace, le mouvement, l'orientation de la main et l'expression faciale n'interviennent pas. Il n'y a pas mouvement. Une seule position de la main intervient, l'orientation est constante et l'expression faciale neutre.

Les alphabets dactylologiques reflètent bien évidemment les particularités des systèmes verbaux et notamment des systèmes d'écriture (alphabets phonographologiques) (cfr les figures 8, 9 et 10). Certaines différences d'un alphabet à l'autre sont cependant arbitraires. Ainsi, neuf configurations manuelles séparent l'alphabet dactylologique américain (figure 8) de celui qui est utilisé en Belgique francophone. On peut évidemment regretter de telles différences puisqu'elles sont susceptibles de gêner considérablement les échanges internationaux.

L'alphabet dactylologique à une main utilisé aux Etats-Unis, en France et en Belgique a été mis au point vraisemblablement au XVIe siècle en Espagne. Bonet l'utilisait déjà dans la première partie du XVIIe siècle pour éduquer le sourd au langage verbal comme il l'indique dans son ouvrage (cfr le chapitre 4).

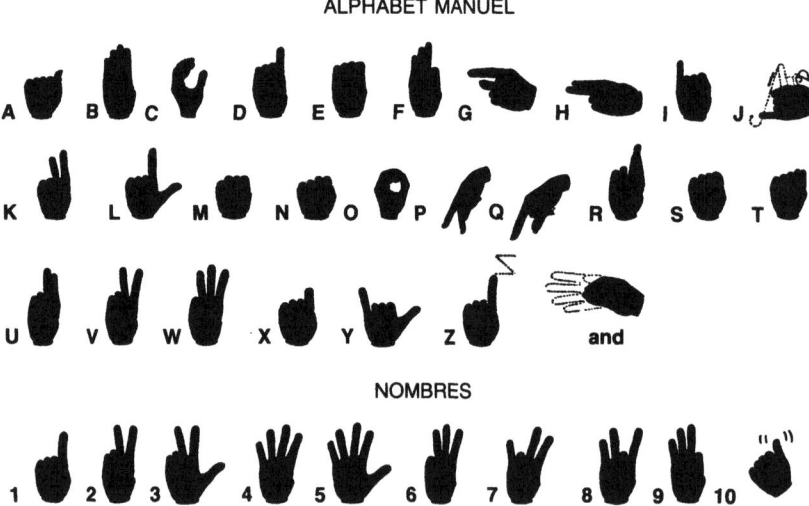

FIG. 8: *L'alphabet dactylologique (et les dix premiers nombres) en usage aux Etats-Unis. Adapté d'après D. Moores,* Educating the deaf: Psychology, principles and practices, *Boston, Houghton Mifflin, 1978.*

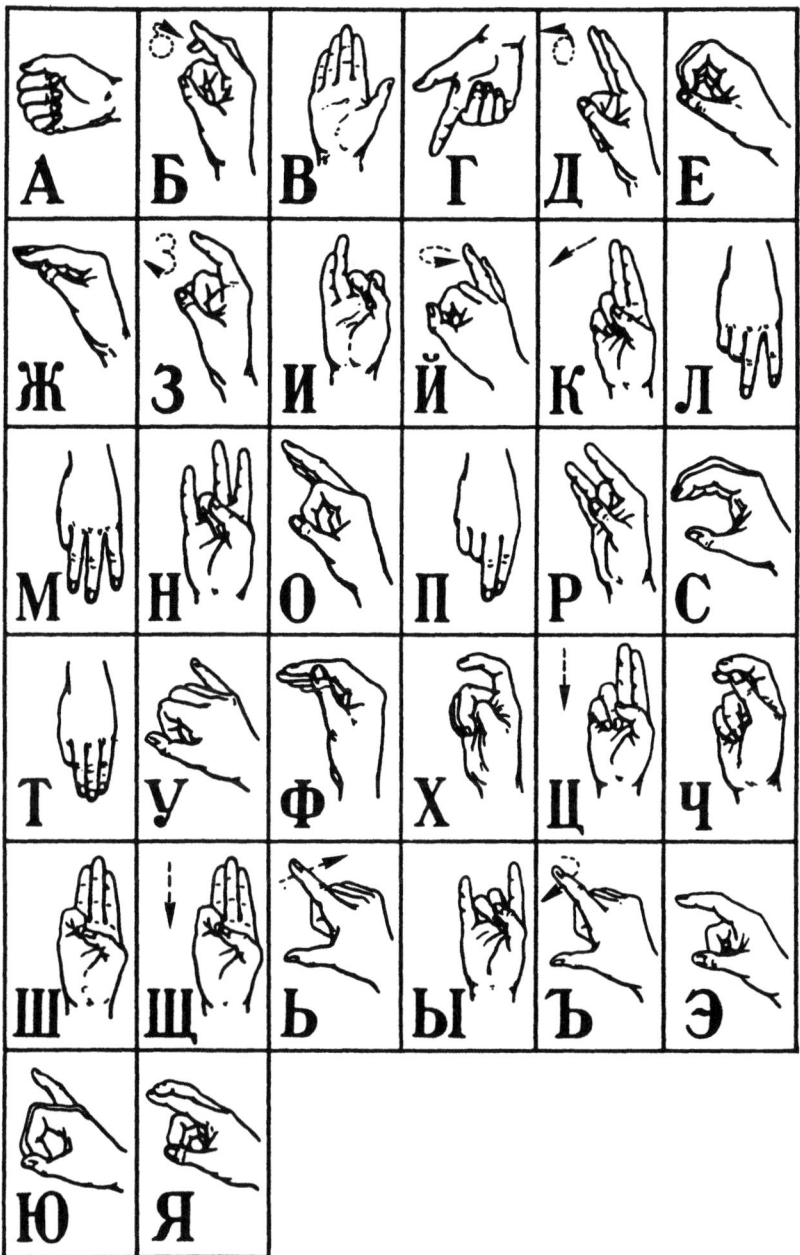

FIG. 9: *L'alphabet dactylologique russe. Adapté d'après A. Geranka, Institut de Défectologie, Moscou, 1972.*

Alphabet dactylologique Pinyin

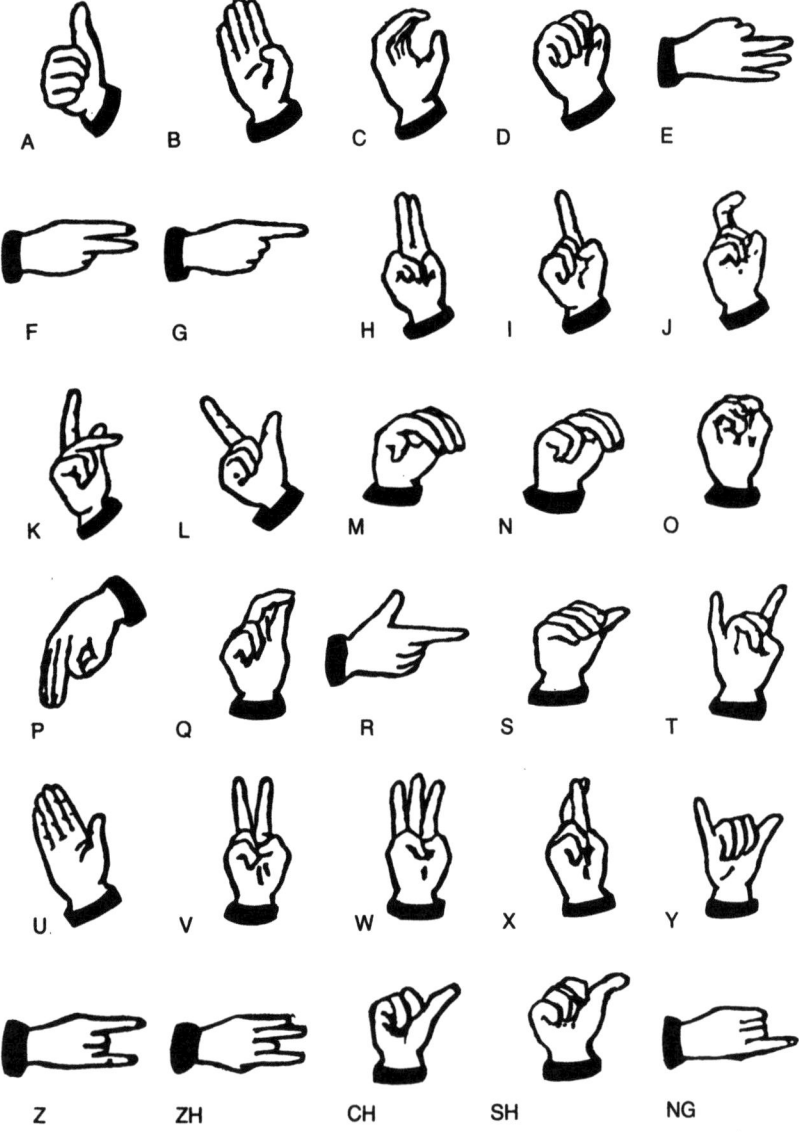

Cet alphabet comporte 30 formes digitales qui permettent de représenter les 26 lettres de l'alphabet romain et 4 «digraphes» du Pinyin.

FIG. 10: L'alphabet dactylologique (phonétique) Hanyu Pinyin et le syllabaire digital chinois. Adapté d'après Y. Zhou, The Chinese finger alphabet and the Chinese finger syllabary, Sign Language Studies, *1980, 28.*

Syllabaire digital chinois

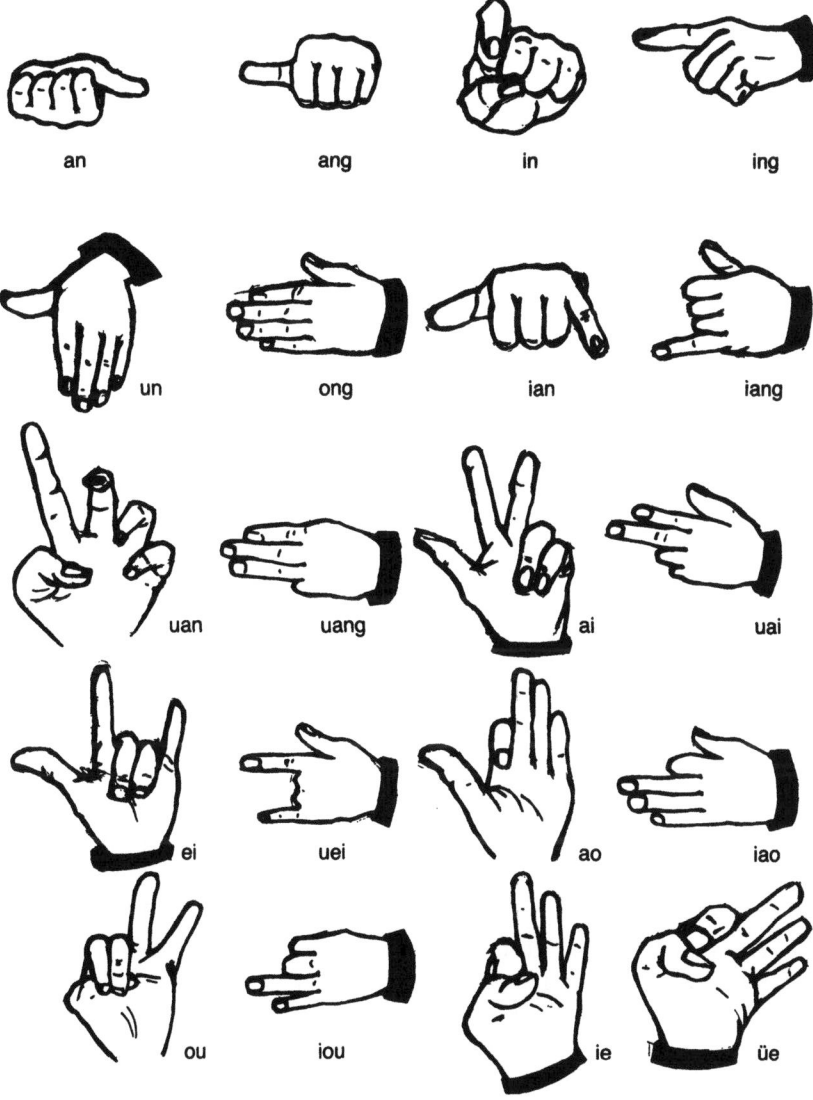

Plus récemment (1974), on a cherché à développer un syllabaire digital permettant d'épeler les mots du chinois plus commodément et plus rapidement qu'avec l'alphabet dactylologique. Il se trouve, en effet, que les syllabes chinoises sont composées d'une à quatre lettres (en alphabet Pinyin) qui forment d'une à deux syllabes (Zhou, 1980).

FIG. 10: (suite).

L'alphabet dactylologique de Bonet a été introduit en France par Pereire au XVIII siècle. Celui-ci le modifia de façon à l'adapter à l'orthographe française. Plus tard, l'abbé de l'Epée et son successeur l'abbé Sicard adoptèrent l'alphabet de Pereire et s'en servirent comme moyen de communication complémentaire de l'usage des signes gestuels et non plus uniquement, comme c'était le cas précédemment, pour enseigner la parole[3]. L'alphabet dactylologique français a été introduit aux Etats-Unis par Gallaudet et Clerc et ensuite modifié au début du XIX siècle.

En Angleterre, par contre, on utilise toujours un alphabet dactylologique à deux mains qui paraît remonter au XVII siècle (Abernathy, 1959).

2.5. Les systèmes d'aide à la lecture labiale

Dans les systèmes de signes tels que l'Ameslan, le LSF, le français signé ou le signed English, les gestes correspondent à des concepts propres ou à des mots de la langue verbale. Dans les systèmes d'aide à la lecture labiale, les gestes n'ont pas de raison d'être en dehors de la parole. Ils ont pour but de faciliter la lecture labiale. Ces systèmes s'inscrivent donc dans une perspective oraliste.

2.5.1. La lecture labiale

C'est l'activité qui consiste à chercher à comprendre tout ou partie de la parole en «lisant» les phonèmes sur les lèvres et autres mouvements articulatoires visibles du locuteur. Cette activité lorsqu'elle est bien développée permet de compenser partiellement la déficience auditive (à concurrence d'environ 40 % dans les meilleurs cas).

La compréhension de la parole par le moyen de la lecture labiale dépend de plusieurs facteurs. Certains facteurs sont intrinsèques au sujet, tels la mémoire visuelle, l'intelligence, l'âge (il semblerait que jusqu'à 30 ans l'âge soit positivement corrélé avec la capacité de lire sur les lèvres) et le degré de surdité (les sourds modérés et sévères lisent mieux sur les lèvres que les sourds profonds).

Il existe également des facteurs extrinsèques comme la nature du matériel (discours, phrase, mot), la distance par rapport au locuteur, le temps d'exposition et l'angle sous lequel on se trouve par rapport au visage du locuteur ainsi que les éléments paraverbaux et contextuels du discours.

La lecture labiale connaît cependant de sévères limitations. Il est impossible de pouvoir tout déchiffrer sur les lèvres: certains phonèmes appelés «sosies labiaux» partagent la même image labiale, d'autres sont produits trop en arrière dans la bouche pour pouvoir donner une image claire sur les lèvres. En outre, la coarticulation des phonèmes influence considérablement les images labiales (il existe plusieurs classifications des sosies labiaux; la première liste fut établie par Woodward et Baber, en 1960).

La lecture labiale n'est donc pas une activité aisée. Deux systèmes ont été mis au point pour en faciliter l'usage: le cued speech de Cornett (Washington, 1967) et l'AKA de Wouts (Bruxelles-Woluwé, 1974).

2.5.2. Le cued speech (CS ou LPC - langage parlé complété -)

L'expression «cued-speech» peut être traduite par «une clé pour la parole». Ce système d'aide est un système syllabique et phonématique. On y code gestuellement les phonèmes de la parole selon une découpe syllabique.

L'utilisateur du cued speech code intégralement ce qu'il dit. Le codage des syllabes se fait par l'association d'une configuration particulière des doigts représentant la consonne avec une position particulière de la main autour du visage représentant le noyau vocalique. La main non dominante est utilisée paume tournée vers soi, afin de permettre la gestualité éventuelle de la main dominante (figure 11).

Comme on peut le constater à la figure 11, seuls les phonèmes-sosies labiaux ont un complément différent, les phonèmes directement identifiables en lecture labiale ayant un complément identique. Cela donne 5 positions différentes pour les 14 voyelles du français et 8 configurations des doigts pour les 17 consonnes et les 3 semi-voyelles.

Le cued speech est un système phonématique, ce qui signifie que le locuteur code gestuellement les sons de la parole sans se préoccuper de l'orthographe. Par exemple, l'expression «les enfants» sera codée comme le montre la figure 12.

Lorsqu'on code sa parole en cued speech, il faut s'écouter parler, s'écouter prononcer les sons et se dégager de l'orthographe. Cette démarche peut être assez laborieuse particulièrement au début. Le codage implique une bonne synchronisation des informations articulatoires et manuelles qui interviennent dans la réception du message. Le codage des liaisons, le respect des pauses du discours ainsi que le respect des variantes phonématiques individuelles et régionales doivent également intervenir.

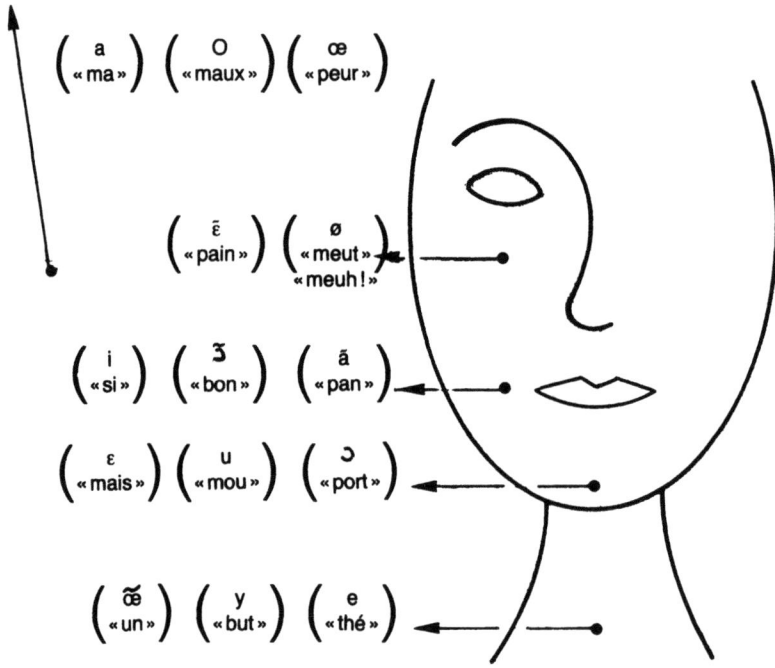

FIG. 11: *Le cued speech ou LPC (langage parlé complété).*

L'apprentissage du cued speech est aisé dans ses principes mais l'usage courant en est beaucoup plus difficile. Le débit de l'utilisateur novice est lent, la rythmicité des phrases s'en trouve affectée, et le langage est moins spontané. On peut également regretter une certaine arbitrarité des indications gestuelles employées. Le mérite du cued speech est cependant de répartir clairement les sosies labiaux selon des catégories de configurations manuelles différentes.

Pour que l'enfant sourd puisse bénéficier au maximum de cette assistance à la lecture labiale, il faut coder le langage dans sa totalité en sa présence que l'on s'adresse ou non à lui. Il est évident que cette technique doit être associée à l'emploi d'une prothèse auditive.

Les 8 configurations des doigts pour les consonnes

①	d («dos»)	p («par»)	ʒ («joue»)	
②	k («car»)	v («va»)	z («azur»)	
③	s («sel»)	r («rat») 		
④	b («bar»)	n («non»)	ẅ («lui»)	
⑤	t («toi»)	m («mare»)	f («fa»)	sert à indiquer aussi toute voyelle non précédée d'une consonne (arrête) 
⑥	l («la»)	ʃ («chat»)	gn («oignon»)	w («Louis») 
⑦			g («gare»)	
⑧			ɗ («paille»)	ng («ding») 

FIG. 11 : (suite).

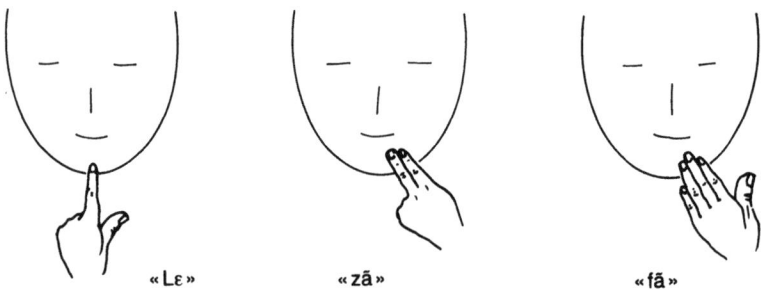

N.B. Les liaisons sont codées. « Les enfants » sera codé [lɛ zã fã].

FIG. 12: *Gestes pour « les enfants » en cued speech (LPC).*

2.5.3. *L'alphabet des kinèmes assistés*

Les kinèmes sont des mouvements buccaux dicernables visuellement et qui correspondent à un ou à plusieurs phonèmes. Ces kinèmes peuvent être « assistés » de mouvements de la main. La main non dominante est conseillée de façon à permettre une éventuelle expression paraverbale ou gestuelle de la main dominante. Comme le cued speech, l'AKA permet l'identification des sosies labiaux mais ne fournit pas d'indication particulière pour les phonèmes reconnaissables directement en lecture labiale — IRSA, 1985 — (tableau 3).

Le système créé par Wouts s'inscrit dans le contexte théorique suivant: la perception de la parole trouve sa source profonde dans la motricité propre et dans l'expérience articulatoire.

La parole est davantage une question de mouvement que de positions. Les éléments prosodiques sont les premiers perçus par l'enfant. Ceci motive un choix de mouvements de la main qui ne soient pas arbitraires comme dans le cued speech mais rappellent au contraire les caractéristiques acoustiques des phonèmes. Par exemple, les occlusives sourdes (p, t, k) se distinguent des occlusives sonores (b, d, g) par leur degré de tension (plus fort) et leur durée (plus brève). Ces qualités seront rendues par un mouvement plus rapide et plus tendu. Wouts a également voulu donner une « dimension affective » aux différents mouvements. Dans le cas des occlusives sonores, généralement perçues comme plus « agressives » que les occlusives sourdes, le mouvement de la main qui les identifie sera plus agressif et plus explosif.

*Tableau 3. L'alphabet des kinèmes assistés (AKA)
Adapté d'après IRSA, 1985*

CONSONNES

RAPIDE	RELÂCHÉ	←	TENDU	←	←	TENDU
π	b	m	f	v		
t	d	n	s	z («rose»)		l
k	g	gn («soigner»)	$\int$ («chant»)	3 («gens»)		r

SEMI-CONSONNES OU SEMI-VOYELLES

j (fille)

$\ddot{w}$ (lui)
w (bois)

MOUVEMENT ROTATIF (léger lorsque la semi-consonne est isolée ou associée à une voyelle; dans le prolongement du mouvement de la consonne lorsque la semi-consonne succède à une consonne — voir aussi ci-dessous la semi-consonne associée à /ø/ ou à /u/ —).

VOYELLES

a («rat»)	$\tilde{a}$ («chant»)	$œ$ («peur»)	e («thé»)	$jø$(«vi<u>eu</u>x»)
o («port»)	$\tilde{o}$ («bon»)	$ø$ («peu»)	ε («laid»)	ju(«cail<u>lou</u>x»)
i («lit»)	$\tilde{\varepsilon}$ («pain»)	u («cou»)	y («lu»)	
	$\tilde{æ}$ («brun»)	$ə$ («un<u>e</u>»)		

N.B. Les flèches indiquent la direction du mouvement de la main.

Wouts insiste pour qu'une éducation rythmique corporelle et musicale soit prodiguée parallèlement à l'apprentissage et à l'emploi de l'AKA. En somme, le système des kinèmes assistés visualise des caractéristiques du «mouvement parlé». Les positions et les mouvements de la main suggèrent la dynamique articulatoire. Ce système d'aide à la perception de la parole en respecte plus la rythmicité et n'altère pas autant le débit du discours que le cued speech. Le parallélisme entre mouvement articulatoire et mouvement de la main facilite son apprentissage et sa pratique. Les défenseurs du cued speech font cependant valoir qu'il est inutile d'évoquer dans le geste l'aspect articulatoire des productions pour permettre à l'enfant sourd de décoder certains phonèmes dans la parole de l'interlocuteur. Une fois que ceux-ci sont acquis, il est superflu d'en rappeler constamment les caractéristiques articulatoires. Le débat est ouvert. On manque toutefois de données expérimentales solides comparant l'efficacité des deux systèmes. Il est donc impossible à l'heure actuelle de conclure en faveur de l'utilisation de l'AKA ou du cued speech.

NOTES

[1] L'expressivité corporelle générale entre également en ligne de compte (voir à ce sujet le chapitre 5).
[2] La Commission d'Unification des Signes de la Fédération Mondiale des Sourds a publié en 1975 un répertoire de signes gestuels communs dans une série de langages gestuels ésotériques. L'ouvrage est intitulé «Gestuno». A quand, cependant, un travail systématique sur les éventuelles caractéristiques communes et les différences des langages gestuels au plan syntaxique ?
[3] Cette tendance introduite par l'Epée s'est maintenue jusqu'à nos jours comme on le verra au chapitre 7.

Chapitre 3
Les surdités : réalités biologiques, psychologiques et sociales

Le fait d'être sourd a, et a toujours eu, des conséquences sociales. Le handicap auditif, en particulier le handicap sévère et profond, est également la cause de difficultés d'ordres divers sur le plan psychologique. Avant d'envisager ces deux aspects, il nous faut définir les types et les niveaux de surdité, leurs étiologies et donner quelques indications sur les tests audiologiques et l'appareillage prothétique.

3.1. Le handicap auditif

3.1.1. *Les types de surdité*

Il existe, selon la localisation de la lésion, deux grandes catégories de surdité : les surdités de *transmission* ou de *conduction* dont la cause est une atteinte de l'oreille externe ou moyenne, et les surdités de *perception* ou surdités *neuro-sensorielles* dues à une atteinte accidentelle ou dégénérative des fibres nerveuses ou des cellules réceptrices de l'oreille interne. Les premières sont surtout liées à l'obstruction du conduit auditif (bouchons, etc.) ou à une atteinte de la membrane tympanique qui sépare l'oreille externe de l'oreille moyenne, atteinte qui altère les propriétés vibratoires du tympan et hypothèque en conséquence la transmission de l'onde sonore. La chaîne ossiculaire (marteau, enclume, étrier), au niveau de l'oreille moyenne, peut également être lésée ou présenter une atteinte dégénérative comme c'est le cas dans l'otospongiose.

L'incidence des surdités de transmission sur le langage est moindre que celle des surdités neuro-sensorielles. La perte auditive ne dépasse habituellement pas 60 décibels (dB) dans le premier cas. Ce type de surdité peut faire l'objet d'un traitement médical ou chirurgical susceptible de rétablir complètement ou partiellement la fonction auditive.

Les surdités neuro-sensorielles se divisent en deux catégories selon le facteur étiologique : les surdités génétiques et les surdités non-génétiques. La perte auditive est généralement importante et peut encore évoluer négativement dans les cas d'atteinte dégénérative. L'atteinte neuro-sensorielle est soit isolée et ne concerne dans ce cas que l'audition, soit associée à d'autres troubles neurologiques. Toutes les surdités neuro-sensorielles ont un net retentissement sur le langage et la parole. Ce retentissement est d'autant plus important que le déficit auditif est plus marqué, plus précoce et qu'il est associé à d'autres atteintes neurologiques.

3.1.2. Etiologie des surdités

Les tableaux 4 et 5, repris à Morrow-Lettre (1982), fournissent le détail de l'étiologie des surdités de transmission et des surdités neuro-sensorielles.

Tableau 4. Etiologie des surdités de transmission. D'après C. Morrow-Lettre, Surdité et langage oral, in J.A. Rondal et X. Seron (eds), Troubles du langage, Liège, Mardaga, 1982, p. 219, reproduit avec permission

Etiologie des surdités de transmission chez l'enfant
Malformations congénitales (atrésie du conduit auditif, souvent associée à une malformation de la chaîne ossiculaire).
Otites externes (modifications cutanées du conduit auditif avec obstruction par enflure).
Otites moyennes (séreuses ou purulentes, peuvent être aiguës ou chroniques).
Otite cholestéatomateuse (formation d'un kyste qui peut entraîner la destruction des structures osseuses et éventuellement une atteinte du labyrinthe).
Otosclérose (maladie héréditaire qui affecte l'enveloppe osseuse de la cavité moyenne avec fixation de la chaîne ossiculaire).

Tableau 5. Etiologie des surdités neuro-sensorielles. D'après C. Morrow-Lettre, Surdité et langage oral, in J.A. Rondal, et X. Seron (eds), Troubles du langage, Liège, Mardaga, 1982, p. 220, reproduit avec permission

Etiologie des surdités neuro-sensorielles chez l'enfant

A. GENETIQUES

Prénatales

Syndrome de Waardenburg (hyperplasie de la base du nez, hypertrichose sourcillière, malformation de l'angle interne de l'œil, hétérochromie irienne, mèche blanche frontale).

Syndrome de Pendred (anomalie de l'hormonogénèse de la tyroxine avec goître).

Syndrome de Usher (rétinite pigmentaire).

Maladie de Lobstein (coloration bleue des sclérotiques, fragilité osseuse).

Crétinisme endémique.

Postnatales

Surdité familiale hérédodégénérative.
Syndrome d'Alport (néphropatie).

B. NON GENETIQUES *

Prénatales

Embryopathie (rubéole de la mère entre 7e et 10e semaine de grossesse; toxémie, diabète de la mère).

Incompatibilité du facteur Rh.

Néo-natales

Maladie hémolytique, kernictère (jaunisse du nouveau-né).
Traumatisme obstétrical, anoxie.

Postnatales

Maladies infectieuses (oreillons, méningites, encéphalites).
Antibiotiques ototoxiques (streptomycine, néomycine, kanamycine).
Traumatisme.

C. INCONNUES (± 30 %)

* Les facteurs étiologiques non génétiques, et en particulier les embryopathies, sont responsables du pourcentage le plus important de surdité neuro-sensorielles chez l'enfant.

3.1.3. Les niveaux de surdité

Le tableau 6, également repris à Morrow-Lettre (1982), fournit une classification des déficiences auditives selon le niveau du déficit auditif. Il indique, en outre, les principales implications auditives et communicatives des différents niveaux de surdité.

Tableau 6. Classification des déficiences auditives. D'après C. Morrow-Lettre, Surdité et langage oral, in J.A. Rondal et X. Seron (eds), Troubles du langage, Liège, Mardaga, 1982, p. 220, reproduit avec permission

Classification des déficiences auditives[1]

Niveaux de surdité	Implications
Surdité légère : audition dont la moyenne des seuils en conduction aérienne se situe entre 26 et 40 dB I.S.O.	Difficulté d'entendre la parole à faible intensité; possibilité d'un léger déficit verbal; quelques sons difficiles; demande de l'attention de la part de l'individu.
Surdité modérée : perte auditive se situant entre 41 et 55 dB I.S.O.	Difficulté d'entendre la parole à une intensité normale; handicap social substantiel; amplification nécessaire pour un apprentissage adéquat du langage.
Surdité modérément sévère : perte auditive se situant entre 56 et 70 dB I.S.O.	Difficulté d'entendre même la voix forte; amplification nécessaire sinon risque de retard pédagogique important; possibilité de problèmes psychologiques et sociaux.
Surdité sévère : perte auditive se situant entre 71 et 90 dB I.S.O.	Difficulté d'entendre même la voix criée; déficit linguistique substantiel pour l'enfant qui n'a pas eu d'expérience prélinguistique amplification nécessaire; éducation spéciale nécessaire.
Surdité profonde : perte auditive se situant au-delà de 90 dB I.S.O.	Difficulté de comprendre la voie amplifiée; déficit linguistique et retard pédagogique substantiel; problèmes psycho-sociaux importants; éducation spéciale nécessaire.
Surdité totale : absence complète d'audition (cas rares).	Déficit linguistique majeur; problèmes psychologiques, sociaux et pédagogiques importants; éducation spéciale indispensable.

[1] Selon le Plan de Services aux enfants déficients auditifs : Ministère des Affaires Sociales. Province de Québec. Mars 1977; p. 115.

Le niveau d'audition est déterminé à partir de la courbe audiométrique tonale mesurée en décibels (International Standard Organisation - d'où le sigle I.S.O., utilisé au tableau 6). Si l'on veut opérer une distinction entre *sourd* et *malentendant,* on peut définir le sourd comme toute personne dont le niveau d'audition résiduelle s'élève à 70 dB I.S.O. ou plus, ce qui rend impossible la compréhension de la parole par voie auditive seulement en situation normale de conversation ou d'échange verbal. Le malentendant est une personne dont le niveau d'audition résiduelle va de 35 dB I.S.O. ou plus jusqu'à 69 dB I.S.O., ce qui rend difficile, mais non impossible, la compréhension de la parole par voie auditive en situation normale de conversation ou d'échange verbal (Frisina, 1974). La figure 13, reprise à Ling et Ling (1978), illustre la précédente classification des degrés de surdité.

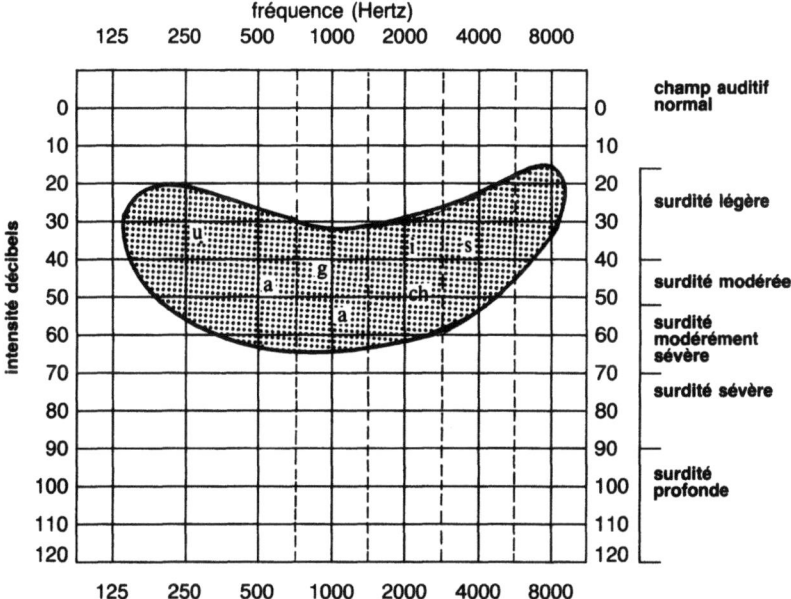

1. La zone hachurée représente le champ acoustique occupé par la parole à intensité normale. Elle délimite l'intensité relative des constituants acoustiques d'une série de phonèmes mesurés à une distance de 2 mètres.
2. Adapté d'après D. Ling et A. Ling, *Aural habilitation*, Washington, D.C., Alexander Graham Bell Association for the Deaf, 1978.

FIG. 13: *Degrés de surdité*[1, 2].

3.1.4. Tests audiologiques

On distingue entre les *tests subjectifs* (introspectifs), les *techniques réflexes et de conditionnement,* et les *tests objectifs*. Les premiers exigent la participation volontaire et consciente des sujets. Ils sont donc limités par des facteurs comme l'âge, le niveau mental, la bonne volonté et les possibilités de participation active des sujets.

1. Tests subjectifs

Il s'agit des techniques de l'audiométrie tonale et vocale. On présente au sujet des sons purs, des bruits à bande étroite, des sons complexes (bruits de l'environnement, jouets sonores, instruments de musique), des phonèmes isolés, des monosyllabes, des mots disyllabiques avec ou sans signification, des suites de mots, et des phrases ou des extraits de conversation normale. L'audiométrie vocale nécessite un certain acquis linguistique chez le sujet. La tâche de ce dernier consiste à prévenir l'examinateur lorsqu'il entend effectivement le stimulus sonore envoyé dans l'oreille. Ces procédures sont utilisables dès 3 ou 4 ans chez l'enfant (Cox et Lloyd, 1976). On peut alors obtenir une courbe audiométrique aux seuils d'audition.

2. Techniques réflexes et de conditionnement

On peut s'efforcer d'observer les réactions réflexes des bébés à la stimulation sonore.

On présente à l'oreille du bébé (éveillé) un stimulus sonore (par exemple, un son pur calibré selon les principales zones de fréquence de la parole). La réaction normale, à condition que la stimulation soit présentée avec une intensité suffisante située bien au-delà du seuil minimal d'audition, est le déplacement de la tête en direction opposée de la source sonore ou dans la direction de celle-ci, des grimaces, une modification du rythme de succion, et le réflexe cochléo-palpébral. Cette technique rudimentaire est de nos jours effectuée de façon routinière à titre de dépistage précoce du handicap auditif dans les maternités des grands hôpitaux.

D'autres procédures utilisables avec des enfants plus âgés mais encore trop immatures pour pouvoir participer à une épreuve audiométrique standard mettent en jeu le conditionnement pavlovien ou le conditionnement opérant. Le R.O.C. (Reflexe d'Orientation Conditionné de Suzuki et Ogiba, 1961) ainsi que les techniques de l'Audiométrie avec Renforcement Visuel (A.R.V.) — par exemple, le «peep show» de Dix et Hallpike (1947), sont basés sur le paradigme du conditionnement pavlovien. Dans le «peep show», utilisable dès 2 ans et demi, on présente un premier stimulus discriminatif (le stimulus conditionnel) sonore (par exemple, un son de 500 Hertz) suivi d'un second stimulus discriminatif visuel (le stimulus inconditionnel — par exemple, une scène animée vivement éclairée qui apparaît sur un écran devant les yeux de l'enfant). Ce dernier provoque la réponse inconditionnelle de fixation ou de poursuite visuelle. Une fois le conditionnement installé, le stimulus sonore suffit à provoquer la réponse visuelle à condition qu'il soit correctement perçu par l'enfant. On peut donc calibrer la fréquence et l'intensité du son de façon à évaluer la perception auditive du jeune enfant.

D'autres procédures ont recours à la méthodologie du conditionnement operant. Il s'agit de «l'audiométrie ludique» (play audiometry) utilisable dès l'âge de 3 ans environ. On peut, par exemple, demander à l'enfant d'actionner un levier ou un bouton-poussoir (réponse operante) à la seule présentation d'un son — stimulus discriminatif — calibrable en fréquence et en intensité, de façon à faire apparaître un personnage ou une scène amusante sur un écran de projection. L'opération répond donc au paradigme du conditionnement operant, à savoir :

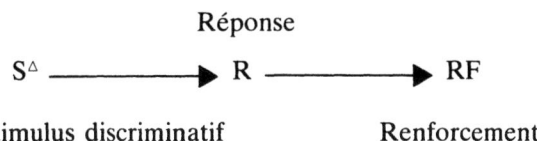

        Stimulus discriminatif   Renforcement

Ces techniques ont l'avantage d'être utilisables là où on ne peut garantir la fiabilité des rapports introspectifs des sujets.

3. *Tests objectifs*

Ces tests suscitent beaucoup d'intérêt depuis plusieurs années. Les techniques mesurent l'activité électrophysiologique liée à l'audition. On distingue deux catégories de techniques selon l'endroit où sont placées les électrodes d'enregistrement. Il y a *l'électro-cochléographie* (E.CO.G.). Elle permet d'obtenir des indications sur le statut des structures auditives de l'oreille interne, principalement la cochlée, grâce à une électrode placée sur le promontoire à travers le tympan. Cette technique est utilisable à tous les âges. Elle fournit une mesure précise de l'audition pour les fréquences relativement aigues (1.500 à 4.000 Hertz). Cependant, l'anesthésie générale obligatoire pour pouvoir implanter l'électrode réceptive rend la procédure de l'E.CO.G. assez lourde.

Une autre technique appelée *l'électro-encéphalo-audiographie* (E.E.A.) est moins perturbante pour les sujets. On place l'électrode enregistreuse sur le vertex crânien. Les réponses obtenues sont réparties en 4 catégories selon la latence : réponses rapides, moyennes, lentes et tardives. Seules les réponses rapides et lentes ont un intérêt audiométrique clinique. Les premières (survenant entre 2 et 12 millisecondes après le stimulus) sont originaires du tronc cérébral. Elles sont en étroite corrélation avec la perception des sons aigus. Les secondes (survenant entre 50 et 300 millisecondes après la stimulation) ont une origine corticale. Elles ne permettent cependant qu'un repérage des seuils avec une approximation de 10 à 20 dB par rapport aux seuils véritables surtout chez les enfants.

Une troisième technique, *l'impédancemétrie*, mesure l'élasticité de la paroi tympanique. On enregistre les variations d'intensité de l'onde sonore réfléchie par le tympan à mesure que l'on fait varier la pression d'air dans le canal auditif. La courbe obtenue (tympanogramme) permet de mettre en évidence des pathologies de l'oreille moyenne.

Bien qu'elles présentent beaucoup d'intérêt, les techniques de l'audiométrie objective ne sont pas utilisées couramment en raison de la durée de l'examen, du coût des appareils et de la complexité technique de l'interprétation des résultats, sans parler de la nécessité de recourir à l'anesthésie chez la plupart des enfants. Seule l'impédancemétrie échappe à ces difficultés et peut être utilisée assez régulièrement en clinique audiologique. Elle ne concerne cependant que l'oreille moyenne.

3.1.5. *L'appareillage prothétique*

Nous n'envisageons ici que les prothèses auditives individuelles. Il faut préciser qu'aucune prothèse ne peut compenser parfaitement une perte d'audition. Il y a à cela une triple raison : (a) l'existence de lésions définitives au niveau des organes auditifs et des structures neuro-sensorielles adjacentes, (b) l'obligation d'amplifier les sons avec le risque d'induire des phénomènes dits de recrutement qui réduisent sensiblement le niveau de tolérance à l'intensité sonore chez les sujets, et (c) les limites électro-acoustiques des prothèses. Les atteintes neuro-sensorielles peuvent rendre impossible la perception de certains sons quelle que soit la puissance de l'amplification fournie parce que les fibres nerveuses responsables de la transmission vers les centres nerveux des influx qui correspondent aux fréquences sonores impliquées sont complètement dégénérées.

Diverses recherches sur le fonctionnement des prothèses auditives (par exemple, Porter, 1973 ; Zink, 1972) montrent qu'environ la moitié des appareils utilisés ne fonctionnent pas ou ne fonctionnement pas de façon correcte dans les conditions naturelles de vie. Cela peut être dû aux prothèses elles-mêmes ou à une mauvaise utilisation.

Ces données ne constituent pas une contre-indication à l'encontre des prothèses auditives. Elles obligent cependant à considérer sérieusement les bénéfices et les difficultés qu'on peut en attendre dans l'éducation de l'enfant sourd et l'aide aux sourds plus âgés.

Deux types de prothèses auditives individuelles sont couramment utilisés. Il s'agit des «*appareils à fil*» et des «*appareils contours d'oreille*». Les appareils à fil (figure 14) comportent un microphone maintenu contre le corps et un récepteur à l'oreille. Ils sont malheureusement fort exposés aux bruits provenant du frottement des vêtements. De plus, leur esthétique est des plus discutables. Les appareils contours d'oreille sont plus acceptables à ces points de vue. Ce sont d'ailleurs les plus répandus actuellement (figure 15). Ils offrent en outre une meilleure possibilité de localisation de la source sonore en raison de leur localisation au niveau de la tête (profitant donc de la mobilité de celle-ci). Par contre, ils sont moins durables et plus difficiles à manipuler. L'amplification peut être mono-auriculaire ou binauriculaire. Cette dernière étant supérieure en raison de la meilleure possibilité d'écoute particulièrement dans les conditions de bruits ambiants et parce qu'elle permet une meilleure localisation du son.

Les spécialistes sont d'accord pour suggérer que l'appareillage soit effectué aussitôt que possible même chez le jeune enfant, à condition toutefois qu'il s'intègre dans le cadre d'une intervention précoce planifiée (Horton, 1973). Actuellement, il semble techniquement possible d'appareiller le jeune enfant sourd dans de bonnes conditions dès la première année.

3.2. Surdité et fonctionnement intellectuel

Les difficultés langagières ou la privation complète ou partielle de langage parlé ont toujours poussé les personnes entendantes et dotées de la parole à mettre en doute les capacités intellectuelles et le caractère «normal» du fonctionnement mental des personnes sourdes.

Au Moyen Age, les sourds étaient volontiers assimilés à des malades mentaux ou tout au moins n'en étaient-ils pas distingués explicitement. Plus tard et pendant très longtemps, on les a confondu avec les handicapés mentaux gravement atteints, ceux chez qui les difficultés de parole et de langage sont prépondérantes. Ces confusions grossières n'ont plus cours aujourd'hui mais nombreux sont encore les spécialis-

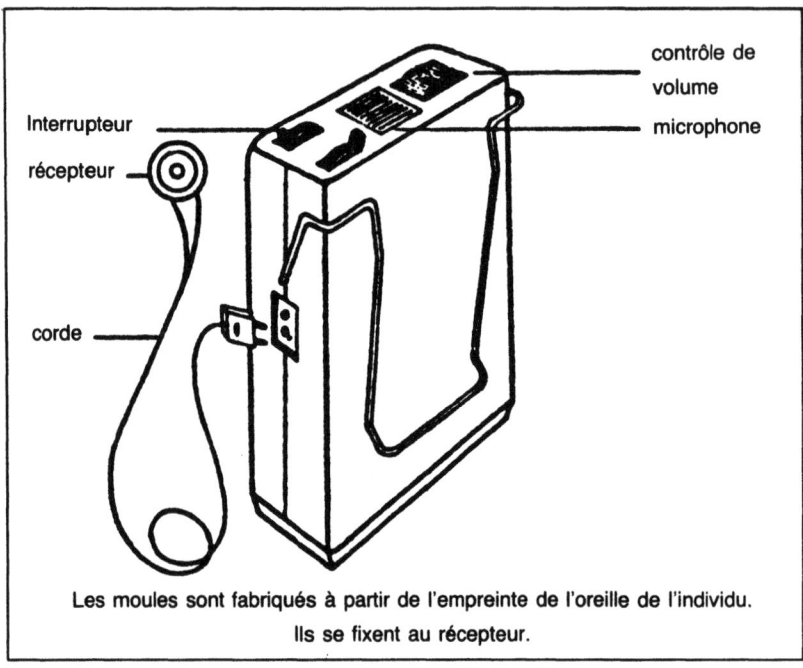

FIG. 14 : Prothèse auditive « à fil ».

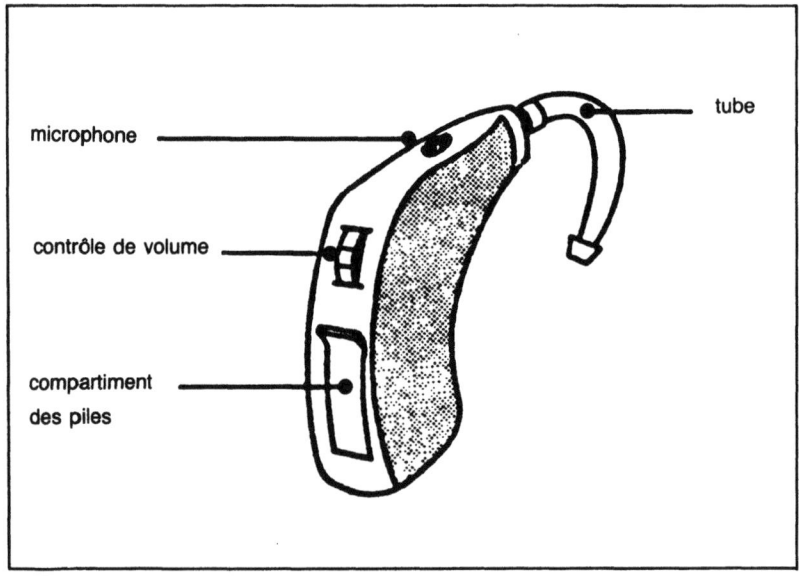

FIG. 15 : Prothèse auditive « contour d'oreille ».

tes, sans parler du grand public, pour lesquels la surdité sévère et/ou profonde entraîne nécessairement un handicap intellectuel marqué par la privation de parole qu'elle produit. On reconnaît dans ces opinions la croyance implicite du rôle primordial et irremplaçable de la parole dans le développement et le fonctionnement de l'intelligence.

Qu'en est-il dans la réalité et de quelles évidences dispose-t-on à l'heure actuelle quant à ces importantes questions?

3.2.1. Pensée, langage et surdité

Il n'est pas inutile de rappeler brièvement les trois grandes positions théoriques adoptées par la psychologie moderne en matière de relations entre langage et pensée. Les indications schématiques qui suivent sont empruntées aux travaux de Piaget (1945, 1964, 1967, 1968), Vygotsky (1962), Luria (1961) et Bruner (1966, 1982, 1983). On verra les sources originales pour plus de détails. Bien sûr, nous pourrions utiliser davantage de références théoriques et montrer que les trois «moments» présentés ci-dessous ne sont en fait que trois indications-repères sur un continuum de positions théoriques, mais notre objectif est seulement de poser la toile de fond nécessaire à la discussion qui suivra des relations entre pensée (intelligence) et langage chez les sujets handicapés auditifs graves.

Pour Piaget, le langage n'est qu'un des aspects d'une fonction générale: la fonction sémiotique. Elle ne peut expliquer le développement cognitif parce qu'elle survient phylogénétiquement et ontogénétiquement après celui-ci, et parce que les racines de la connaissance ne plongent pas dans la capacité de représenter le monde mais dans celle d'agir sur lui. De plus, c'est le langage qui dans son développement doit s'appuyer sur la cognition. Il y trouve le sens qu'il véhicule (l'étage sémantique du langage est en contact étroit avec les connaissances que nous avons de l'univers qui nous entoure) et les éléments de sa structuration. C'est seulement au niveau des opérations cognitives dites formelles ou propositionnelles (à l'adolescence) que le langage est intégré à titre d'outil indispensable (mais d'outil seulement) dans le fonctionnement de la pensée.

Les conceptions soviétiques (Vygotsky, 1962; Luria, 1961; voir aussi Payne, 1968) sont notablement différentes de celles de Piaget. Les différences semblent provenir de la définition que chaque école se donne de l'intellect. Piaget distingue entre composants opératif et figuratif de la pensée, chacun ayant une fonction et une origine différente. Le composant figuratif est cet aspect orienté vers l'organisation des données sensorielles. Il inclut la fonction sémiotique. Ce composant est défini comme statique parce qu'il ne peut que représenter la réalité tandis que le composant opératif agit sur elle et la transforme en objet de connaissance. La connaissance qui dérive du composant opératif tend à être définie comme la «vraie connaissance».

La pensée figurative ne peut déboucher sur une vraie connaissance parce qu'elle n'est pas assimilation mais seulement accomodation (à l'aspect figural de l'objet). Elle dépend donc de la pensée opérative. Il n'est pas possible d'avoir une connaissance figurative d'un objet sans en avoir une connaissance opérative l'inverse n'étant pas vrai. De plus, les deux composantes ont une origine différente : le composant figuratif provient d'une *internalisation* (c'est-à-dire d'une réduction de forme et d'amplitude) de comportements préalablement extérieurs. Cette internalisation laisse subsister un certain degré de participation périphérique (mouvements oculaires pendant les rêves et imagerie mentale visuelle, augmentation de tonus des muscles articulatoires pendant les phénomènes de langage intérieur, etc.). Le composant opératif provient quant à lui de *l'intériorisation* des éléments structuraux des combinaisons d'actions et est en lui-même fondamentalement a-représentationnel.

L'école soviétique accorde une plus grande place à la représentation. De plus, elle tend à considérer la pensée de l'individu mature comme organisée sur un mode prépondéramment verbal. Pour les auteurs soviétiques, pensée est souvent synonyme de pensée verbale. Cela ne signifie nullement qu'ils minimisent le rôle des représentations visuelles, auditives ou autres. Au contraire, une des fonctions de la pensée verbale est d'organiser en un flux cohérent ce qui résulte de l'intégration des données sensorielles (Zhinkin, 1968). Cela ne signifie pas non plus qu'il n'existe rien d'autre que la pensée verbale et les représentations sensorielles. Des formes non-représentationnelles de pensée sont reconnues mais, à la différence de Piaget, l'école soviétique considère que l'activité de pensée la plus élevée dans la hiérarchie, en d'autres termes la «vraie pensée», doit être identifiée avec la pensée verbale. Cette dernière n'est pas présente dès la naissance. Là où Piaget partant des réflexes voit le développement intellectuel s'effectuer selon un modèle linéaire, les psychologues soviétiques ont recours à un schéma en deux temps.

La pensée est d'abord non verbale tandis que le langage reste non-intellectuel (purement expressif ou lié à des formes élémentaires et rigides de communication). Puis, les deux fonctions se rencontrent et fusionnent. Le langage devient intellectuel et la pensée verbale (Vygotsky, 1962). A partir de ce moment, l'influence de la culture et de l'environnement social devient déterminante (Vygotsky, 1978, 1981).

C'est également sur le rôle de transmission culturelle joué par l'environnement social qu'insiste Bruner (1966, 1982, 1983). Pour Bruner, le développement de l'enfant humain est caractérisé par une indépendance de plus en plus marquée des comportements par rapport aux stimulations immédiates. L'émergence des processus de «médiation» (entre comportement et stimulation) est de la plus haute importance. Bruner distingue trois systèmes de représentation: énactif, iconique et symbolique. C'est dans cet ordre qu'ils sont hiérarchisés et qu'ils émergent au cours du développement.

Les trois systèmes coexistent cependant chez l'adulte. *Le niveau de représentation dit énactif* prolonge l'action motrice. Il n'exige ni images mentales, ni symboles ou signes verbaux. Il s'agit d'un condensé des actions à effectuer pour obtenir tel effet désiré, condensé dont il est difficile de préciser où et sous quelle forme il est «stocké» au sein du système nerveux central. Le pianiste possède une représentation des séquences de mouvements à effectuer pour obtenir le passage musical voulu. De même, le sportif peut effectuer toutes sortes de mouvements techniquement complexes sans trop savoir comment il fait (de là la difficulté qu'ont nombre de brillants «joueurs d'instincts» à devenir de bons entraîneurs). *Le niveau de représentation dit iconique* prolonge les activités perceptives en rassemblant les données sensorielles (en fait une sélection avec réorganisation de celles-ci) en images mentales (visuelles, auditives, olfactives, etc.) indépendamment de l'action (au moins en théorie). Le troisième niveau est celui de *la représentation symbolique*. Il met en jeu le langage et suppose la transmission de ce dernier par le milieu social et son acquisition par l'enfant. Ce troisième niveau de représentation est donc nécessairement tributaire de la culture. Dès qu'il est constitué, il n'est plus possible de dissocier le développement et le fonctionement langagier du développement et du fonctionnement cognitif. On retrouve ici le point de vue exprimé par les psychologues soviétiques et notamment par Vygotsky (1962).

Dans cette perspective, le langage, avec en toile de fond toute l'organisation culturelle, ne peut être défini comme un simple instrument auxiliaire de la pensée, une pensée qui se formerait en dehors de lui comme le voudrait la théorie piagétienne. Le langage est constitutif du développement cognitif dès qu'il se forme, c'est-à-dire dans les termes de Bruner, dès que le niveau de représentation symbolique devient fonctionnel.

Nos sympathies personnelles en matière de rapport entre pensée et langage vont aux positions défendues par Bruner et par les psychologues soviétiques. Il nous paraît futile de vouloir dissocier fonctionnement symbolique et fonctionnement cognitif dès que le premier système a atteint un niveau opérationnel. Il est peut-être possible de voir dans l'intériorisation progressive du langage intérieur chez l'enfant entre 3 et 6 ans une indication de l'accession à ce niveau de maturité fonctionnelle. Cependant, nous sommes également sensibles à l'indication piagétienne concernant le caractère volontiers statique des phénomènes de représentation. Toute connaissance réelle n'implique pas seulement une représentation de la réalité mais sa transformation soit dans les faits, soit symbolique. Dès lors, une médiation qui consisterait uniquement en une représentation de la réalité même au niveau symbolique mais sans transformation de celle-ci doit nécessairement figurer à un niveau moins élevé de la hiérarchie des actes mentaux qu'une représentation transformationnelle de cette même réalité. De nombreuses personnes, par exemple, y compris parmi celles qu'on appelle volontiers les «intellectuels» sont amenées professionnellement à manipuler des symboles complexes (formules, etc.) qu'elles n'ont pas inventés et qu'elles n'ont pas le pouvoir (capacité ou permission) de transformer. Ces personnes fonctionnent intellectuellement à un niveau élevé de représentation symbolique mais leur démarche est d'un degré inférieur à celle du concepteur des systèmes de représentation utilisés qui lui a le pouvoir de les transformer et de transformer éventuellement les réalités concrètes correspondantes.

Quelles sont les principales implications que nous pouvons tirer des points de vue théoriques envisagés ci-dessus pour le *fonctionnement intellectuel des personnes sourdes*?

Selon *la théorie piagétienne,* l'élaboration de la pensée opératoire se faisant en grande partie indépendamment du langage, *elle devrait se constituer normalement et sans retards appréciables chez l'enfant sourd.* Ce n'est qu'à l'adolescence, au moment où se constitue la pensée opératoire formelle, que l'absence de langage pourrait avoir des conséquences négatives sérieuses sur le fonctionnement intellectuel. Deux remarques s'imposent. Premièrement, les sourds même profonds ne sont nullement des êtres complètement privés de langage. Nombre d'entre eux communiquent au moyen du langage des signes gestuels (à des degrés très divers de capacité, il est vrai). Il serait donc tout à fait erroné de les assimiler purement et simplement à des «êtres a-linguistiques» dans toute discussion sur les relations entre pensée et langage. On ne dispose à l'heure actuelle d'aucune indication empirique permettant de conclure qu'un langage de signes gestuels est moins bien adapté en principe à l'exercice de la pensée formelle qu'un langage verbal. Il n'y a donc a priori aucune raison de penser que les sourds qui disposent d'un langage de signes gestuels *suffisamment développé* ne puissent accéder au niveau du fonctionnement opératoire formel. Deuxièmement, il faut signaler que même parmi les piagétiens, le «dogme» de l'indépendance relative du développement de la pensée (jusqu'au stade opératoire formel) et du langage ne fait pas ou ne fait plus l'unanimité. Déjà, Smedslund (1966) insistait sur les origines sociales de la décentration cognitive, thème largement repris et développé plus récemment par Doise et Mugny (1981).

«Les illusions, les contradictions latentes, les lacunes restent inexistantes pour le sujet égocentrique, et il est difficile de concevoir comment il pourrait jamais évoluer si les interactions devaient se limiter à l'environnement non humain» (cfr également Piaget, 1950a, pp. 163-165).

Il y a lieu de croire que le seul facteur qui puisse amorcer un changement dans un système égocentrique fondé sur une succession de situations hic et nunc, serait un conflit, lui aussi, hic et nunc. Il s'agit d'un conflit entre plusieurs réponses incompatibles suscitées simultanément par une situation donnée. Il y a deux types très différents de ces conflits immédiats: le premier type se présente quand les résultats anticipés ne se produisent pas, et il conduit à un nouvel apprentissage, mais ne change pas la nature égocentrique du système; le second type est suscité par l'interaction sociale, et plus spécialement par les communications émanant d'une autre personne sur la situation donnée. La communication introduit le point de vue d'autrui, et s'il diffère du point de vue propre au sujet, il y aura un conflit hic et nunc. Le conflit suscité par la communication est très différent de celui que suscite la simple non-confirmation de prévisions, qui en principe peut être résolu par la révision et l'amélioration de celle-ci.

La nature du conflit d'information est très bien illustrée dans un livre d'enfants norvégien où la vache dit au poussin «tu es petit», alors que le ver de terre lui dit «tu es grand». C'est un conflit immédiat très violent, et lorsque le poussin se pose la sempiternelle question «qui suis-je», il ne peut pas simplement modifier la façon égocentrique préalable dont il se désignait lui-même sous une forme spécifique: il est littéralement obligé d'adopter un point de vue relativiste ou décentré. Il ne peut plus simplement se dire ou dire aux autres «Je suis petit» ou «Je suis grand», mais il doit se résoudre à des déclarations telles que «Par rapport à la vache je suis petit» et «Par rapport au ver de terre je suis grand». Un enfant dans la même situation (mais pas un poussin) finira par ordonner systématiquement la vache, lui-même et le ver sur une échelle unique impliquant la relation «plus grand que» (ou «plus petit que»); à un certain moment, ces relations deviendront transitives, etc.

On peut objecter à l'exemple donné ci-dessus que les conflits de communication ne peuvent pas expliquer la décentration étant donné qu'ils la présupposent. Il est vrai que la compréhension des messages venant de quelqu'un qui ne partage pas le point de vue du sujet, implique l'adoption par celui-ci d'un point de vue différent, ce qui est bien de la décentration. Cependant cette objection ne s'applique pas aux débuts de l'apprentissage de la langue, et notamment aux situations où les points de vue sont partagés. On pourrait prendre le cas d'un adulte montrant un objet que l'enfant perçoit à peu près sous le même angle, et disant «c'est une grosse pierre». Dans de telles situations le langage peut s'acquérir et l'information peut être donnée sans qu'il y ait besoin de faire une différence entre le point de vue de l'un et le point de vue de l'autre. Par conséquent, les parties du langage acquises dans un cadre de référence relativement égocentrique peuvent, par la suite, occasionner des conflits de communication dans des situations qui exigent un cadre de référence relativement moins égocentrique, et par cela même induire à la décentration.

On peut résumer la discussion précédente en proposant l'hypothèse suivante: l'occurrence de conflits de communication est une condition nécessaire à la décentration intellectuelle» (Smedslund, 1966, pp. 165-166).

Dès lors, même si on admet avec Piaget que le langage ne participe pas *directement* au raisonnement opératoire avant l'adolescence, il faut sans doute reconnaître que les conflits cognitifs générateurs de progrès intellectuel surviennent fréquemment dans un contexte d'échanges interpersonnels et de communication et partant que le médium linguistique y joue un rôle non-négligeable. Nous pouvons donc dire que, *les enfants sourds qui ne peuvent bénéficier dès le plus jeune âge d'un milieu humain capable d'échanger avec eux verbalement et/ou par signes gestuels sur les réalités environnantes (leurs propriétés invariantes, etc) ont sans doute un net désavantage en matière de développement cognitif.*

Selon le point de vue des psychologues soviétiques et celui de Bruner, le développement intellectuel est étroitement dépendant, dès le jeune âge, du développement langagier et de la communication interpersonnelle avec pour toile de fond les principes d'organisation des comportements, des attitudes et des valeurs proposés par la culture. *Tout handicap langagier marqué doit aboutir dès lors à un handicap intellectuel. Mais rien dans cette perspective théorique ne stipule que le médium langagier doive nécessairement être verbal. Un langage de signes gestuels suffisamment élaboré peut parfaitement convenir. On en revient donc à l'implication suivante: s'il dispose précocement d'un langage parlé ou d'un langage de signes gestuels suffisamment élaboré, l'enfant sourd ne devrait pas avoir à souffrir de retard important dans le développement cognitif. Toute autre est l'implication pour l'enfant sourd privé de toute forme de communication ou sévèrement limité à ce point de vue pendant ces années où se structure le fonctionnement intellectuel.*

3.2.2. Etudes empiriques

Il ne peut être question de faire dans le présent chapitre un recensement même succinct des dizaines de recherches effectuées sur les capacités intellectuelles des personnes sourdes. Nous nous proposons plutôt dans la ligne de Moores (1978), de définir les principales tendances interprétatives qui se sont faites jour au gré de ces recherches et de les situer selon la dimension de temps.

1. Le sourd vu comme intellectuellement inférieur

Il s'agit essentiellement des recherches menées avant la seconde guerre mondiale. Ces recherches ont été résumées et discutées par Pintner, Eisenson et Stanton (1941). Bien que les résultats obtenus dans nombre de recherches fussent peu clairs et même contradictoires, Pintner et ses collaborateurs ont conclu à l'infériorité intellectuelle des sourds quant à leur aptitude à bien se comporter dans une série d'épreuves psychométriques. La norme psychométrique pour les sujets entendants étant de 100, ces auteurs situaient le handicap des personnes sourdes comme s'élevant à approximativement 10-15 points sur les échelles de quotient intellectuel.

2. Le sourd vu comme limité à un fonctionnement intellectuel concret

Cette orientation correspond de façon assez précise aux travaux et aux interprétations théoriques de Myklebust (cfr Myklebust, 1953). Ces travaux ainsi que de nombreux autres effectués depuis l'époque de Pintner ont été analysés et discutés par Myklebust (1953). L'auteur américain conclut que les données disponibles ne permettent pas d'affirmer que les sujets sourds sont généralement inférieurs (entendez quantitativement, c'est-à-dire en termes de Q.I.) aux entendants sur le plan du fonctionnement intellectuel. Mais il s'empresse d'ajouter qu'il se trouve des arguments en faveur de l'existence de différences *qualitatives* entre sujets sourds et entendants notamment en ce qui concerne les activités perceptives, conceptuelles et le raisonnement. D'une façon générale, on peut dire que ces différences se ramènent au caractère plus concret, moins subtil et moins diversifié de la pensée des enfants sourds par opposition aux enfants entendants, caractéristiques également valables pour les adolescents et les adultes sourds. Selon cette façon de voir, qui n'est que superficiellement différente de celle de Pintner, le sourd est quelqu'un d'essentiellement confiné au domaine des objets et des choses concrètes sans guère de possibilité d'abstraction. Cette indication est encore souvent celle que donnent à l'heure actuelle le public et les éducateurs lorsqu'il s'agit de caractériser le fonctionnement intellectuel des personnes sourdes.

3. Le sourd vu comme intellectuellement normal

A l'opposé de ce que nous venons de voir, plusieurs revues des travaux pertinents effectués vers la fin des années 1950 et dans les années 1960 (par exemple, Rosenstein, 1961; Furth, 1964) aboutissent à la conclusion qu'il n'existe pas de différences importantes dans les capacités perceptuelles, conceptuelles et de raisonnement des sujets sourds et entendants *pour autant que les activités et les problèmes présentés expérimentalement aux sujets sourds ne comportent pas d'éléments linguistiques ou de consignes insuffisamment expliqués ou étrangers à l'expérience langagière de ces sujets,* ce qui ne semble pas avoir été régulièrement le cas dans les études plus anciennes. Là où les sujets sourds se montrent nettement inférieurs à leurs pairs entendants, il arrive souvent que les tâches et les consignes utilisées favorisent certaines habitudes linguistiques plus fréquemment utilisées par les sujets entendants.

Vernon (1967) a effectué une revue détaillée de 31 recherches effectuées entre 1930 et 1966 portant sur le fonctionnement intellectuel des sourds. Il rapporte que dans 13 d'entre elles, les sourds présentaient des scores moyens supérieurs aux entendants; dans 7 autres recherches, aucune différence significative n'émergeait entre sujets sourds et sujets entendants; enfin dans les 11 études restantes, les sujets entendants obtenaient des scores moyens supérieurs à ceux des sourds.

Vers la fin des années 1960, la conclusion à laquelle arrivent les principaux chercheurs dans ce domaine est que les personnes sourdes ne sont pas déficientes sur le plan du fonctionnement intellectuel évalué selon les critères psychométriques habituels.

4. Surdité et développement opératoire

Sur le plan des relations entre langage et pensée, et notamment en ce qui concerne le développement cognitif appréhendé dans la ligne théorique de Piaget, plusieurs chercheurs ont cru saisir une occasion privilégiée en étudiant l'élaboration des conduites liées au fonctionnement opératoire chez l'enfant et chez l'adolescent sourd.

Oléron et Herren (1961) ont exploré la conservation du poids et des quantités liquides à l'aide de techniques adaptées de Piaget mais ne faisant pas appel à des consignes ou à des réponses verbales. Les sujets devaient fournir leur réponse en se référant à des schémas préétablis. Les sourds accusent un retard d'environ 6 ans par rapport à un groupe de sujets entendants placés dans la même situation expérimentale. Les auteurs avancent l'hypothèse suivante pour expliquer ce décalage temporel : le retard en question attesterait par la négative du rôle du langage comme facilitateur du développement des structures cognitives. L'enfant sourd « privé de langage » demeurerait plus longtemps attaché au niveau « perceptuel » par opposition au niveau « conceptuel ». Il serait plus longtemps dominé par l'apparence perceptive immédiate des choses faute d'un langage qui l'aiderait à dégager certains traits importants du donné perceptif et à leur attribuer un caractère distinctif particulier. On remarquera la parenté entre ce type d'interprétation et les suggestions théoriques de Myklebust (1953) résumées plus haut. Le type d'interprétation proposé par Oléron et Herren (1981) repose sur l'hypothèse que les enfants sourds ne disposent d'aucun langage ou système symbolique suffisamment élaboré pour être utilisable dans la résolution de problèmes conceptuels, hypothèse qui demande confirmation en particulier dans le cas des enfants sourds nés de parents sourds. On sait en effet de ces enfants qu'ils développent précocement des systèmes de communication par signes gestuels au contact de leurs parents.

Furth (1966) a refait les mêmes expériences qu'Oléron mais en modifiant la technique afin de l'adapter davantage aux sujets sourds. Il aménage une phase préparatoire assez longue au cours de laquelle l'expérimentateur et le sujet se mettent d'accord sur un code de gestes assez simples pour servir de réponses dans les tâches proposées. De même, on clarifie les situations-problèmes présentés de façon à bien faire comprendre la nature de la tâche et de la réponse demandée sans le recours au langage.

Le décalage observé entre les sujets sourds et les sujets entendants est de 5 ans environ pour la conservation des liquides et de 2 ans environ pour la conservation du poids, soit moins que les indications fournies par Oléron et Herren (1961). Richelle (1971), rapportant un travail non publié de Pirenne (1969), signale des décalages de l'ordre de 3 ans entre sourds et entendants observés aux épreuves de conservation de liquides en faisant appel à un matériel de jeu peut-être plus adapté encore que celui de Furth pour l'exploration envisagée.

Il semble donc que les décalages développementaux observés entre enfants sourds et entendants dans les épreuves piagétiennes ne dépassent guère quelques années.

Comment expliquer ces différences? Furth (1966) est de l'avis qu'elles sont surtout liées à l'attitude des sujets devant les problèmes proposés, une attitude moins dynamique qui serait la résultante d'un environnement social moins stimulant. Furth tire également argument des résultats obtenus pour réaffirmer dans la ligne théorique de Piaget l'indépendance de la pensée par rapport au langage, du moins en ce qui concerne les opérations concrètes. Compte tenu de ce qu'on ne dispose d'aucune information tant en ce qui concerne l'utilisation de signes gestuels chez les enfants sourds étudiés que sur le fait qu'il s'agisse d'enfants sourds nés de parents sourds ou d'enfants sourds nés de parents entendants, cette dernière conclusion apparaît bien peu fondée car les sujets sourds pourraient en fait faire usage d'un langage de signes gestuels, leur assimilation pure et simple à des êtres privés de langage étant dès lors fallacieuse.

Quant à l'hypothèse interprétative qui porte sur les carences en stimulation de l'environnement humain pour le développement cognitif des enfants sourds, elle implique que si ces enfants pouvaient être correctement stimulés pendant les premières années (et les années suivantes), leur développement cognitif se rapprocherait très sensiblement de celui des enfants normaux, peu de décalages chronologiques subsistant dans le calendrier des principales acquisitions cognitives. Des travaux actuellement en cours à l'Université de Manchester (Tucker, 1983) semblent devoir aller dans le sens d'une vérification de cette implication, mais il est encore trop tôt pour pouvoir se prononcer en toute rigueur.

En *conclusion,* à condition de bénéficier d'un environnement social et physique suffisamment stimulant pendant les premières années, il est possible que le développement intellectuel puisse procéder de la même manière chez les enfants sourds et chez les enfants entendants sans décalage chronologique appréciable en ce qui concerne les premiers. En tant que groupe, les sourds fonctionnent intellectuellement dans l'éventail de la distribution normale de l'intelligence avec la même dispersion dans les niveaux intellectuels évalués psychométriquement que les sujets entendants. Il ne paraît exister aucune indication sérieuse quant à une éventuelle fixation aux aspects concrets ou purement perceptuels des problèmes qui serait l'apanage exclusif des sourds.

Qu'en est-il *des adolescents handicapés auditifs* au point de vue du fonctionnement intellectuel envisagé sous l'angle opératoire formel?

Furth (1971) affirme qu'*en général* les sourds n'atteignent pas le niveau de la pensée opératoire formelle ou propositionnelle. Il écrit[1]: «Là où les sourds échouent en général, c'est au niveau de la pensée opératoire formelle. Plus précisément, ce qui se passe c'est qu'ils n'arrivent pas à atteindre le niveau de la pensée opératoire formelle et à pousser plus loin le développement de leur intelligence parce qu'ils ne disposent pas du langage» (1971, p. 12). Une telle position nous paraît, en accord avec Moores (1978), injustifiée *en principe*[2] pour les raisons suivantes. Premièrement, ni Furth, ni personne d'autre à notre connaissance, n'a pu démontrer que les sourds *en tant* que groupe ne peuvent atteindre le niveau du fonctionnement opératoire formel. Deuxièmement, il est incorrect, comme nous l'avons déjà remarqué, de considérer les sourds comme des «êtres a-linguistiques» pour la seule raison qu'ils ne disposent pas ou seulement peu du langage oral. Comme le note Furth (1974, p. 267), le langage de signes gestuels est le langage naturel des personnes sourdes. Pour autant qu'elles y aient été exposées systématiquement pendant l'enfance (et à ce point de vue la situation des enfants sourds nés de parents sourds est évidemment plus favorable que celle des enfants sourds nés de parents entendants), les personnes sourdes maîtrisent bien les systèmes de signes gestuels en vigueur dans leur communauté linguistique. Il ne peut donc être question de considérer même hypothétiquement que leur statut sur le plan du fonctionnement psychologique est simplement celui d'êtres gravement démunis sur le plan langagier. Revenant au premier point envisagé ci-dessus, il n'est à notre connaissance aucun argument théorique ou empirique qui ait été avancé selon lequel les formes les plus avancées du fonctionnement intellectuel ne pourraient être atteintes à partir d'un langage de signes gestuels dont il pourrait parfaitement exister des versions intériorisées, forme correspondant au langage verbal intérieur des sujets entendants. Comme le remarque Suppes (1972; cité par Moores, 1978), des formes élaborées d'inférence et de raisonnement, comme le raisonnement mathématique, sont de nature principalement visuelle et beaucoup plus rarement de nature auditive. A notre avis, rien ne devrait empêcher en principe les sujets sourds normalement intelligents et qui disposent d'un langage de signes gestuels suffisamment étoffé d'accéder aux formes avancées du fonctionnement intellectuel humain.

3.3. Recherches sur la personnalité des personnes sourdes

Moores (1978) distingue deux approches traditionnelles de la question du développement et de l'équilibre socio-émotionnel des personnes sourdes. La première approche, nommée «*le modèle de la déviance*», consiste surtout à mettre l'accent sur les différences qui peuvent exister entre personnes sourdes et personnes entendantes. Les différences trouvées sont assimilées à des formes de déviance avec toutes les connotations négatives que cela implique.

La seconde approche, celle qui doit prévaloir, au lieu de chercher des différences entre sourds et entendants met plutôt l'accent sur la recherche des facteurs et des conditions favorisant le développement de la personne sourde en un être humain équilibré et bien intégré socialement. Cette dernière approche fait sienne l'hypothèse selon laquelle les besoins fondamentaux sont les mêmes chez tous les êtres humains qu'ils soient handicapés auditifs ou qu'ils soient entendants. Le développement d'une personnalité saine implique que ces besoins soient convenablement satisfaits.

Moores (1978) consacre un chapitre de son important ouvrage à une revue critique des études empiriques concernant la personnalité et le développement social et émotionnel des personnes sourdes. C'est à cette synthèse que nous empruntons le plus clair de ce qui suit dans la dernière partie de ce chapitre. L'auteur américain entame sa revue en précisant que deux difficultés particulières gênent les recherches et les élaborations théoriques dans ce domaine. Il s'agit, d'une part, des difficultés inhérentes à toute entreprise visant à cerner et à évaluer la personnalité, qu'il s'agisse de personnes handicapées ou non handicapées, et d'autre part, du fait que les conséquences psychologiques de la surdité sur un individu ne peuvent être évaluées de façon indépendante mais toujours en fonction d'une série de variables de type social, ce qui rend la tâche très complexe.

A côté de ces difficultés majeures, un grand nombre de problèmes, notamment méthodologiques et conceptuels, apparaissent dès que l'on s'efforce d'étudier le développement socio-émotionnel et la personnalité des personnes sourdes. Il est utile d'en mentionner quelques-uns.

La plupart des épreuves utilisables pour étudier l'organisation de la personnalité (MMPI: Minnesota Multiphasic Personality Inventory; TAT: Thematic Aperception Test, etc.) exigent des sujets qu'ils sachent lire correctement et impliquent une communication verbale substantielle entre testeur et testé. Dès lors, leur emploi avec des personnes sourdes est fort limité. Même lorsqu'on les utilise en les adaptant pour les sourds, une grande prudence reste de rigueur dans l'interprétation des données. Les résultats obtenus dans les épreuves qui visent à cerner la personnalité des sourds ou leur degré d'ajustement sur le plan socio-émotionnel peuvent être influencés voire biaisés par une série de facteurs qui ne sont pas directement liés à la surdité. Un enfant sourd, par exemple, peut être facilement étiqueté comme «immature», «hyperactif», «égocentrique», ou même «autistique», etc., alors que son comportement reflète simplement les carences de son environnement humain en matière de relations interpersonnelles et de stimulations diverses pour l'amener à développer son potentiel personnel. Un autre facteur, ou plutôt une autre série de facteurs, dont on ne tient pas suffisamment compte en cherchant à comparer les sujets sourds et les sujets entendants est la suivante : quelques-uns parmi les facteurs étiologiques de la surdité comme la rubéole, la méningite infectieuse, l'incompatibilité rhésus entre mère et enfant, etc., amènent souvent des troubles associés autres que le handicap auditif. Il peut s'agir de difficultés de coordination motrice, du maintien de l'attention, d'une certaine impulsivité, etc. Des scores inférieurs obtenus par des enfants sourds à des tâches qui impliquent des capacités motrices ou attentionnelles particulières peuvent être dus non tant à la surdité elle-même qu'à des déficits associés à certaines étiologies particulières de surdité. Le tableau est complexe et souvent difficile à interpréter. Il convient donc d'être prudent.

La plupart des recherches menées sur la personnalité des sujets sourds, (par exemple, Pintner, Fusfeld et Brunswig, 1937; Solomon, 1943; Baroff, 1955; Altshuler, 1962, 1963; Schlesinger et Meadow, 1972) suggèrent que le handicap auditif grave mène régulièrement à des problèmes comportementaux sérieux. Les sourds seraient ainsi plus exposés aux névroses, davantage introvertis, plus immatures, soumis et dépendants que les entendants. Ils seraient également plus irritables, impulsifs, égocentriques et plus « grossiers » sur le plan de l'expressivité émotionnelle.

Il faut sans doute mettre sérieusement en question ces conclusions. Si l'honnêteté professionnelle des chercheurs n'est vraisemblablement pas en cause, les moyens d'investigation utilisés et les interprétations proposées sont loin d'être à l'abri de toute critique. On ajoutera également que bien des sourds ont en fait d'excellentes raisons d'être renfermés sur eux-mêmes, méfiants et égocentriques. C'est qu'ils ont eu à vivre des situations familiales, scolaires ou sociales de rejet ou d'hostilité. Ce qui apparaît à un examen rapide de la personnalité comme la manifestation de tendances névrotiques peut être dans les faits une adaptation pertinente à des conditions de vie hostiles. Après tout, les sourds sont quotidiennement les victimes de nombreuses et importantes discriminations sur les plans sociaux et économiques. Quoi d'étonnant qu'à la longue, leur personnalité s'en trouve affectée! En outre, les situations d'examen et la manière dont ceux-ci sont habituellement menés par les entendants est généralement stressante et dévalorisante pour les personnes sourdes. En effet, les entendants permettent rarement à ces dernières de s'exprimer aux moyens de signes gestuels.

En bref, les études sur la personnalité des personnes sourdes et leur adaptation sociale et émotionnelle à des conditions de vie souvent difficiles et stressantes ne sont guère avancées. Elles paraissent très insatisfaisantes sur le plan méthodologique, un peu comme l'étaient les recherches en matière de développement et de fonctionnement intellectuel chez les sourds il y a une trentaine d'années.

Il n'est pas niable, et nous ne le nierons pas ici, qu'il puisse exister des difficultés d'adaptation sociale et interpersonnelles chez ces personnes en raison des difficultés qu'elles rencontrent dans leur vie de tous les jours et des vexations et discriminations que leur font subir les entendants. Afin de prévenir ces difficultés d'adaptation, on doit souhaiter au plan de la prévention la mise en œuvre de programmes éducatifs et d'intégration sociale visant à «*optimaliser le développement social et émotionnel*» des personnes sourdes.

Rien ou très peu de choses existent à ce sujet dans nos pays. Divers projets ont été réalisés aux Etats-Unis depuis une vingtaine d'années qu'il s'agisse de développer des services cliniques itinérants capables de se rendre auprès des populations de sujets sourds, de former le personnel des institutions spécialisées (par exemple, le programme New Yorkais, Altshuler et Rainer, 1968; Rainer et Altshuler, 1966, 1967, 1970; Rainer, Altshuler et Kallman, 1963) ou de mettre au point des programmes préventifs destinés à favoriser le développement personnel des sourds à commencer par les jeunes enfants et à conseiller les parents et l'entourage sur la façon d'établir de bonnes relations avec eux (par exemple, le programme de Stein, Marril et Dahlberg, 1974).

Nous terminons ce chapitre avec une série d'indications et de recommandations concernant la prévention et le traitement des difficultés personnelles chez les personnes sourdes fournies par Rainer et Altshuler (1970)[3] et basées sur les travaux et réalisations de ces chercheurs entre 1955 et 1970.

1. *Les maladies mentales et les désordres émotionnels ne sont pas plus fréquents chez les sourds que chez les entendants.* Chez les sourds, cependant, le diagnostic est plus difficile à établir et le traitement prend davantage de temps.

2. Le personnel spécialisé dans le domaine de la santé mentale (psychiatre, psychologue, assistant social, rééducateur et infirmière) doit et peut être recruté et formé à la communication gestuelle et aux problèmes spécifiques de la surdité. Dès le départ, la présence d'un interprète en langage des signes gestuels est indispensable.

3. Les méthodes de traitement psychiatrique (psychothérapie individuelle, de groupe et pharmacothérapie) peuvent être adaptées et appliquées au(x) patient(s) sourd(s).

4. Une clinique peut être ouverte dès qu'on dispose du personnel. Des contacts sont alors établis avec les écoles, les centres de rééducation, les familles, les médecins et les sourds eux-mêmes.

5. Les communautés de sourds sont informées de l'infrastructure existant en matière de santé mentale. Elles apportent leur aide grâce à des programmes éducatifs dès que l'image négative de la maladie mentale est éliminée.

6. Pour les personnes sourdes atteintes de maladies mentales graves, les installations hospitalières permettant l'internement constituent le moyen le plus efficace pour concentrer les efforts thérapeutiques. Une salle pour les patients des deux sexes, avec un personnel spécialement formé est la solution la plus efficace. Trente lits se sont avérés suffisants pour répondre aux besoins de la population sourde adulte dans un état aussi grand que New York. Les patients récemment atteints ont les meilleures chances de guérison mais les malades chroniques transférés d'autres hôpitaux dans une telle structure ont souvent vu leur état s'améliorer sensiblement.

7. Une telle structure devrait offrir au moins les soins médicaux et de garde, une psychothérapie de groupe et individuelle, des traitements somatiques ainsi que des ateliers de thérapie rééducative. La thérapie de groupe est particulièrement efficace pour favoriser la prise de conscience par les patients sourds de leur état.

8. Pour qu'un traitement soit efficace, il faut qu'il soit accompagné d'une approche rééducative. Le diagnostic et le traitement du patient sourd ne donnent de bons résultats que si une équipe de rééducation prépare sa réinsertion dans le monde extérieur.

9. Le conseiller en rééducation est particulièrement utile au sein de l'équipe de santé mentale. Il travaille en étroite collaboration avec les organismes officiels pendant que les patients sont en traitement.

10. L'enseignement de groupe ou individualisé (atelier thérapeutique, centre de formation) prodigué à l'hôpital peut améliorer les connaissances de base des patients (lecture, écriture, arithmétique). A ce niveau, la participation d'un enseignant expérimenté dans le domaine de la surdité est indispensable.

11. L'hébergement a une importance capitale. Avec l'apport d'un

assistant social qui connait les problèmes du sourd et qui peut communiquer avec celui-ci, il est possible d'organiser un placement (famille propre, foyer d'adoption, etc.) et d'apprendre au patient comment organiser sa vie d'une façon saine.

12. Les possibilités de placement semi-hospitalier dans la communauté peuvent être utilisées à titre d'essai temporaire dans la procédure de réintégration du sourd hospitalisé. Un assistant social s'occupant particulièrement des personnes sourdes peut leur montrer la voie vers une vie plus indépendante.

13. De façon à prévenir les troubles psychiatriques, les écoles pour enfants sourds peuvent faire appel à une équipe de santé mentale (psychiatre, psychologue et assistant social). L'élimination d'un trouble grâce à une intervention psychiatrique précoce ne constitue qu'une approche. La thérapie de groupe avec des adolescents favorise une plus grande prise de conscience des relations interpersonnelles et prévient les problèmes dans ce domaine. Les discussions avec les enseignants et le personnel des hôpitaux permettent de les sensibiliser aux difficultés de leurs clients et les aident à s'occuper efficacement de ceux-ci.

14. La prévention des troubles mentaux commence dans les foyers. Un contact précoce établi avec les parents des enfants sourds et une consultation individuelle ou de groupe peut aider ces parents à surmonter leur sentiment de culpabilité et de honte, à éviter les situations extrêmes de surprotection ou de rejet, et à communiquer avec leurs enfants en utilisant tous les moyens disponibles.

Les indications ci-dessus se rapportent particulièrement à la ville de New York. On conviendra aisément que les moyens nécessaires à l'organisation de tels services sont considérables et ne peuvent être facilement obtenus par des ensembles urbains plus restreints. Il n'est pas interdit cependant de s'en inspirer.

---

[1] Traduit par nos soins.
[2] Il conviendrait cependant de la soumettre à une vérification empirique systématique.
[3] Reproduit et traduit par nos soins avec permission d'après Rainer, J. et Altshuler, K., *Expanded mental health for the deaf.* Washington, D.C.: U.S. Department of Health, Education and Welfare, Social and Rehabilitation Service, 1970, p. III-IV.

Chapitre 4
Aperçu historique
sur l'éducation des sourds[1]

« Au commencement était le Verbe et le Verbe était avec Dieu et le Verbe était Dieu » (*Jean*). Ce passage de l'Evangéliste et la tradition judéo-chrétienne dans laquelle il s'inscrit, elle-même inspirée des conceptions du monde grec sur ce point, ont contribué à sceller tragiquement le sort des sourds dans les cultures occidentales pendant deux millénaires. Et pourtant, avant les Grecs, les Perses et les Egyptiens entouraient les personnes sourdes d'une sollicitude particulière, considérant leur handicap comme le signe d'une faveur céleste (Berthier, 1840). Il faut remonter à l'antiquité grecque pour saisir les raisons premières de la discrimination cruelle dont les personnes sourdes ont été si longtemps les victimes.

4.1. L'antiquité et le Moyen Age

C'est à la notion grecque du « logos » (simultanément « discours rationnel », « parole » et « pensée ») et à la double confusion qu'elle recouvre qu'il faut attribuer les problèmes historiques des sourds dans nos sociétés. En effet, la notion du « logos » confond, d'une part, le discours et la pensée (on sait le temps qu'il a fallu à la psychologie pour se débarrasser de cette confusion) et, d'autre part, le langage et la parole. On mesure là aussi le temps qu'a mis la linguistique pour surmonter cette identification simpliste (sans être sûr que le mouvement soit terminé). Les philosophes grecs sont donc largement responsables de cette erreur à double face qui a durablement affecté la pensée occidentale. On devine, sur cette base, la malheureuse situation des personnes privées d'audition, et, par conséquent, de parole.

En grec, le mot «kophol» a deux significations: «sourd» et «simple d'esprit». Pour Platon, Aristote et leurs continuateurs, les sourds, privés de parole et irrémédiablement ignorants ne pouvaient être éduqués. Une telle opinion a conduit à la suppression physique de nombreux enfants sourds à Athènes, Spartes et ailleurs.

Plus tard, à Rome, le code Justinien (530 après J.C.) a fait une place aux sourds. Pour la première fois, le législateur développait une classification des handicaps. On y distinguait entre (1) les sourds-muets illettrés, (2) les sourds-muets lettrés, (3) les sourds dotés de parole, (4) les muets entendants et (5) les cas de surdité tardive. Les personnes ressortissant aux quatre dernières catégories jouissaient de leurs pleins droits civiques. Elles étaient peu nombreuses cependant. Les Romains tentèrent donc d'établir juridiquement des degrés de handicap en ce qui concerne la surdité et la mutité, mais aucun document ne laisse entrevoir que l'éducation des personnes sourdes fut envisagée. La seule personne sourde mentionnée dans la littérature latine est Quintus Piedus que Pline décrit comme l'un des plus fameux peintres de Rome. Bien qu'ils aient développé la pantomime à un haut degré, les romains n'ont pu concevoir, semble-t-il, que le mot ou l'idée puissent être représentés par un geste.

Le Moyen Age fut une période particulièrement difficile pour les personnes sourdes. Ne pouvant participer aux rites religieux (confession, prière, messe, etc.), elles furent déchues de leurs droits civiques, spoliées de leurs héritages et frappées d'interdiction de se marier. Rejetés par l'Eglise qui les considérait sans âme parce que sans parole, les sourds furent ignorés et rangés parmi les fous et les simples d'esprit. John de Beverly ayant appris à parler à un jeune sourd fut acclamé et canonisé pour son «miracle». Il devint le saint patron des sourds. En dehors de ces exceptions miraculeuses, les conceptions du Moyen Age en matière de surdité peuvent sans doute être résumées dans cette formule aristotélicienne: «aucune instruction n'est possible, ni peut-être souhaitable, pour celui qui ne dispose pas de l'organe de la parole».

4.2. La Renaissance et les Temps Modernes: les débuts de l'éducation des sourds

La fin de l'âge noir est marquée par les textes du physicien et mathématicien italien Cardin (1501-1576). Celui-ci professait que les idées mêmes abstraites pouvaient être traduites par des signes. Il réalisa également que les mots écrits pouvaient renvoyer directement aux idées sans médiation par la parole.

La Renaissance entrevoit ainsi pour la première fois la possibilité d'une éducation de l'enfant sourd. La situation s'améliore donc pour ces sourds que l'on va considérer désormais comme des humains et non plus comme des déchets de la société, des êtres à mi-chemin entre l'homme et la bête.

C'est en Espagne au XVIIe siècle que l'on trouve les premiers éducateurs pour sourds. Il y avait à la cour d'Espagne plusieurs familles comptant dans leurs rangs des enfants sourds. Ainsi les nobles espagnols commencèrent-ils à faire appel à des précepteurs «spécialisés» pour instruire ceux de leurs enfants qui étaient atteints de surdité.

Le premier de ces précepteurs était un moine bénédictin nommé Ponce de León (1520-1584). Il apprit à parler et à écrire à Don Francisco, fils du marquis de Berlanga. On ne connaît malheureusement que très peu les techniques employées par Ponce de León, la tradition étant de garder secrets les moyens éducatifs employés. Tout au plus sait-on que les précepteurs de l'époque ne s'occupaient que d'un ou de quelques enfants à la fois et qu'ils utilisaient un alphabet manuel et attachaient une grande importance à la lecture et l'écriture. En 1620, Bonnet publie le premier livre sur l'éducation des sourds intitulé *«Redución de las letras y arte para enseñar a hablar los mudos»* (Madrid: Francisco Arbaco de Angelo, 1620). Il perfectionne l'alphabet dactylologique à une main qui correspond encore assez bien à l'alphabet employé en France et aux Etats-Unis actuellement. Bonnet accordait une grande importance à l'intervention précoce et à l'environnement langagier de l'enfant sourd affirmant avec une considérable avance sur son époque que tout retard substantiel dans l'apprentissage de la communication entraînait un déficit général difficile à combler ultérieurement. Il insistait également pour que les personnes s'occupant de l'enfant sourd fussent capables d'utiliser l'alphabet manuel. Il préconisait enfin le recours aux mots imprimés aussi souvent que possible.

En Angleterre, les éducateurs tenaient également leurs méthodes secrètes. On sait cependant qu'ils utilisaient un alphabet manuel (à deux mains) et enseignaient la parole, la lecture et l'écriture. Delgarno (1628-1687) a publié plusieurs traités sur la surdité et sur l'éducation des sourds, soutenant pour la première fois la thèse de l'équivalence des capacités d'apprentissage chez l'enfant sourd et chez l'enfant entendant. Delgarno préconisait l'emploi de l'alphabet dactylologique avec le bébé sourd et affirmait en corollaire la nécessité pour les entendants s'occupant d'enfants sourds d'apprendre également ce code.

Ces éducateurs avaient chacun leur propre façon de concevoir l'éducation de l'enfant sourd, mais on peut dire que la philosophie de leurs interventions était pluraliste (c'est-à-dire ni oraliste, ni manualiste stricte) au sens où ils employaient différents moyens pour parvenir à leur but sans trop se soucier d'établir la préséance de l'un ou l'autre. On utilise diverses techniques éducatives (images, alphabet dactylologique, écriture, lecture), mais les méthodes exactes ne sont cependant jamais divulguées. Les éducateurs ne mentionnent pas leurs sources et consultent rarement leurs collègues. Enfin, ils éduquent des enfants dont les parents peuvent payer les frais d'un précepteur spécialisé à domicile, l'objectif ultime étant d'instruire l'enfant et de lui apprendre à parler.

Perreire (1715-1790), le premier éducateur français des sourds, annonce une philosophie éducative plus strictement oraliste avec prise en charge de l'enfant à temps complet, exploitation des restes auditifs à l'aide d'un cornet acoustique dont il est l'inventeur, démutisation et lecture labiale. Perreire tint également les détails de sa méthode secrets si bien qu'elle disparut avec lui.

4.3. L'œuvre de l'Abbé de l'Epée et l'élaboration des «philosophies» manualiste et oraliste

Avec l'Abbé de l'Epée (1712-1789), l'éducation des sourds «descend dans la rue». Il crée en 1756, à Paris, la première véritable école pour sourds. Contrairement à ses prédécesseurs, l'Epée ne cherche pas à garder ses méthodes secrètes. Il souhaite en effet toucher le plus de sourds possible, leur donner l'occasion de se retrouver en communauté et de «parler» la seule langue maternelle qu'il leur est selon lui possible d'acquérir, à savoir *la langue des signes gestuels*.

C'est la première fois dans l'histoire de la surdité que les sourds se voient reconnaître le droit à une langue propre. L'existence d'un code de signes gestuels structuré utilisé par les sourds est attestée en France au XVIIIe siècle. Il s'agit en fait de l'ancêtre du LSF. Desloges, un sourd instruit, relieur de métier à Paris, en fournit une première description dans un ouvrage intitulé «*Observations d'un sourd-muet*» et publié en 1779 (cité par Berthier, 1840, et par Moody, 1983).

L'Epée ne s'intéresse pas particulièrement au langage parlé qu'il pressent largement hors de portée des sourds profonds. Il insiste pour qu'on évite de les accabler en les forçant à acquérir à tout prix des rudiments de langue orale et en leur imposant la pratique de la lecture labiale. Par contre, il est convaincu de la nécessité pour les sourds de maîtriser la langue écrite, à la fois pour s'instruire, pour disposer d'un certain statut social et de façon à pouvoir exercer une profession lucrative. Il invente dans ce but un nouveau code gestuel dit des «signes méthodes» ou des «signes méthodiques» qu'il décrit dans son ouvrage «*Institution des sourds et muets par la voie des signes méthodes*» (Paris, 1776). Le nouveau code emprunte de nombreux signes gestuels au langage ésotérique des sourds. Il les organise selon les règles qui prévalent dans la langue française écrite.

Ce faisant, on n'arrive encore qu'à une approximation grossière du français écrit. L'Epée crée quantité de signes gestuels correspondant mot pour mot et morphème pour morphème aux éléments morphologiques et syntaxiques de la langue écrite. L'abbé avait pour cela consulté les étymologies latines et grecques des mots français. On aboutit ainsi à un système lourd et artificiel cherchant à canaliser le langage gestuel dans le dispositif linéaire de la langue écrite et à assurer entre les deux une impossible correspondance terme à terme. Les deux passages suivants tirés de l'ouvrage de l'Abbé de l'Epée (et adaptés en français écrit contemporain) permettent d'illustrer cette difficulté.

« Inintelligibilité »

«Je n'ai eu besoin que de cinq signes exécutés dans un instant, ... Le premier annonçait une action intérieure, le second représentait l'action d'une âme qui lit intérieurement, c'est-à-dire qui comprend ce qu'on lui propose, le troisième déclarait que cette disposition était possible. Cela ne donne-t-il pas le mot *intelligible*? Mais par un quatrième signe, en transformant cet adjectif en qualité abstraite, n'en résulte-t-il pas le mot *intelligibilité*? Enfin, par un cinquième, en y ajoutant une négation, n'avons-nous pas le mot entier *inintelligibilité*?»[2]

« Articles ou jointures »

«Nous faisons observer les jointures de nos doigts, de nos mains, du poignet, du coude, etc. et nous les appelons articles ou jointures. Nous écrivons ensuite sur la table que *le, la, les, de, du, des* joignent les mots, comme nos articles joignent nos os (les grammairiens nous pardonneront si cette définition ne s'accorde pas avec la leur). Dès lors le mouvement de l'index droit qui s'étend et se replie plusieurs fois en forme de crochet devient le signe que nous donnons à tout article. Nous en exprimons le genre en portant la main au chapeau pour l'article masculin *le,* et à l'oreille où se termine la coiffure d'une personne du sexe pour l'article féminin *la*».

En fait, plutôt qu'une langue, l'Epée offre à ses étudiants un système de transcription du français écrit en signes gestuels et inversément (dictée visuelle). Il put montrer publiquement l'efficacité de sa méthode sur ce point. De telles démonstrations firent beaucoup pour convaincre le public des entendants lettrés que les sourds pouvaient être éduqués efficacement grâce à une méthode gestuelle.

Il fallut bien cependant se rendre compte par la suite que les élèves comprenaient mal ce qu'ils écrivaient en français. Comme le signale Moody (1983) «l'Europe s'émerveillait de la possibilité d'éduquer les sourds avec des gestes. En fait, le progrès était faible : ceux-ci n'étaient peut-être plus les 'idiots du village', mais ils étaient devenus des 'chiens savants'!» (p. 23).

Malgré sa bonne volonté et l'énorme travail effectué, la technique des «signes méthodes» ne survivra que quelques décennies à la disparition de l'Abbé de l'Epée. Celui-ci aura eu l'extraordinaire mérite de chercher à éduquer les sourds avec des gestes, donnant de ce fait droit de cité à la langue des signes gestuels. Deux ans après sa mort, soit en 1791, la nouvelle Assemblée Nationale Française reconnut ses mérites en le proclamant «Bienfaiteur de l'Humanité» au moment même où elle établissait que les sourds bénéficieraient désormais des Droits de l'Homme. L'erreur de l'Epée a été d'ignorer dans une large mesure les ressources lexicales et morpho-syntaxiques de la langue ésotérique des sourds — il est vrai que cette langue était peu connue des entendants à l'époque et nullement étudiée —. Ignorant ces ressources, il a été conduit à créer un code gestuel inutilement chargé et sans valeur communicative véritable[3]. Curieusement, le fait de regrouper les élèves sourds pour des leçons collectives (une autre innovation de l'Epée) au sein de l'Institution de Paris a contribué à accélérer le processus de rejet des signes méthodiques. En effet, les sourds mis en contact les uns avec les autres en sont venus à développer spontanément leur langue naturelle sous les yeux mêmes de l'Abbé de l'Epée et de ses successeurs.

A la même époque, cependant, dans les régions qui allaient devenir l'Allemagne, Heinicke (1723-1790) jetait les bases de la philosophie et de la méthode oraliste. Heinicke, qui attribuait une valeur mystique à la parole, s'opposa fermement à l'emploi des signes méthodiques mis au point par l'Epée et contre l'apprentissage de la lecture avant celui de la parole. Selon Heinicke, c'était là transgresser l'ordre «naturel» des choses. Il proposa en revanche une curieuse théorie de la substitution d'une modalité sensorielle par une autre et élabora une correspondance entre le goût et l'audition. Dans ce système, par exemple, l'eau correspondait à la voyelle *a*, le vinaigre à *i*, l'huile d'olive à *u*, etc. Cette méthode quelque peu bizarre d'association systématique entre perception auditive et perception gustative ne lui a pas survécu.

Batst Graser (1766-1841) et Maritz Hill (1805-1874), deux éducateurs allemands pour sourds, prirent également position contre la méthode de l'Epée en prétendant que l'emploi des gestes contribuait à l'isolement des sourds dans les institutions et que le recours à une communication manuelle ne permettait pas au sourd d'atteindre les niveaux de civilité et de fonctionnement mental des entendants. Selon ces auteurs, la langue des signes ne pouvait être considérée comme une véritable langue. La méthode oraliste qui vise à éduquer le sourd exclusivement à la parole fut utilisée dans les écoles et les institutions privées allemandes où les enfants étaient admis après avoir subi une sélection portant sur leur degré de surdité et en fonction de leur âge au moment de l'atteinte pathologique. Il s'agissait donc sans doute d'un type d'éducation assez élitiste.

Le successeur de l'Abbé de l'Epée à l'Institution pour sourds de la rue Saint-Jacques à Paris fut l'Abbé Sicard (1742-1822). Il continuera d'enseigner la méthode de l'Epée, bien qu'il eut des choses une vision un peu différente de celle de son prédécesseur. Sicard considérait en effet que le langage a pour fonction première de représenter la pensée, la communication n'étant qu'une fonction seconde.

Il chercha dans son enseignement à développer la pensée par l'analyse syntaxique. Pour ce faire, Sicard mit au point des exercices faisant appel parfois à des explications grammaticales aberrantes. Par exemple, «La conjonction DONC est encore plus elliptique que la conjonction OR». Voici comment je la fis connaître à Massieu[4]. «Tous les Etres respirants mourront, OR les hommes sont respirants. De ces deux propositions vient cette troisième proposition: les hommes mourront».

De tout CELA VIENT ceci QUE j'écris, les hommes, etc.
D'OU   VIENT ce QUE j'écris: les hommes, etc.
D'OU   VIENT   QUE les hommes mourront.
D   UN   Q

«Chacune de ces lettres, mon enfant, est la principale des mots qui sont au-dessus, et qui forment cette phrase: d'où vient que: car tu sais qu'une voyelle prend quelquefois la place d'une autre voyelle, surtout quand le mot dont elle fait partie passe d'une langue dans une autre; que l'*o* surtout prend la place de l'*u*, comme l'*i* prend la place de l'*e*. Tu sais que les lettres *q, k, c, g*, appartiennent toutes au même organe, qu'on peut donc employer l'une à la place de l'autre. Nous pouvons donc faire les substitutions suivantes:

D'ou vient que
D un   Q
D on   Q (Sicard, cité par Cuxac, 1983, p. 65).

On imagine facilement la perplexité de l'enfant sourd devant ces allègres fadaises.

Notons enfin que Sicard (1808) fut aussi l'auteur d'un des premiers dictionnaires systématiques des signes gestuels.

4.4. Les précurseurs américains

On voit donc se dessiner deux idéologies. Certains, partisans d'une éducation de type oraliste, misent sur l'éducation de la voix à partir des restes auditifs et la lecture labiale. D'autres, défenseurs de la langue gestuelle, seule véritable langue maternelle du sourd à leurs yeux, permettent et encouragent une forme d'expression et de communication adaptée à la surdité. On retrouve cette opposition philosophique et méthodologique aux Etats-Unis, où Edward Miner Gallaudet (1837-1917) est le principal représentant du point de vue manualiste tandis qu'Alexander Graham Bell (1847-1922) — l'inventeur du téléphone et de l'audiomètre — se fait l'avocat de la méthode oraliste.

Tout commença lorsque Thomas Hopkins Gallaudet (1787-1851) fut envoyé en Europe par le père d'une fillette sourde pour s'enquérir des méthodes pratiquées par les meilleurs maîtres-éducateurs. T.H. Gallaudet rencontra d'abord les Anglais Braidwoods et Watson sans arriver à un accord concernant l'exportation de leur méthode. Il se rendit alors en France où il prit contact avec l'Abbé Sicard. Gallaudet travailla pendant un temps avec celui-ci. En août 1816, il proposa à Laurent Clerc, un des meilleurs élèves sourds de l'Abbé Sicard, de rentrer avec lui aux Etats-Unis et d'être le premier professeur pour sourds dans une école américaine. La première méthode introduite en Amérique fut donc la méthode manualiste enseignée par un adulte sourd. Gallaudet se proposait d'y ajouter les techniques oralistes d'entraînement à la parole. Il ne put cependant réaliser ce projet[5].

En 1844, Mann et Howe, éducateurs pour sourds, créèrent à leur retour d'un voyage en Allemagne la première école oraliste située dans l'état du Massachusetts. La « guerre » des méthodes éclata bientôt avec pour principaux interlocuteurs Edward Gallaudet, fils de Thomas et directeur de l'école pour sourds de Washington, et Alexander Bell. A la suite de plusieurs voyages en Europe, Edward Gallaudet développa également au sein de son école l'entraînement de l'articulation et l'apprentissage de la lecture labiale.

Alexander Bell était Ecossais, fils d'un professeur de diction et d'une mère sourde qui utilisait l'alphabet dactylologique avec ses enfants. Le père de Bell avait développé une méthode originale permettant de favoriser l'apprentissage de l'articulation à partir de la lecture appelée le « visible speech »[6]. Cette méthode était également applicable aux sourds. Son fils en fit des démonstrations à Boston lorsque la famille émigra en Amérique en 1870.

Alexander Bell fonda une école de physiologie de la voix, enseigna à l'Université de Boston et rééduqua des enfants sourds. Il se prononça contre l'institutionalisation de ces derniers, car elle favorisait l'isolement et les mariages entre sourds. Bell s'efforça également de « combattre » l'enseignement et la pratique du langage des signes en éliminant notamment les enseignants sourds des écoles pour enfants sourds et en supprimant la langue des signes des programmes d'éducation. Cette virulente opposition de méthodes s'est prolongée jusqu'au XXe siècle aux Etats-Unis.

4.5. L'épanouissement du gestualisme en France

Bébian (1749-1834), filleul de Sicard, entendant élevé parmi les sourds de l'Institution de Paris, reprit la direction de l'Institution en 1817. Il chercha à « remettre de l'ordre dans la maison » après l'échec des signes méthodes et les aberrations grammaticales et pédagogiques de Sicard qui avaient provoqué certaines réticences quant à l'option gestuelle de l'Institution. L'apport de Bébian est original et parfaitement remarquable. Il proposa d'éduquer les sourds à un véritable bilinguisme : langage gestuel ésotérique - français parlé dans la mesure du possible et français écrit. Bébian rejette les signes méthodes qui, selon lui, sont de nature à altérer le discours naturel des sourds. Faisant un pas de plus que l'Epée, Bébian introduit la langue ésotérique des signes comme véhicule de l'enseignement des sourds. Il réserve la parole pour les échanges familiers, les nécessités quotidiennes (acheter des vivres et obtenir les services indispensables dans l'univers des entendants) et pour rendre plus aisées les relations avec les entendants; mais lorsqu'il s'agit du développement intellectuel des sourds auquel il consacre tous ses efforts, Bébian recourt aux explications en langue des signes.

L'accession de la langue ésotérique des signes au rang de langue d'enseignement va avoir pour effet d'officialiser le rôle des enseignants sourds dans les écoles spécialisées. Un important mouvement est lancé à partir de l'Institut de Paris. Les écoles de province (Bordeaux, Lyon, Orléans, etc.) adoptent le bilinguisme préconisé par Bébian. Les anciens élèves devenus enseignants participent activement à l'enrichissement et à la diffusion de leur langue.

Le milieu du XIXe siècle en France est le témoin d'un important développement du «mouvement sourd». A cette époque, les non-entendants prennent conscience de leur culture. Fernand Berthier, sourd bilingue, doyen des enseignants de l'Institution de Paris entre 1840 et 1850, écrivain et membre de la Société des Gens de Lettres, crée en 1834 la Société Centrale des Sourds-Muets de Paris, devenue la Société universelle des Sourds-Muets. La principale tâche de cette société était d'animer la communauté des sourds et de travailler au développement de la culture sourde. Dans cette perspective, la bibliothèque de l'Institution de Paris devint un des centres de documentation sur la surdité les plus importants du monde.

Berthier (1840) et les sourds de cette époque ont envisagé, et espéré comme avant eux l'Abbé de l'Epée (1776), l'avènement d'une langue des signes gestuels internationale (basée sur l'ancêtre du LSF). Ce projet n'a jamais été réalisé. Les différents langages gestuels ont évolué différemment dans les divers pays avec cependant quelques recouvrements comme nous l'avons signalé au chapitre 2.

Mais ce moment d'équilibre pour la culture sourde ne dura que quelques décennies. Les successeurs de Bébian à la tête de l'école de Paris cherchèrent à exclure l'enseignement de la parole, ne le tolérant que pour les sourds légers dans certaines classes. Dès lors, va s'amorcer le retour en force des oralistes et leur victoire internationale au Congrès de Milan, en 1880.

4.6. La victoire de l'oralisme

Diverses raisons vont favoriser le retour et la victoire de l'oralisme en Europe dans la dernière partie du XIXe siècle. Cette évolution fera sentir ses effets pratiquement jusqu'à l'époque actuelle. Une première raison est la multiplication des écoles pour sourds à partir de 1850. La relative rapidité de cette multiplication fait que les entendants redeviennent majoritaires parmi les enseignants des sourds. L'éducation des enfants sourds est de nouveau dominée par des personnes étrangères à la culture sourde, et avec cette dominance réapparaît la tentation de l'oralisme. La poussée en faveur de l'instruction obligatoire pour tous appelle également l'uniformisation des méthodes d'éducation et l'étouffement des langues minoritaires et des particularismes régionaux ou autres. L'industrialisation en cours à l'époque va également dans le même sens. On croit au progrès technique et pédagogique et les entendants pensent à l'époque que ceux-ci apporteront plus sûrement la solution aux problèmes de la surdité que le développement de formes déviantes de langage.

L'usage des signes gestuels est graduellement supprimé dans les écoles françaises et la culture sourde se fait beaucoup plus discrète. En définitive, les Institutions de Paris et de Lyon restent les derniers bastions de l'éducation gestuelle en France.

On s'achemine à ce moment vers le Congrès de Milan (1880). Ce Congrès situé en un endroit où l'oralisme régnait sans partage, et auquel assistaient surtout des délégués français et italiens (tous entendants sauf un d'après le rapport officiel) fut de toute évidence monté contre l'éducation gestuelle. Les oralistes français et italiens avaient préparé un programme destiné à convaincre les éducateurs entendants de la supériorité d'une éducation oraliste stricte sur l'éducation gestuelle ou bilingue. Ils réussirent pleinement dans leur entreprise, provoquant une véritable mise au ban du langage des signes gestuels dans l'éducation des sourds. Après Milan, d'autres conférences et réunions eurent lieu en France et en Europe. Les conclusions allèrent dans le même sens : la condamnation de la langue des signes. Edward Gallaudet tenta de s'opposer au mouvement oraliste aux Etats-Unis, mais il ne réussit à retarder son triomphe que jusqu'au début du XXe siècle. Le retour à l'oralisme pur se situe en fait dans la ligne des prétentions de la fin du siècle dernier, à savoir l'uniformisation culturelle et éducative à fin de rentabilisation économique. Il est logique dans cette perspective de chercher à fondre les sourds dans la société des entendants.

La fin du XIXe siècle voit donc l'affirmation de la méthode oraliste, affirmation traduite dans les directives officielles et les circulaires ministérielles des différents pays. Le fanatisme institutionnel entraîna la mise à pied des professeurs sourds des institutions spécialisées, ceci afin d'éviter de maintenir et de propager la pratique du langage gestuel. On put assister à cette époque à un véritable endoctrinement des parents entendants d'enfants sourds et du public en général contre l'utilisation des gestes, à une stigmatisation sociale des pratiques gestuelles y compris dans les communautés de sourds. Les effets de telles mesures se sont faits sentir jusqu'il y a seulement quelques années dans nos pays et ils sont encore bien vivaces en certains endroits. Que les langues de signes gestuels aient survécu dans ces conditions permet de comprendre qu'elles correspondent à quelque chose d'indispensable et de profondément enraciné chez les sourds.

4.7. L'évolution récente

Mises à part certaines réussites (le plus souvent chez des sourds modérés ou sévères ou chez des personnes devenues sourdes après avoir acquis tout ou partie du langage oral), il a bien fallu reconnaître après des décennies d'oralisme dominant que les sourds étaient gravement sous-éduqués, qu'ils ne parvenaient guère à acquérir la langue parlée, ne pouvaient s'en servir correctement en conditions naturelles, et continuaient malgré toutes les oppositions à se servir du langage gestuel pour communiquer entre eux. On en est venu progressivement à reconnaître et à admettre l'échec des méthodes oralistes pures dans l'éducation des sourds profonds.

Il a fallu admettre également que la langue des signes gestuels demeurait active et vivante dans la communication entre personnes sourdes. Qui plus est, des études linguistiques et psycholinguistiques (menées surtout à partir des années soixante) ont permis d'établir que les systèmes de communication gestuelle utilisés par les sourds constituaient bien des langages dans toute l'acceptation du terme (cfr le chapitre 5).

Des événements convergents aboutissent dans les années soixante et soixante-dix à favoriser une prise de conscience renouvelée (après celle de la moitié du XIXe siècle en France), et cette fois internationale, de la langue des signes comme source et instrument d'une véritable culture sourde. Ce mouvement s'est fait sentir en 1971 à Paris, à l'occasion du Sixième Congrès de la Fédération Mondiale des Sourds. Les sourds et les entendants présents ont réalisé la richesse et l'efficacité des traductions simultanées effectuées pour la première fois à ce niveau en langue des signes. On y rapporta aussi certaines expériences de communication totale effectuées aux Etats-Unis. Cette philosophie de l'éducation des sourds, qui n'est pas nouvelle à proprement parler, a commencé à s'imposer en de nombreux endroits des Etats-Unis à partir des années soixante et soixante-dix. Les Européens purent s'en apercevoir au Congrès de Paris et dans les années qui suivirent avec le rétablissement de liens plus étroits entre l'Europe et les Etats-Unis en matière de recherche sur la surdité. Le Congrès mondial suivant eut lieu à Washington en 1975. Ce Congrès fit beaucoup pour convaincre définitivement ceux qui avaient déjà été sensibilisés par le Congrès de Paris. Les Européens y découvrirent notamment le remarquable niveau de développement des communautés de sourds américains utilisant le langage des signes.

La dernière décennie enfin voit la publication des travaux qui servent de base principale au présent ouvrage et l'affirmation des espoirs en matière d'éducation des sourds présentés et discutés au chapitre 7.

NOTES

[1] Pour une discussion de la phylogenèse et de la préhistoire des langages gestuels, on verra l'intéressante contribution de Hewes (1978).

[2] Au lieu des 5 signes concaténés selon les indications de l'Epée, l'expression du même concept se fait au moyen de deux gestes en LSF; les gestes pour « comprendre » et pour « impossible ». Mais, ce faisant, certes, on n'indique pas s'il s'agit d'un adjectif, d'un adverbe ou d'un substantif.

[3] Il faut noter la différence entre le français signé actuel et la langue des signes méthodes de l'Epée. L'idée de base est la même, à savoir disposer d'un système intermédiaire entre le langage gestuel ésotérique et la langue parlée et écrite (bien que le centrage de l'Epée l'ait été spécifiquement par rapport à la langue française écrite). Les signes méthodiques cependant ont été créés artificiellement dans une ignorance considérable des particularités du langage gestuel ésotérique. Le français signé, par contre, est le produit des contacts entre LSF et français parlé. Les deux codes y contribuent en propositions relativement équivalentes voire même favorables au LSF. Il s'agit plutôt d'un LSF dans lequel le signeur non au courant ou n'ayant pas maîtrisé la subtilité de la syntaxe largement spatialisée du code gestuel ferait intervenir celle du français pour organiser son expression gestuelle chaque fois qu'il ne dispose pas des ressources correspondantes en LSF.

[4] Massieu était un des élèves-sourds préférés de l'Abbé Sicard.

[5] L'école américaine pour sourds ouverte par T.H. Gallaudet est devenue le Gallaudet College, à Washington, D.C., une université pour sourds où quelques-uns des meilleurs spécialistes mondiaux des problèmes de la surdité et de la communication gestuelle enseignent et dirigent des recherches.

[6] Cette technique n'a rien à voir avec les techniques modernes de visualisation de la parole (oscilloscopie, spectographie, etc.).

Chapitre 5
Etudes linguistiques et psycholinguistiques

> *« Le langage des signes est un produit naturel du besoin de s'exprimer. Ce besoin et son expression apparaissent chez certains animaux supérieurs. Mais c'est seulement chez l'homme qu'ils ont mené à une forme hautement structurée de langage des signes ».*
>
> W. Wundt (1900, p. 218)[1]

> *« Les signes ne sont que les matériaux du discours, et celui à qui la syntaxe n'en aurait pas enseigné la mise en œuvre non seulement ne pourrait pas converser par signes, mais n'aurait du génie de cette langue qu'une notion vague et bien imparfaite »*
>
> Y.L. Rémi-Valade (1854, p. 40)

Nous avons envisagé au chapitre 2 les différents systèmes de signes gestuels et analysé certaines de leurs caractéristiques. Le présent chapitre concerne les études linguistiques et psycholinguistiques qui ont été faites à propos de ces langages. Deux questions particulières sont envisagées. Elles portent sur la nature des langages de signes et sur leur grammaire.

5.1. Nature des langages de signes gestuels

Les langages de signes gestuels sont-ils de véritables systèmes linguistiques à l'instar des langages « naturels » oraux ?

Il est malaisé et quelque peu arbitraire, mais néanmoins possible, de répondre à cette question. L'entreprise est malaisée parce qu'il n'existe aucun(s) critère(s) absolu(s) permettant d'établir ce qu'est un « vrai langage ». En outre, les critères existant ont été formulés par des linguistes spécialistes exclusifs des systèmes linguistiques verbaux. Dès lors, la question qui a été posée habituellement est plutôt celle de savoir dans quelle mesure les langages de signes gestuels sont semblables ou diffèrent des langages verbaux.

Il est cependant possible de répondre à la question en se basant notamment sur les travaux du linguiste américain William Stokoe (1958, 1972a, 1972b, 1975; Stokoe, Casterline et Croneberg, 1976) qui portent sur l'American sign language mais dont les conclusions ont une valeur générale pour les autres systèmes codifiés de signes gestuels. Avant d'envisager ces travaux et les critères définitionnels du «vrai langage», il n'est sans doute pas inutile de préciser quelque peu la notion d'American sign language pour le lecteur francophone. Ce faisant nous nous basons sur la présentation qu'en fait Moores (1978).

«Pour la facilité, nous désignerons par les termes American sign language (ASL) les systèmes (de signes gestuels) en usage aux Etats-Unis et au Canada qui présentent un degré élevé d'intelligibilité mutuelle bien que des variations régionales et de classes (sociales) existent. Avec l'ASL, comme avec les autres langages, on trouve différents types de codes (sous-codes) qu'on peut définir comme plus formels ou davantage standards (cfr le tableau 7). En ce sens, le sous-code standard est celui qui possède ses propres règles et qui ne respecte pas nécessairement celles de la langue anglaise formelle. Plus un sous-code se rapproche de la langue anglaise, plus il devient formel» (Moores, 1978, p. 158)[2].

Le tableau 7 illustre le passage ci-dessus.

Tableau 7. Principaux systèmes de communication manuelle en usage aux Etats-Unis Repris et adapté de D. Moores, Educating the deaf: psychology, principles and practice, Boston, Houghton Mifflin, 1978

Systèmes[1]	
(le tout constituant l'American sign language)	
Standard (Esotérique)	Formel
Ameslan ou Native sign language	Signed English (Manual English)

[1] Cfr les commentaires explicatifs dans le texte.

Le «Native sign language» ou encore «Ameslan» est un système dans lequel un minimum d'épellation digitale (au moyen de l'alphabet dactylologique) est utilisé. C'est aussi un langage où la copule est omise et dans lequel l'ordre des signes gestuels ne suit pas nécessairement celui de la langue anglaise. Beaucoup d'informations sont transmises par le biais du contexte situationnel, de l'expressivité faciale et des attitudes et mouvements du corps.

L'anglais signé (signed English) est la variante formelle de l'Ameslan. Il exprime tous les aspects de l'anglais, produit la copule, les morphèmes grammaticaux (genre, nombre, flexions verbales, etc.) et respecte l'ordre des mots de l'anglais. Moores (1978, p. 163) indique — et il vaut la peine d'y insister avec lui car la même relation existe vraisemblablement entre le français signé et le langage des signes français (LSF) (voir aussi Moody, 1983) — qu'à son avis il n'y a pas dichotomie entre l'Ameslan et le signed English mais que les deux systèmes constituent plutôt les deux extrémités d'un même continuum.

A côté de l'anglais signé qui exploite un mélange de signes gestuels et d'épellation digitale, on trouve le manual English qui utilise exclusivement l'alphabet dactylologique.

5.1.1. Les critères qui définissent un « vrai langage ». Application du langage gestuel

Benveniste (1966) fournit cinq critères dans son analyse comparative de la communication animale et du langage humain. On peut en faire la liste comme suit. Ce qui caractérise en propre le langage humain, c'est-à-dire le « vrai langage », c'est qu'il est *vocal*, car « Il n'y a pas de langage sans voix » (p. 60). Il doit permettre le *dialogue*. Il doit pouvoir s'appliquer à *un ensemble illimité de contenus*. Les signes linguistiques qui composent le langage doivent être *arbitraires*. Ce critère paraît important. L'arbitrarité du signe permet d'inventer des mots selon les besoins de l'information et de la communication sans guère de contraintes sur le plan de la correspondance entre signifié et signifiant. Ainsi rien ne changerait dans le système français si on décidait d'appeler demain « chat » le chien et « chien » le chat. Un système linguistique qui imposerait à ses signes de ressembler d'une façon ou d'une autre aux référents désignés se limiterait sérieusement sur le plan de sa propre créativité. Il est sans doute souhaitable qu'il n'existe pas de rapport contraignant entre la forme linguistique et la référence objective.

Enfin, le langage doit être *analysable*. On doit pouvoir décomposer les messages en éléments combinables selon des règles définies « ... de sorte qu'un nombre assez réduit de *morphèmes* permet un nombre considérable de combinaisons d'où naît la variété du langage humain qui est capacité de tout dire » (p. 62). Ces morphèmes sont eux-mêmes décomposables en *phonèmes* ou éléments d'articulation vides de sens qui sont en moins grand nombre encore que les morphèmes et dont l'assemblage « sélectif et distinctif fournit les unités signifiantes » (p. 62). L'analyse en morphèmes et en phonèmes correspond à la double articulation du langage de Martinet (1970)[3].

Dans quelle mesure, les systèmes de signes gestuels correspondent-ils aux quatre derniers critères mentionnés ? On ne peut retenir le premier critère, à savoir le caractère vocal du vrai langage. Un critère qu'on trouve également chez Bloomfield (1933) et chez d'autres linguistes (par exemple, Martinet, 1970; Chomsky, 1967, bien que moins explicitement chez ce dernier) car il ne permettrait pas de pousser l'examen plus avant. De plus, il apparaît totalement injustifié de décider a priori qu'une modalité particulière, dans ce cas la modalité auditivo-orale, permet seule le vrai langage. Il s'agit en fait d'un reliquat du passé où on a allègrement confondu langage et parole. Nous préférons les positions prises par de nombreux psychologues qui refusent d'assimiler capacité de langage et parole et qui considèrent que le mode de transmission-réception est largement arbitraire dès qu'il s'agit de discuter de la nature des phénomènes langagiers. Ainsi Skinner (1957) définit le comportement langagier comme un comportement renforcé par l'intermédiaire d'autres personnes sans référence particulière à la parole. Brown (1973) indique que bien davantage que le caractère auditivo-oral ce sont les propriétés sémantiques (le fait de pouvoir référer à la réalité objective), la productivité (le fait de pouvoir créer et comprendre des énoncés nouveaux en nombre théoriquement infini) et la capacité de déplacement (parler de choses, de personnes ou d'événements absents) qui importent dans la définition du langage. De même, Freud (1903) et Piaget (1945) ont largement insisté sur le fait que la parole, le langage verbal et les autres formes de langage ne sont que la manifestation d'une fonction commune plus fondamentale, la *fonction symbolique* ou *sémiotique*.

Le second critère, la possibilité de dialoguer, est aisément satisfait par les systèmes de signes gestuels. En ce qui concerne la capacité de pouvoir tout exprimer, les spécialistes s'accordent pour affirmer que tout ce qui peut être exprimé par le moyen de la parole peut l'être également au moyen de gestes manuels (déjà Berthier, 1840; Stokoe, 1972; Moores, 1978; Moody, 1983). Les différentes fonctions traditionnellement attribuées au langage: fonction communicative, informative, conative, expressive, phatique, ludique, etc. (cfr le chapitre 1) peuvent être remplies de façon satisfaisante au moyen des signes gestuels. L'humour et la poésie peuvent être exprimés au moyen des systèmes gestuels comme on le verra plus loin. Quant aux idées abstraites, il est fréquent d'entendre affirmer que la nature volontiers iconique des langages de signes gestuels gêne considérablement l'expression de contenus sémantiques qui ne seraient pas du « ici et maintenant » ou qui ne se rapporteraient pas à des choses concrètes. Une telle carence reste entièrement à démontrer et la fréquence d'une telle opinion n'est en aucun cas un garant de sa validité. Nous ne voyons pas en quoi le caractère plus iconique d'une partie importante des signes gestuels préviendrait leur utilisation afin d'exprimer des abstractions. Considère-t-on, lorsqu'il s'agit du langage oral, que le caractère plus ou moins concret d'un élément lexical empêche ou gêne considérablement son utilisation métaphorique (par exemple)?

Le critère qui concerne l'arbitraire du signe mérite un examen plus détaillé. Contrairement à une opinion répandue (déjà Wundt, 1900), l'association entre le signifié et le signifiant n'est pas complètement motivée dans la plupart des signes des langages gestuels et doit donc être apprise. Les signes gestuels n'exhibent pour la plupart qu'un degré de correspondance faible à moyen d'un langage gestuel à un autre. Il est possible cependant que les variétés les plus spontanées de signes gestuels, davantage pantomimiques soient assez largement intelligibles d'un pays à l'autre (Schlesinger et Namir, 1978; Moody, 1983).

Les équivalents gestuels des onomatopées verbales — c'est le cas, par exemple, pour le geste qui signifie « boire » lequel correspond d'assez près à l'action d'ingurgiter un liquide — ne sont guère plus nombreux dans les langues de signes gestuels que les onomatopées dans les langues verbales (Moores, 1978). Et même là, où on peut avoir l'impression du contraire, il faut se garder de conclure trop rapidement. Un signe gestuel peut être iconique, c'est-à-dire reprendre une partie au moins de la représentation de l'objet, de la personne ou de l'événement, et présenter néanmoins un caractère certain d'arbitrarité. Celle-ci peut résider dans la relation entre la partie du signifié retenue comme signifiant pour exprimer la totalité du signifié. Un exemple fera mieux comprendre. Le signe gestuel pour exprimer « banque » en LSF consiste en une représentation assez directe au moyen des mains et des doigts dressés, des grilles qui ornent (défendent) le plus souvent les façades des banques. La relation signifié-signifiant dans ce cas n'est pas tout à fait « opaque » ou si on veut complètement arbitraire. Mais il y a un arbitraire qui s'est exercé sur le choix de cette indication, à savoir la présence des grilles, pour désigner la totalité de la notion de « banque » et non d'autres indications comme, par exemple, des liasses de billets, les guichets de la banque, etc.

Il ne paraît donc pas possible de maintenir, comme semble le faire Oléron (1972) par exemple, que les langages de signes gestuels sont essentiellement non-arbitraires parce que constitués de nombreux signes iconiques. L'un n'empêche pas l'autre. En outre, comme l'indiquent Klima et Bellugi (1976), la plupart des signes gestuels proviennent d'expressions pantomimiques qui font l'objet avec le temps et l'usage d'un processus d'abstraction. A la longue, le signe gestuel devient un symbole arbitraire dont le caractère iconique reste cependant plus marqué, en général, que pour le langage verbal (Frishberg, 1975).

Le critère qui concerne la double articulation du langage est d'une grande importance. Certains auteurs, comme Oléron (1972), semblent vouloir contester aux langages de signes gestuels la propriété de la double articulation. Oléron écrit :

«Chaque geste forme une unité originale. La matière en est directement liée à la signification et varie avec celle-ci. Elle ne procède pas d'une combinaison d'éléments simples qui se retrouvent en d'autres gestes» (p. 222).

La double articulation qui existe dans toutes les langues verbales présente d'importants avantages notamment sur le plan de l'économie des moyens que ces systèmes permettent pour exprimer toute la gamme des signifiés à transmettre. En français, une petite quarantaine de phonèmes permettent en se combinant selon des règles précises de constituer tous les morphèmes de la langue. Les morphèmes peuvent être combinés de façon à former des mots ou unités lexicales (lexèmes — ce sont eux qui apparaissent dans les dictionnaires). Ces derniers sont combinables selon un même principe séquentiel en accord avec les règles syntaxiques de la langue de façon à former des syntagmes et des phrases. On peut donc, à partir d'un nombre limité d'éléments de base, les phonèmes, et un nombre limité de règles combinatoires (morphosyntaxe), obtenir un nombre théoriquement illimité de phrases décodables par tout individu partageant le même système de règle et disposant des mêmes éléments phonologiques.

Un langage qui ne présenterait pas une telle double articulation au niveau de sa structure serait certainement différent des langues naturelles et disposerait d'une moins grande puissance pour accommoder les moyens formels à disposition aux objectifs communicatifs.

Les travaux portant sur l'étude de l'American sign language ont conduit à des conclusions différentes de celles d'Oléron, conclusions qui autorisent à penser que les langages de signes gestuels sont doublement articulées comme les langages verbaux et satisfont donc également à ce critère de la définition du «vrai» langage selon la série de critères fournie par Benveniste. L'articulation en morphèmes ou leurs équivalents gestuels, c'est-à-dire les signes gestuels, ne fait évidemment aucun problème dans le langage des signes. Chaque signe gestuel peut être considéré comme l'équivalent d'un morphème ou unité minimale de sens et en même temps d'un mot ou lexème du langage verbal. Ce sont les signes gestuels qui apparaissent dans les dictionnaires des langues gestuelles (par exemple, Stokoe, Croneberg et Casterline, 1976; Souriau et collaborateurs, 1984; Commission Ministérielle Belge Francophone du Langage des Sourds, 1984)[5], là où les mots ou lexèmes apparaissent dans les dictionnaires des langues verbales.

En ce qui concerne l'articulation du langage en éléments de base d'un niveau correspondant à celui du phonème pour les langages verbaux, Stokoe (1960, 1970a, 1972) a développé le concept de «chérème» en temps qu'équivalent gestuel du phonème. Les chérèmes constituent les unités élémentaires visuo-motrices d'un langage de signes gestuels de la même façon que les phonèmes constituent les unités auditivo-orales de base de la langue parlée. Il y a trois types de chérèmes: le tabulateur (TAB), le désignateur (DEZ) et le mouvement (SIG). Stokoe (1960) les définit de la façon suivante:

1. *TAB*: Indication de la *position dans l'espace* de la configuration de la main (ou des deux mains) et des doigts et du mouvement effectué (s'il y a lieu) pour signifier.

2. *DEZ*: Définition de la *configuration de la main (ou des deux mains) et des doigts* qui signifie dans une position déterminée et (éventuellement) selon un mouvement déterminé.

3. *SIG*: Définition du *mouvement* effectué par la configuration de la main (ou des deux mains) et des doigts dans une position déterminée de façon à signifier.

Les tableaux 8, 9 et 10 spécifient les symboles *TAB*, *DEZ* et *SIG*, respectivement, selon Stokoe, Croneberg et Casterline (1976).

Les trois composantes du geste retenues sont donc l'endroit où il est fait (position), la configuration de la main ou des deux mains et des doigts, qui l'exécutent et le mouvement éventuel accompli par la main ou les deux mains dans l'exécution du geste.

Chaque signe gestuel de l'American sign language est constitué par une combinaison spécifique de trois ou plus de trois parmi les 55 chérèmes de l'ASL.

On peut, suivant les suggestions de Stokoe, Croneberg et Casterline (1976), écrire les symboles selon une séquence *TAB, DEZ, SIG* et ainsi spécifier chaque signe gestuel utilisé.

Par exemple, le signe gestuel pour «connaître» est obtenu en diri-

Tableau 8. Symboles TAB pour transcrire les signes gestuels de l'American sign language. D'après D. Moores et J. Maestas y Moores, Communication totale, In J.A. Rondal et X. Seron (Eds), Troubles du langage. Diagnostic et rééducation, Liège, Mardaga, 1982, p. 247, reproduit avec permission

---

TAB (POSITION DANS L'ESPACE):

1. ∅ Zéro, l'aire neutre où les mains bougent par contraste avec tous les endroits ci-dessous.

2. ⌒ Le visage ou la tête entière.

3. ⌒ Le front ou le sourcil, la partie supérieure du visage.

4. ⌣ La partie moyenne du visage, la région des yeux ou du nez.

5. ⌣ Le menton, la partie inférieure du visage.

6. 3 La joue, la tempe, l'oreille, le profil.

7. ⊓ Le cou.

8. [ ] Le tronc, le corps des épaules aux hanches.

9. Z La partie supérieure du bras.

10. ⌒ L'avant-bras, le coude.

11. ɑ Le poignet, le bras en supination (sur le dos).

12. Ɒ Le poignet, le bras en pronation (vers le bas).

Tableau 9. Symboles DEZ pour transcrire les signes gestuels de l'American sign language D'après D. Moores et J. Maestas y Moores, Communication totale, In J.A. Rondal et X. Seron (Eds), Troubles du langage. Diagnostic et rééducation, Liège, Mardaga, 1982, p. 248, reproduit avec permission

---

DEZ (Configuration de la main):

1. A Main fermée, poing comme le « A », le « S », ou le « T » de l'alphabet manuel (cfr figure 8).

2. B Main ouverte, plate (les doigts joints).

3. Main tendue; les doigts et le pouce comme le «5» de la numérotation manuelle.
4. Main courbée; comme le «C» ou plus ouverte.
5. Main contractée; comme le «E» ou plus, comme une griffe.
6. Main à «trois anneaux»; à partir de la main tendue, le pouce et l'index se croisent ou se touchent.
7. Main avec l'index comme le «G» ou parfois comme le «D» (le pouce reste «à l'extérieur» du poing fermé).
8. L'index et le majeur côte à côte, tendus.
9. L'auriculaire tendu, la main fermée.
10. Comme le «G», à part que le pouce touche la phalange du milieu du majeur, comme le «K» de l'alphabet manuel.
11. Main en forme d'angle; le pouce et l'index à angle droit, les autres doigts généralement repliés sur la main.
12. Main en forme de crochet; le pouce, l'index et le majeur tendus, comme le «3» de la numérotation manuelle.
13. Main en forme de cône; les doigts courbés et serrés autour du pouce; comme le «O» de l'alphabet manuel.
14. Main en position de défense; le majeur croisé sur l'index comme le «R» de l'alphabet manuel.
15. Geste de victoire; l'index et le majeur tendus et écartés.
16. Main à trois doigts; le pouce et l'auriculaire se touchent, les autres doigts sont tendus.
17. Main en crochet; l'index courbé en crochet à partir du poing, l'extrémité du pouce peut toucher le bout du doigt.
18. Main en corne; le pouce et l'auriculaire tendus et éloignés du poing; ou l'index et l'auriculaire tendus parallèlement.
19. (Variante allochérique de Y); les doigts tendus et le majeur courbé vers la paume, le pouce peut toucher le bout des doigts.

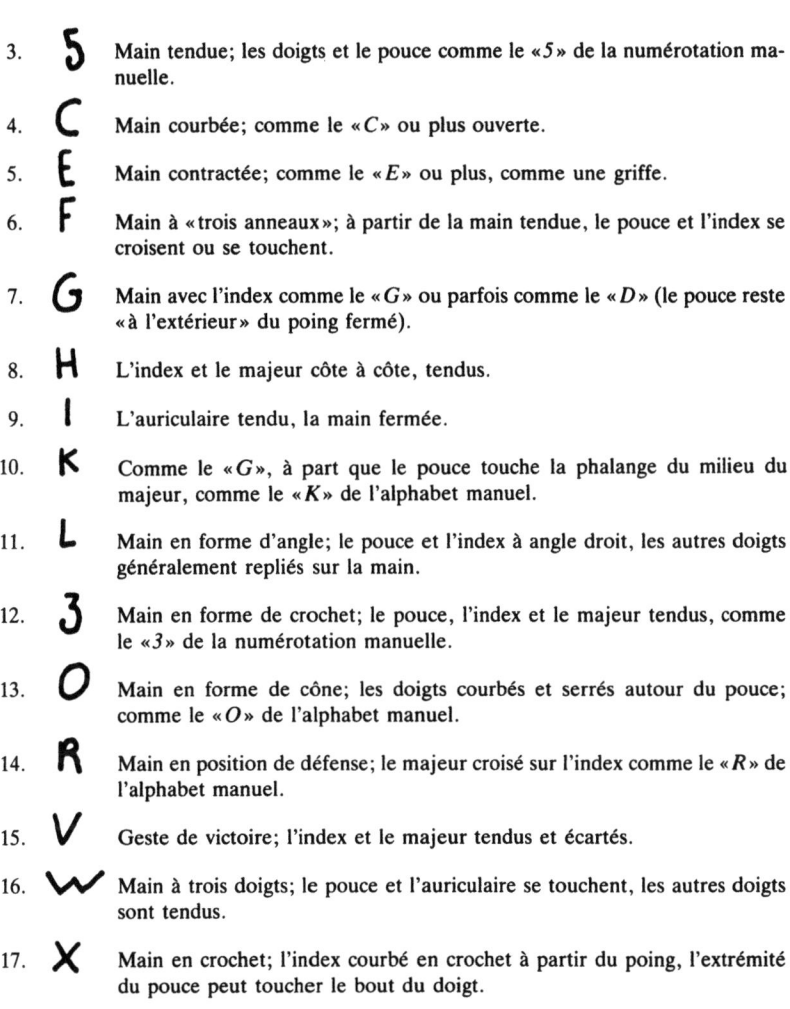

*Tableau 10. Symboles SIG pour transcrire les signes gestuels de l'American sign language
D'après D. Moores et J. Maestas y Moores, Communication totale,
In J.A. Rondal et X. Seron (Eds), Troubles du langage. Diagnostic et rééducation, Liège,
Mardaga, 1982, p. 248, reproduit avec permission*

SIG (Mouvement):

1. ∧ Mouvement vers le haut.
2. ∨ Mouvement vers le bas.
3. ∼ Mouvement vers le haut et le bas.
4. 〉 Mouvement vers la droite.
5. 〈 Mouvement vers la gauche.
6. Z Mouvement d'un côté à l'autre.
7. T Mouvement vers le signeur.
8. ⊥ Mouvement qui s'éloigne du signeur.
9. I Mouvement de «va et vient».
10. ∂ Rotation en supination (la paume vers le haut).
11. b Rotation en pronation (la paume vers le bas).
12. ω Mouvement de torsion dans le plan horizontal.
13. η Action d'incliner ou de courber.
14. ☐ Action d'ouvrir (la configuration finale *DEZ* est donnée entre parenthèses).
15. ✱ Action de fermer (la configuration finale *DEZ* est donnée entre parenthèses).
16. ℓ Mouvement rapide des doigts d'avant en arrière et d'arrière en avant.
17. ℮ Action circulaire.
18.)(Action convergente, approche.
19. ✕ Action de contact, toucher.
20. ⸭ Action de relier, prise.
21. ≠ Action de croiser, prise.
22. ⊙ Action d'entrer.
23. ∹ Action divergente, séparée.
24. 69 Action de mise en correspondance croisée.

geant la main (paume tournée vers le signeur, main ouverte, plate, avec les doigts joints, selon la configuration du *B* — cfr la figure 8) vers le front et puis en plaçant le bout des doigts au contact de ce dernier (figure 16).

« connaître »

FIG. 16: Signe gestuel pour « connaître »

Ce signe gestuel sera transcrit : ⌒ B ┬ x

(cf. les tableaux 8, 9 et 10)

Diverses conventions d'écriture s'appliquent lorsque les deux mains sont utilisées. Les répétitions sont également notées de même que diverses autres particularités de l'exécution gestuelle (cfr Stokoe et al., 1976, pour plus de détails).

On peut certes contester certains points de l'analyse et du système représentationnel de Stokoe. Friedman (1977), par exemple, suggère la nécessité de tenir compte au niveau du *SIG* de l'orientation de la main ou des mains par rapport au corps et non seulement de sa (leur) position. Liddell (1983) affirme que l'analyse de Stokoe met trop l'accent sur la simultanéité des «événements» gestuels qui constituent le signe au détriment des dépendances séquentielles qu'il prétend observer fréquemment à ce niveau sublexical.

On pourrait également faire intervenir dans la description du geste sa vitesse d'exécution. On peut encore mettre en question (avec Oléron, 1983) la place quasi exclusive accordée à la main dans le système de Stokoe et vouloir considérer d'autres parties du corps comme le visage, etc.

Le système de Stokoe n'a pas l'ambition d'être définitif. Il n'a aucune prétention non plus dans son détail à l'universalité. D'autres langues de signes gestuels que l'ASL peuvent posséder des chérèmes différents de la même façon que les langues parlées possèdent chacune leur propre système phonologique.

Des recherches entreprises au Salk Institute, en Californie, il y a quelques années (Bellugi et Siple, 1973; Bellugi, Klima et Siple, 1975) ont montré que les types de chérèmes identifiés par Stokoe avaient une réalité psychologique pour les sujets sourds utilisateurs de l'ASL. On a présenté à un groupe de sourds des signes gestuels sur un écran de télévision. Après la présentation de la série de signes, les sujets furent invités à rappeler par écrit les mots correspondant aux signes gestuels retenus. Un groupe contrôle de sujets entendants effectua la même tâche. Pour eux, cependant, c'étaient des mots écrits qui étaient présentés sur l'écran de télévision. Les erreurs commises au rappel par les sujets sourds et entendants sont intéressantes car elles renseignent sur les processus qui ont joué lors de la mémorisation du matériel et donc dans le traitement de l'information présentée. Les erreurs typiques des entendants sont de nature phonologique. Par exemple, *râteau* est rappelé au lieu de *gâteau*. Chez les sujets sourds, on observe surtout des erreurs portant non sur les phonèmes mais sur les chérèmes ou composantes de formation des signes gestuels. Un signe gestuel X tend à être rappelé en lieu et place d'un signe Y s'il partage avec ce dernier un, deux ou davantage de chérèmes.

Il semble que les signes gestuels soient mémorisés par les sujets sourds comme des ensembles organisés de chérèmes de la même façon que les sujets entendants mémorisent les morphèmes et les lexèmes de leur langue comme des ensembles organisés de phonèmes. D'autres observations faites par Bellugi et Klima (1972, 1975) qui concernent cette fois les échanges communicatifs entre sourds ont permis de confirmer cette conclusion. Les « lapsus gestuels » produits par les sourds consistent le plus souvent à interchanger deux chérèmes de même que les lapsus verbaux chez les entendants se ramènent souvent à substituer un phonème à un autre phonème. « Cachine à moudre » au lieu de « machine à coudre » est un exemple de lapsus par substitution phonologique. Le résultat dans le cas du premier des trois mots, « cachine », est l'obtention d'un mot qui ne fait pas partie du lexique de la langue française mais qui pourrait en faire partie car il se conforme aux règles de combinaison des phonèmes dans cette langue. Il en va de même pour les sujets sourds. Les lapsus gestuels procèdent souvent par substitution d'un chérème à un autre chérème avec comme résultat la formation d'un signe gestuel qui ne fait pas partie du répertoire des signes de la langue gestuelle mais qui pourrait en faire partie car il respecte les règles de composition chérématique de cette dernière.

Il est clair que les signes gestuels ne constituent pas des entités indissociables mais au contraire qu'ils se décomposent en éléments de niveau inférieur lesquels sont combinables en ordres variés pour former les différents signes de la langue. Comme le note Alegria (1979), l'idée que « chaque geste est un tout indissociable » (par exemple, Oléron, 1972) vient sans doute, au moins en partie, de la constatation que de nombreux gestes du langage des signes sont iconiques. Mais la nature iconique d'un geste n'est pas un obstacle au fait qu'il puisse être composé d'éléments indépendants dont la modification peut changer le sens. Alegria (ibidem) donne l'exemple du geste signifiant « penser » qui consiste à se pointer l'index en direction et puis au contact du front. Si le signeur modifie légèrement son mouvement (par exemple, s'il tourne le doigt avant de le pointer vers et contre le front), le geste voudra dire « se demander ». La figure 17 illustre ces deux signes gestuels.

Klima et Bellugi (1976) reprennent l'indication de Jakobson (1967) selon laquelle les signes auditifs tendraient à être organisés séquentiellement tandis que les signes visuels comporteraient essentiellement des éléments simultanés ou se recouvrant largement selon la dimension de temps. Ils suggèrent que les morphèmes des langages oraux sont composés exclusivement d'éléments phonologiques segmentaux disposés séquentiellement tandis que les signes gestuels seraient composés par l'organisation simultanée de plusieurs chérèmes dans un plan spatial. La simultanéité du langage gestuel est également évidente au niveau des combinaisons de signes. Nous y reviendrons plus loin. Il serait inexact cependant de maintenir que la combinaison des chérèmes pour former des signes gestuels se fait essentiellement simultanément. Une organisation séquentielle est également observable (Liddell, 1983). Il

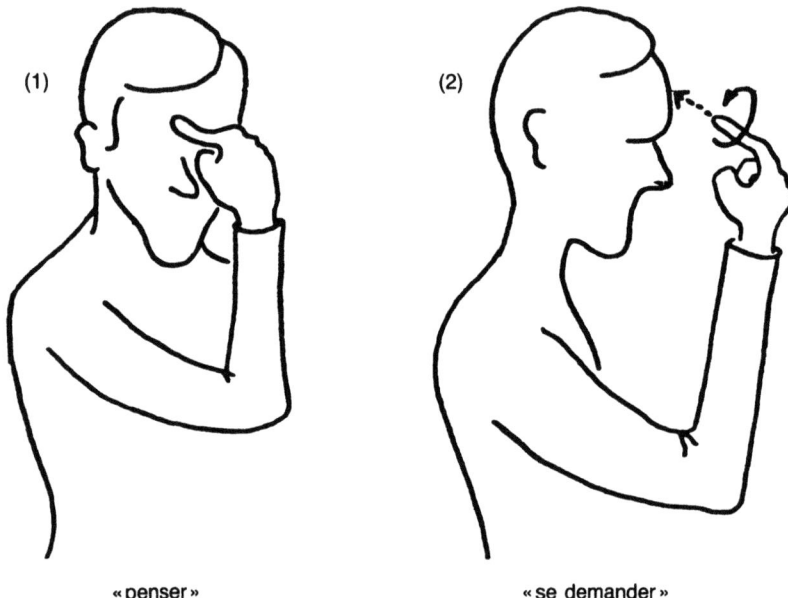

«penser»   «se demander»

FIG. 17: *Signes gestuels pour* «penser» *(1) et pour* «se demander» *(2)*.

est sans doute plus correct de définir les signes gestuels comme composés à partir de l'intégration simultanée et/ou séquentielle d'éléments chérématiques.

Revenons, pour terminer, à la liste des chérèmes de Stokoe. Lane, Boyes-Braem et Bellugi (1976) ont décrit une matrice de 11 traits distinctifs (tableau 11) rendant compte des 19 configurations manuelles (*DEZ*) de Stokoe. Cette matrice a été obtenue au terme d'une étude où des sujets sourds familiers de la langue des signes devaient identifier des configurations manuelles présentées dans des conditions de visibilité rendues mauvaises expérimentalement («neige» sur un écran de télévision).

Une analyse de type de celle de Lane et al. reste à faire pour les positions spatiales (*TAB*) et les mouvements (*SIG*) dans le système de Stokoe[6]. Il n'est pas sûr cependant que les catégories *DEZ*, *TAB* et *SIG* soient sur le même pied. La correspondance entre les chérèmes du *DEZ* et les phonèmes des langages parlés est intuitivement satisfaisante et dispose d'un support expérimental, comme on l'a vu. Mais il se pourrait que les indications reprises sous *TAB* et *SIG* puissent être décrites comme des éléments d'un continuum position-mouvement sur

Tableau 11. Traits distinctifs des configurations manuelles en ASL obtenues par Lane, Boyes-Braem et Bellugi (1976)

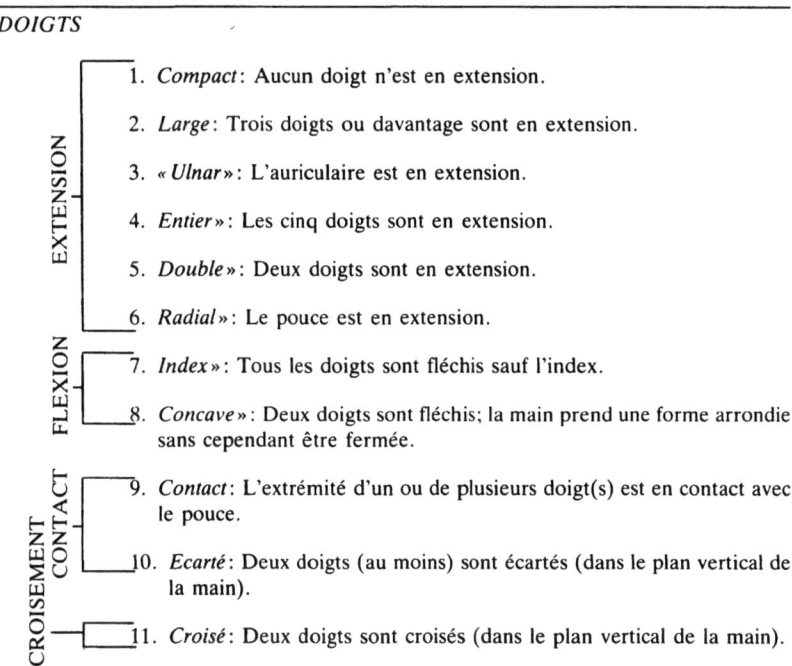

DOIGTS

EXTENSION
1. *Compact*: Aucun doigt n'est en extension.
2. *Large*: Trois doigts ou davantage sont en extension.
3. *« Ulnar »*: L'auriculaire est en extension.
4. *Entier »*: Les cinq doigts sont en extension.
5. *Double »*: Deux doigts sont en extension.
6. *Radial »*: Le pouce est en extension.

FLEXION
7. *Index »*: Tous les doigts sont fléchis sauf l'index.
8. *Concave »*: Deux doigts sont fléchis; la main prend une forme arrondie sans cependant être fermée.

CROISEMENT CONTACT
9. *Contact*: L'extrémité d'un ou de plusieurs doigt(s) est en contact avec le pouce.
10. *Ecarté*: Deux doigts (au moins) sont écartés (dans le plan vertical de la main).
11. *Croisé*: Deux doigts sont croisés (dans le plan vertical de la main).

Note: La partie du tableau (sous l'intitulé «Doigts») a été ajoutée par nous à la liste et aux définitions de Lane et al. de façon à suggérer une possible hiérarchisation des traits distinctifs relatifs aux configurations manuelles.

lequel évolueraient les configurations manuelles *DEZ*. Si cela était, on pourrait décrire le système chérématique comme centré autour des configurations manuelles, celles-ci pouvant être spécifiées selon une variété de positions dans l'espace gestuel et de mouvements. Les recherches futures permettront sans doute de clarifier la délicate question de l'organisation sublexicale des signes gestuels.

En fonction de ce qui précède, on peut conclure à la nature doublement articulée des langages de signes gestuels. On y trouve, en effet, l'étage morpho-lexical et l'étage phonologique. Pour ce dernier, il semble qu'il soit possible de décomposer les chérèmes en combinaisons de traits distinctifs minimaux comme c'est le cas pour les langages oraux.

Dès lors, on peut considérer comme établi, reprenant les critères de Benveniste, que les langages de signes gestuels permettent le dialogue, s'appliquent à un ensemble illimité de contenus, sont composés en majorité de signes iconiques ce qui ne les empêche pas de présenter un caractère certain d'arbitrarité et sont doublement articulés en signes ou morphèmes et en chérèmes. *Ces systèmes gestuels présentent toutes les caractéristiques habituellement exigées des « vrais langages » verbaux.* On verra à la section suivante que les systèmes gestuels disposent d'une syntaxe, ce qui constitue une raison supplémentaire de leur accorder le statut de langue à part entière.

5.1.2. Humour et expression poétique en langage gestuel

On ajoutera que la langue des signes permet les usages humoristiques et poétiques et que ses utilisateurs ne manquent pas de sens de l'humour et de dispositions poétiques. Klima et Bellugi (1976) donnent un grand nombre d'exemples d'humour gestuel. Ces exemples peuvent être classés en trois grandes catégories. Une première catégorie procède par production simultanée de deux signes gestuels ou recouvrement partiel entre la production de deux signes. Cela est permis par l'utilisation des deux mains séparément dans la production des gestes. L'opposition réalisée par l'émetteur entre les deux gestes produit l'effet humoristique. Par exemple, et nous reprenons l'exemple fourni par Klima et Bellugi, un état d'humeur intermédiaire entre l'excitation et la dépression peut être signalé en effectuant simultanément le geste pour « être excité » qui consiste à placer les deux mains symétriquement de chaque côté de la poitrine avec le majeur pointé vers le corps et à mouvoir les mains vers les épaules, et celui pour « être déprimé », le même geste que pour « être excité » sauf que le mouvement des mains se fait de haut en bas, des épaules au bas de la poitrine, selon les indications fournies à la figure 18.

Une seconde catégorie consiste à prolonger un signe gestuel ou une partie de signe gestuel pendant qu'on produit un autre signe gestuel, la juxtaposition des deux signes produisant l'effet humoristique. Par exemple, « yeux » et « yeux-pert » (expert visuel) dans l'exemple fourni à la figure 19.

Une troisième catégorie identifiée par Klima et Bellugi (1976) consiste à intégrer deux signes gestuels (blending). Il s'agit de les faire se suivre sans intervalle de temps; la juxtaposition séquentielle des deux éléments assurant l'effet humoristique. La figure 20 fournit un exemple de ce type de production.

On y produit successivement le signe pour « habile » (clever) et le

FIG. 18: Exemple d'humour gestuel par production simultanée et intégration de deux signes («excité - déprimé») — voir les explications dans le texte. Adapté d'après E. Klima et U. Bellugi, Poetry and song in a language without sound, Cognition, 1976, 4.

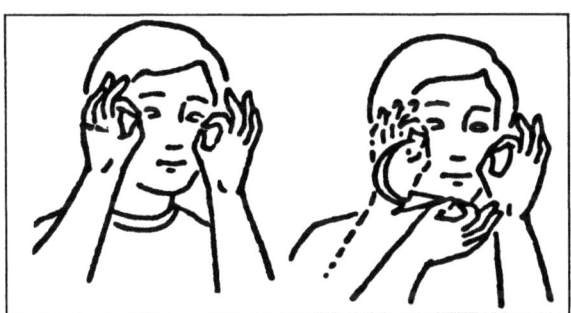

FIG. 19: Exemple d'humour gestuel par prolongement d'un signe et production contingente d'un autre signe («yeux - expert») — voir les explications dans le texte. Adapté d'après E. Klima et U. Bellugi, Poetry and song in a language without sound, Cognition, 1976, 4.

signe pour «à plat» (flat - dégonflé) signifiant, dans l'échange observé par les auteurs eux-mêmes et un sourd expert en langage des signes, «un jour que nous étions particulièrement maladroits dans nos exercices de communication gestuelle» (1976, p. 54), que l'habileté à s'exprimer par signes gestuels était «à plat».

Une quatrième catégorie utilise la substitution d'une partie d'un geste conventionnel à un autre geste. Un exemple est fourni à la figure

FIG. 20 : Exemple d'humour gestuel par substitution d'une partie de geste à une autre partie de geste (« habile - dégonflé ») — voir les explications dans le texte. D'après E. Klima et U. Bellugi, Poetry and song in a language without sound, Cognition, *1976,* 4.

21. Le sujet y exprime qu'il « comprend seulement un peu » en modifiant le geste conventionnel pour « comprendre ». Ce dernier consiste normalement à pointer l'index vers le haut avec le reste de la main fermée. A la figure 21, c'est le petit doigt qui est dirigé vers le haut en lieu et place de l'index. Il faut savoir qu'en ASL le petit doigt est impliqué dans beaucoup de signifiants qui contiennent la notion de petitesse ou encore de finesse.

FIG. 21 : Exemple d'humour gestuel par mélange de deux signes (« comprendre - comprendre un peu ») — voir les explications dans le texte. Adapté d'après E. Klima et U. Bellugi, Poetry and song in a language without sound, Cognition, *1976,* 4.

Les mêmes auteurs ont également étudié l'*expression poétique* telle qu'elle peut se manifester au moyen de l'American sign language et à laquelle ils donnent le nom d'«Art-sign». Différents mécanismes peuvent être employés à cet effet. Certains sont dits faire appel à une «structure poétique interne à l'ASL» et d'autres à une structure poétique externe au même ASL. Les premiers sont de deux types: kinétiques et rythmiques. La superstructure kinétique et rythmique peut consister, par exemple, en de grands et amples mouvements bien rythmés surimposés aux signes gestuels qui constituent la trame du poème. Ces mouvements peuvent prendre une forme particulière, par exemple être disposés dans l'espace en forme de croix. La structure poétique externe peut procéder, par exemple, par un mouvement ordonné d'alternance des mains qui font les gestes (droite-gauche-droite, etc.) alors que ce type de changement de main est exceptionnel dans l'expression gestuelle habituelle. Pour d'autres exemples de poésie en langage des signes, on verra l'ouvrage de Moody (1983).

Klima et Bellugi suggèrent que ces mécanismes internes et externes constituent les équivalents en poésie gestuelle des procédés rythmiques, allitératifs et assonants de la poésie verbale.

Il est assez clair que le langage des signes gestuels non seulement présente toutes les caractéristiques des langues naturelles mais permet en outre la réalisation dans de bonnes conditions de toutes les fonctions langagières (communicative, expressive, conative, ludique, poétique, etc.) et assure la possibilité d'exprimer tous les contenus sémantiques sans exception selon les besoins des interlocuteurs[7].

5.2. La syntaxe des langages de signes gestuels

5.2.1. *Généralités*

Un certain nombre d'études ont porté sur l'organisation syntaxique de l'Ameslan, de l'Israeli sign language (ISL), du LSF et de quelques autres langages ésotériques de signes gestuels. Elles permettent de se faire une idée plus précise quant aux points communs et aux différences qui existent entre langages verbaux et langages de signes sur le plan de l'organisation des unités lexicales en syntagmes et phrases.

Les premières analyses de la syntaxe des langues de signes gestuels remontent à Wundt (1900). Cet auteur s'est intéressé aux langages de signes utilisés en Allemagne, en Angleterre et en France. Il a aussi étudié les systèmes gestuels utilisés par les moines trappistes, les indiens des plaines américaines et les aborigènes du continent australien.

Wundt reconnaît à l'organisation des langages de signes deux caractéristiques principales. Premièrement, ces langages tendent à suivre le principe dit de l'« emphase maximum » de façon plus rigide encore que les langages verbaux. Il faut savoir que ce principe général est avancé par Wundt pour expliquer l'ordre des mots dans les langages naturels. On peut le résumer de la façon suivante : à moins que l'habitude linguistique ne diffère, les mots produits par un locuteur tendent à se suivre les uns les autres dans un ordre qui reflète directement l'importance attribuée aux notions exprimées. Cette importance est maximale pour les notions qui constituent les contenus principaux de l'énoncé. On les place le plus souvent en tête d'énoncé, généralement dans le rôle de sujet grammatical. La seconde caractéristique des langages gestuels est qu'un signe doit être intelligible à l'état isolé ou grâce à un autre signe qui le précède.

Après Wundt, l'étude linguistique et psycholinguistique du langage des signes gestuels a subi une éclipse pendant environ 60 ans. Il faut attendre les années 60 pour trouver de nouvelles études systématiques. Ce sont, notamment, les travaux princeps de Stokoe et collaborateurs (Stokoe, 1960, 1972 ; Stokoe, Croneberg et Casterline, 1976).

En ce qui concerne la morphosyntaxe de l'Ameslan et des autres systèmes ésotériques de signes gestuels des sourds, la plupart des observateurs ont relevé l'absence ou la rareté des inflexions morphologiques habituelles dans les langages parlés (marquage morphologique du genre, du nombre, du temps, etc.). On a signalé également que les langages gestuels contemporains (au moins à l'état pur, c'est-à-dire non modifiés en direction de l'organisation typique des systèmes verbaux) ne marquent pas les signes gestuels de façon à faire apparaître dans la composition même du signe son appartenance à une classe formelle particulière. Par exemple, en langage gestuel israélien (Namir et Schlesinger, 1978), les signes gestuels pour « pêcheur », « pêcher », « nourriture » et « nourrir » ou « se nourrir », « coudre » et « couturier » ou « couturière » sont les mêmes (par couples considérés)[8]. La dérivation morphologique constitutive des lexèmes en langage parlé semble donc moins productive dans les langages de signes gestuels.

Cependant, il faut noter, avec Moores (1978), qu'il semble exister une tendance de plus en plus marquée en Ameslan à différencier entre certains signifiants gestuels qui renvoyaient jusqu'il y a peu d'une façon indifférenciée à une série de signifiés proches. Par exemple, le signe gestuel pour « be » (être), « am » (suis) et « are » (sont) était le même initialement. Actuellement, on tend à le remplacer par trois gestes qui diffèrent uniquement par leur configuration initiale à savoir la position et le mouvement des doigts de la main utilisés pour former respectivement *B, A* et *R* en alphabet dactylologique (cfr la figure 8). Il faut donc compter également avec la capacité et le dynamisme des utilisateurs de la langue des signes gestuels pour une évolution possible dans l'avenir. On évitera de considérer que les observations dont on dispose actuellement sont nécessairement définitives et, dans le cas où elles sont négatives par rapport aux systèmes verbaux, qu'elles ne peuvent être dépassées et renvoient à des faiblesses constitutives des systèmes gestuels.

Une autre caractéristique des langages de signes gestuels est qu'ils sont démunis d'un nombre important de mots «foncteurs» (ces éléments lexicaux qui jouent un rôle grammatical important dans les langages parlés). Par exemple, le pronom de première personne «je» est souvent omis lorsque le locuteur est le sujet de l'énoncé. Il en va de même pour les autres pronoms personnels quand ils fonctionnent comme objets des énoncés produits. Il n'existe pas de signe gestuel en langage des signes israélien pour «et».

De même, les signes pour les mots «si», «parce que» sont fréquemment omis (Namir et Schlesinger, 1978). La juxtaposition des propositions principale et subordonnée conditionnelle ou causale sert alors de lien syntaxique, comme dans l'exemple suivant repris aux mêmes auteurs:

«Je perds je club ici jamais plus» (glose: Si je perds - les élections -, je ne viendrai jamais plus ici au club).

Le manque d'inflexions grammaticales et dérivationnelles et la relative pauvreté des langages de signes gestuels en «signes foncteurs» contribuent à donner à ces langages une apparence télégraphique (particulièrement lorsqu'ils sont rendus en langage verbal - mais dans ces cas, est-ce que la traduction et l'adaptation sont bien correctes et surtout bien complètes?).

A titre d'exemple, nous fournissons l'extrait de corpus suivant repris à Namir et Schlesinger (1978, p. 100)[9].

«Deux enfants. Un marié(r). Deux petits enfants. Travaille(r) près maison Frat. Un toujours école. Mère partie. Ma tante me téléphone(r) vérité. Moi travaille(r). Moi pleure(r) terriblement. Venir (cette) nuit.»

Existe-t-il des contraintes séquentielles ou d'autres dispositions en langage de signes gestuels qui seraient impliquées dans la réalisation syntaxique des significations relationnelles (c'est-à-dire supralexicales)?

Stokoe (1972, 1973, 1974) et d'autres auteurs comme Covington (1973), Bernstein (1973) et Hoffmeister (1977) se sont penchés sur la question pour l'Ameslan. Ils fournissent des exemples de types de structures syntaxiques. Mais on ne trouve nulle part la description d'un système grammatical cohérent et compréhensif.

Stokoe (1973) attire l'attention sur le caractère «polysynthétique» des langages de signes gestuels à l'instar de certaines langues parlées (comme l'hébreu ou le turc). Il suggère que certains gestes additionnels ou certaines mimiques peuvent être utilisés d'une façon «subordonnée» pour modifier le sens d'un signe gestuel (fonction de «modification»). Stokoe donne comme exemple l'utilisation des yeux et de la face pour modifier la notion de «conduite automobile» dans des composés comme «conduire en dormant», «conduire avec énervement». Le même auteur note encore: «Si on ne peut trouver les correspondants exacts de certaines structures syntaxiques de l'anglais en ASL, ce n'est pas une raison pour décider que ce dernier est déficient sur le plan de la syntaxe. En effet, la représentation analogique dans l'espace ou le temps, de même que le mouvement se superposant au jeu séparé ou coopératif des mains et de la face rend tout un continuum de subordinations possible» (1973, p. 20)[10].

A titre d'autre exemple, Stokoe donne le cas du signe gestuel pour «lumière» (les deux mains une en face de l'autre à hauteur de la face ou du cou, s'ouvrant et se fermant successivement) dans l'expérience nocturne du conducteur automobile. En plus des positions et mouvements des mains, d'autres variations positionnelles et dynamiques peuvent être utilisées pour produire un effet qu'on peut gloser de la façon suivante: «lumières - petites - brillent - grandissent - plus grandes - plus grosses - éblouissent - dans les yeux».

Il est donc possible qu'en langage gestuel certains éléments syntaxiques apparaissent pour ainsi dire à l'intérieur des signes gestuels. D'où la notion avancée par Stokoe d'une «syntaxe du mot» — c'est-à-dire d'une «syntaxe du geste» à différencier de l'organisation sublexicale des signes gestuels dont il a été question précédemment — à l'instar des langues verbales polysynthétiques.

Crystal et Craig (1978) émettent des réserves quant à la légitimité du rapprochement présenté par Stokoe (1973) entre la syntaxe du geste en langage des signes et les langues verbales polysynthétiques. Selon ces auteurs, il ne s'agit pas réellement, dans le cas des langues de signes, d'une syntaxe du geste mais plutôt de «configuration de traits» sans guère de relation avec les contraintes formelles séquentielles portant sur les signes qui existent dans les langages verbaux. Les futures recherches permettront sans doute de décider s'il y a là matière à correspondance fonctionnelle à défaut de similarité formelle entre les langages des signes gestuels et certains langages verbaux.

Des travaux plus anciens ont indiqué que l'ordre des signes paraît être relativement libre dans les langages gestuels propres aux sourds (Fusfeld, 1958; West, 1960).

Quelques expériences ont été menées plus récemment sur le même problème. Tweney et Hoeman (1973) ont exploité la technique dite de la «rétro-traduction», parfois utilisée dans les travaux sur l'apprentissage des langues secondes. On a demandé à des sujets sourds adultes familiers avec l'Ameslan de traduire des phrases anglaises écrites selon ce code gestuel. Cette traduction fut enregistrée sur cassette magnétoscopique et présentée à un second groupe de sujets sourds adultes également familiers avec l'Ameslan. La consigne était de traduire les messages gestuels en anglais. On a alors comparé les deux versions anglaises. En substance, les résultats montrent une excellente préservation du sens des messages transmis. Dans 27 % des cas, aucun changement appréciable n'est relevé. Dans 63 % des cas, on obtient une équivalence sémantique bien que des changements formels interviennent. La fréquence de ces changements atteste du fait que l'Ameslan est bien un langage structuralement différent de l'anglais. La préservation du sens indique cependant que ce système gestuel dispose d'une organisation syntaxique. Celle-ci diffère de celle de l'anglais mais elle paraît bien exister.

Les travaux revus dans ce qui précède ne permettent pas de cerner cette organisation avec précision. Nous nous tournons à présent vers deux sources principales à partir desquelles il est possible de se faire une idée plus précise de la grammaire des langages gestuels ésotériques. Il s'agit, d'une part, du travail de Namir et Schlesinger (1978) résumé dans l'ouvrage collectif édité par ces deux auteurs. Ce travail se rapporte principalement à l'ISL. Les conclusions en sont cependant généralisées à d'autres langages gestuels, comme l'Ameslan, là où les références empiriques disponibles permettent cette généralisation. Il s'agit, d'autre part, du travail de Moody (1983) concernant le LSF.

5.2.2. *Principes de syntaxe gestuelle*

Namir et Schlesinger (1978) se sont imposés l'examen détaillé d'un important corpus de langage gestuel recueilli auprès de sujets sourds profonds pratiquant le langage israélien des signes. Les principaux résultats sont les suivants. Nous les confrontons le cas échéant aux indications correspondantes rapportées pour d'autres langages ésotériques gestuels (à l'exception du LSF qui fait l'objet de la section suivante).

1. Contraintes séquentielles et principe de contiguité

En ce qui concerne *l'ordre des signes*, il existe certaines tendances à placer certains signes dans certaines positions en ISL, Ameslan, et dans d'autres langages gestuels. Mais il s'agit seulement de tendances, c'est-à-dire de régularités statistiques telles qu'on peut les observer et non de règles normatives. Ces tendances séquentielles peuvent être résumées comme suit :

A. Le signe exprimant *l'agent* précède souvent celui qui exprime *l'action* (par exemple, «Sourd venir»; «Policier frapper»). On notera que cet ordre a été signalé pour le langage russe des signes par Leontiev (1969) et pour l'Ameslan par Schlesinger (1978).

B. Le signe exprimant «*la personne affectée*»[11] précède souvent celui qui exprime *l'état existentiel* (par exemple, «Bébé entendre», «Garçon voir»).

C. Les régularités séquentielles capturées sous (1) et (2) dans ce qui précède peuvent être fondues dans la règle générale suivante: *le sujet de conversation ou topique* tend à précéder le *commentaire* (c'est-à-dire ce qui est «dit» du topique). Cette indication avait déjà été fournie par Wundt (1904 pour le langage allemand des signes et par Kroeber (1958) pour le langage des signes gestuels des indiens des plaines américaines.

D. Dans les expressions *attributives qualitatives,* on retrouve la même disposition séquentielle avec l'entité placée en premier lieu dans la séquence et la qualité attribuée intervenant ensuite (par exemple, «horloge ronde», «voiture rouge»). Il en va de même si l'attribution est *quantitative ordinale* (par exemple, «mois cinq»; glose, «le 5e mois»). Par contre, lorsque l'attribution est *quantitative cardinale,* le quantificateur précède généralement l'entité quantifiée (par exemple, «cinq mois», «deux voitures»). Il arrive également que le signe qui exprime le nombre ordinal intervienne à la fois au début et à la fin de la séquence (par exemple, «cinq mois cinq»; glose «le 5e mois»).

L'indication qui concerne l'attribution qualitative est valable également pour l'Ameslan (Stokoe, 1972, 1973, 1974), pour le langage russe des signes (Leontiev, 1969) et pour le langage des signes des indiens américains (Wundt, 1904; West, 1960; Kroeber, 1958). Le même ordonnancement séquentiel intervient également dans le langage des signes gestuels des moines trappistes en francophonie, selon les observations de Hutt (1968).

On sait que des langues comme le français et l'anglais ont un ordre séquentiel préféré pour les séquences adjectif-substantif. Cet ordre, s'il est modifié, change le sens de l'expression toute entière. Par exemple, on dira « un type sale » pour désigner une personne dont la propreté corporelle (sens littéral du terme « sale ») laisse à désirer et « un sale type » pour désigner une personne moralement douteuse. De même, lorsqu'il s'agit de séquences de deux adjectifs se rapportant à un même substantif (par exemple, « une petite laide femme » par opposition à « une petite femme laide » et à « une laide femme petite »). Les langages de signes ne paraissent pas disposer de stratégies de ce type pour exprimer de telles nuances sémantiques (ce qui n'implique nullement certes qu'elles ne peuvent les exprimer autrement).

E. *Les signes pour les adverbes (locutions adverbiales)* et les *syntagmes propositionnels (compléments circonstanciels)* tendent à suivre les verbes (par exemple, « Raconter brièvement », « Ecrire correctement », « Dormir dans la salle de bain ». Leontiev (1969) fournit la même indication pour le langage russe des signes gestuels. Wundt (1904) faisait déjà la même observation concernant le langage des signes des indiens des plaines américaines et celui pratiqué en Allemagne. Cependant, en langage israélien des signes comme en Ameslan (Stokoe, 1972), les adverbes de temps semblent détenir un statut positionnel particulier: ils sont généralement placés en début de message (par exemple, « Plus tard parler », « Samedi venir »).

F. En ce qui concerne les *compléments des verbes d'action*, aucun ordre particulier ne prévaut de façon absolue pour les objets directs. On trouve les séquences *agent-action-objet* (« Femme donner argent »), *agent-objet-action* (« Femme argent donner »), *objet-agent-action* (« Argent femme donner »), *objet-action* (« Argent donner ») et *action-objet* (« Donner argent »), bien que les séquences où l'agent précède l'objet semblent être les plus fréquentes. Friedman (1976) a rapporté la même observation pour l'Ameslan. Tervoort (1961) suggère qu'une variété de facteurs extra-linguistiques peuvent influencer l'ordre des signes. Ce sont, notamment, l'ordre chronologique des événements perçus et leur importance personnelle pour le signeur et/ou le récepteur du message. On retrouve là l'opinion ancienne de Wundt.

G. Quant aux *énoncés complexes* (c'est-à-dire ceux qui impliquent la coordination et la subordination), il semble que la proposition subordonnée tende à être placée après la proposition principale dans la séquence des signes gestuels (par exemple, en ce qui concerne les propositions complétives: « Je demande tous membres participer réunion »; glose, « Je demande à tous les membres de participer à la réunion»). Le début de la proposition subordonnée n'est pas marqué par un signe gestuel particulier qui correspondrait à une conjonction de subordination, une locution conjonctive, un pronom ou un adjectif relatif en langage verbal. Une exception à cette indication concerne les propositions conditionnelles. Il arrive fréquemment (mais pas invariablement) qu'un signe gestuel soit utilisé équivalant à «si» ou «à la condition de» dans le langage parlé. Dans ces cas, la proposition conditionnelle introduite par ce geste précède la principale. Dans les autres cas, l'ordre principale-subordonnée (conditionnelle) est maintenu et l'idée de conditionnalité est traduite au moyen de l'expression faciale ou de l'attitude corporelle.

McCall (1965) fait état des mêmes observations pour l'Ameslan.

Qu'en est-il de l'ordre séquentiel des principales et des subordonnées temporelles? On sait qu'en français et en anglais, par exemple, le locuteur a le choix de présenter d'abord la principale ou la subordonnée et d'adopter un exposé des événements qui respecte ou non l'ordre temporel réel dans lequel ils se sont déroulés. Par exemple, on peut dire: «Je suis parti après qu'il ait commencé à pleuvoir» ou «Après qu'il ait commencé à pleuvoir, je suis parti». Les subordonnées temporelles font longtemps problèmes aux enfants (entendants) dans le cours du développement du langage. Ces enfants s'attendent en général à ce que l'événement survenu en premier lieu dans la réalité soit aussi celui qui apparaît en premier lieu dans la séquence propositionnelle (Ferreiro, 1971; Clark, 1973; Rondal, 1978). Est-ce que les langages de signes gestuels permettent la même indépendance de l'ordre formel par rapport à l'ordre réel des événements dans le cas des subordonnées temporelles? Il semble bien que non. Si la subordonnée suit généralement la principale dans ces langages, il faut que cette dernière encode l'événement qui est premier dans la réalité dans le cas où l'ordre formel reflète l'ordre réel des événements.

On peut interpréter les indications séquentielles résumées ci-dessus de deux manières.

Soit les régularités statistiques en question préfigurent de futures règles normatives lesquelles sont en train d'émerger. Il s'agit d'une hypothèse évolutive basée sur l'observation que la langue des signes est en cours de modification et de stratification à divers points de vue (nous en avons évoqué quelques-uns comme la tendance à davantage d'abstraction dans la référence lexicale). Soit, il n'existe pas vraiment de règles syntaxiques séquentielles dans les langages gestuels ésotériques. La prédominance de certaines séquences gestuelles trouve une explication dans une tendance (non-syntaxique) à produire d'abord ce qui est davantage saillant, objectivement ou subjectivement, dans la situation où l'événement référé, ce qui correspond à l'hypothèse de l'«emphase maximum» formulée par Wundt.

S'il ne semble pas exister de règles séquentielles strictes en langage gestuel ésotérique, il est cependant un principe qui est d'une application constante. C'est le *principe de contiguïté*. Ce principe stipule que plus la relation qui tient entre deux éléments de référence est étroite et plus la tendance à placer les deux signes l'un à la suite de l'autre dans les séquences signées est forte. Un tel principe, moins contraignant qu'un principe positionnel puisqu'il spécifie simplement le contexte immédiat mais non le positionnement relatif des entités gestuelles, décrit parfaitement les observations reprises dans les pages qui précèdent y compris les ordres inversés. Il paraît bien correspondre à une caractéristique fondamentale des langages gestuels. On peut visualiser ce début de structure hiérarchique en imaginant que les énoncés gestuels envisagés d'un point de vue séquentiel sont constitués par des espèces de mobiles composés de quelques signes (cfr le tableau 12).

Tableau 12. Principe de contiguïté et groupes mobiles en langage gestuel ésotérique

---

Groupes (l'ordre séquentiel de présentation ci-dessous est arbitraire)

- Entité - Attribut qualitatif
- Entité - Attribut quantitatif ordinal
- Attribut quantitatif cardinal - Entité
- Verbe - Adverbe
- Verbe - Syntagme prépositionnel
- Sujet - Verbe
- Objet direct - Verbe
- Négation - Elément nié

Structure en mobiles (la profondeur relative des différentes catégories dans la structure est arbitraire)

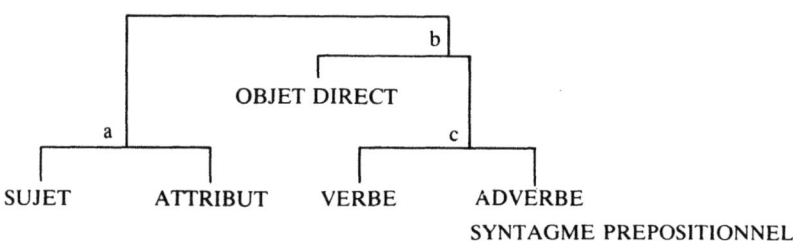

(Voir les explications dans le texte).

La structure en mobiles proposée au tableau 12 rend compte du double fait que les positions respectives des composants des segments a, b, c peuvent être alternées sans que la contiguïté entre eux soit rompue de même que les positions relatives des segments a, b, c, eux-mêmes peuvent être alternées. On pourra donc avoir un grand nombre de séquences possibles — ce qui paraît correspondre à ce qu'on observe en langage gestuel ésotérique — mais pas toutes les séquences ce qui atteste de l'existence au moins d'un début d'organisation syntaxique séquentielle. Par exemple, les séquences suivantes ne sont pas possibles:
1. Adverbe - Objet - Verbe
2. Verbe - Objet - Adverbe
3. Verbe - Sujet - Objet
4. Sujet - Objet - Attribut du sujet.

Ces séquences ne sont pas possibles parce qu'elles violent le principe de contiguïté tel qu'il est en vigueur dans les groupes de signes gestuels identifiés. Le principe de contiguïté n'est rien d'autre, en fait, que la force relative de l'association qui tient entre les classes formelles de signes gestuels selon leur correspondance sémantique.

En résumé, le principe de contiguïté semble capturer la plupart des régularités séquentielles en langage gestuel ésotérique. Certes, il est loin d'être spécifique à ce type de langage. On le trouve également en langage oral. Il provient sans doute de la tendance naturelle de mentionner ensemble «ce qui va ensemble».

2. Classes formelles, inflexions, foncteurs et techniques gestuelles grammaticales particulières

L'appartenance du signe gestuel à une *classe formelle* particulière (substantif, verbe, adjectif, adverbe, etc.) n'est pas indiquée de façon systématique en langage gestuel ésotérique bien qu'une tendance en ce sens se fasse jour au moins pour l'Ameslan. Les inflexions morphologiques grammaticales habituelles dans les codes verbaux pour marquer le genre, le nombre, le cas, l'aspect ou le temps font défaut. Mais ces langues ont développé d'autres moyens pour codifier les mêmes notions sémantiques.

• Notions de genre et de nombre

Les distinctions de *genre* sont faites uniquement pour certains signes gestuels (par exemple, les signes pour «grand-mère», «garçon», «fils», «fille», «grand-père»). Lorsque cette distinction intervient, elle procède par juxtaposition du signe pour «homme» ou «masculin», ou «femme» ou «féminin», au signe qu'on veut exprimer pour le qualifier dans le sens sexuel voulu. Il se trouve quelques rares signes intrinsèquement masculin ou féminin, comme les signes pour «père» et «mère», en Israeli sign language, qui sont distincts. En Ameslan, le signe gestuel pour «male» ou «femelle» est le premier à être produit dans le signe composé qui désigne «homme», «garçon», «père», «grand-père», etc. Il en va de même pour les termes féminins (Stokoe et al., 1976).

Quant au *nombre,* il existe essentiellement deux façons de marquer la pluralité. Un moyen fréquent est le redoublement du signe gestuel. Un autre moyen est lexical. Il consiste à utiliser un geste spécial pour «tous, toutes» ou «plusieurs, beaucoup».

- Emphase, degré et comparaison

Le redoublement[12] du signe gestuel sert également à marquer l'*emphase* ou l'insistance indépendamment de toute indication de pluralité (le contexte extralinguistique permet de lever l'éventuelle ambiguïté). Une autre façon de marquer l'emphase est d'antéposer le constituant dans la phrase.

Le redoublement du signe gestuel peut encore servir à marquer le *degré*. Par exemple, «un gros rhume» peut être rendu en ISL par une expression gestuelle équivalente à «un rhume rhume». De même, l'expression «Il l'aime beaucoup» peut être rendue par l'équivalent de «Il l'aime l'aime». Un second moyen d'exprimer le degré ou la comparaison consiste à utiliser des éléments lexicaux particuliers correspondant aux expressions orales «plus», «moins», «le même que», «autant que», etc. En ce qui concerne les superlatifs, la situation semble varier sensiblement d'un langage gestuel à l'autre. Par exemple, il n'existe pas de signe gestuel particulier pour exprimer «le plus» en ISL (Namir et Schlesinger, 1978), ni en langage gestuel des indiens d'Amérique (Mallery, 1879). Dans ces langues, on peut exprimer la superrelation de façon périphrasée au moyen des signes gestuels équivalents aux termes «très» ou «fort» juxtaposés aux constituants que l'on veut modifier. Par exemple, «le plus riche» pourra s'exprimer au moyen de la séquence gestuelle correspondant à «riche très très plus que n'importe qui», ce qui on en conviendra n'est pas un moyen d'expression des plus économiques.

Un autre moyen d'exprimer le degré ou la comparaison est iconique. Par exemple, une forme déterminée est produite. On reproduit ensuite la même forme mais en faisant un geste plus ample ou moins ample. En ISL, les signes gestuels pour «enfant» et «adulte» diffèrent seulement selon l'amplitude du mouvement. Il en va de même pour les signes correspondant aux adjectifs « petit » et « grand ». De même en Ameslan, la différence entre « plus » et « le plus » tient dans l'ampleur du geste (Falberg, 1963). Le signe gestuel pour « plus » ou « le plus » précède normalement l'adjectif auquel il se rapporte. Mais il peut le suivre dans certains cas, par exemple, si la continué du mouvement se trouve mieux d'une séquence que d'une antécédence. McCall (1965) fournit divers exemples de la façon de rendre « Jean est plus âgé que moi » en Ameslan. Il s'agit des séquences gestuelles correspondant aux séquences verbales suivantes :

1. « Jean plus vieux moi »
2. « Jean vieux moi »
3. « Jean plus vieux »

Pour « Jean est du même âge que moi », McCall rapporte la séquence suivante :

4. « Jean même vieux moi ».

D'autres moyens analogiques que l'iconicité sont employés dans les différents langages gestuels ésotériques de façon à exprimer le degré ou la comparaison. Il s'agit :
- D'accélérer ou de ralentir le mouvement ;
- D'y ajouter une inspiration marquée ou de procéder à une expiration marquée en même temps que le geste ;
- D'ajouter des vocalisations plus ou moins graves ou plus ou moins aiguës ;
- D'ajouter des mouvements de la tête ou du corps ou encore des mimiques faciales particulières.

Ces différents moyens peuvent être utilisés concurremment. Ils assurent une certaine souplesse référentielle mais ont l'inconvénient comme tous les procédés analogiques de prêter éventuellement à l'ambiguïté dans la mesure où ce qui est grand, rapide, aigu, etc. pour un sujet peut l'être plus ou moins pour un autre ou pour les autres. De façon à pouvoir procéder à un décodage assuré des éléments de degré et de comparaison analogiques, il faut connaître son interlocuteur au moins minimalement à ce point de vue.

• Limites des énoncés, des phrases et des paragraphes

Stokoe et al. (1976) ont décrit le geste utilisé en Ameslan pour signaler la fin d'une phrase ou d'un énoncé. A la fin de l'énoncé ou de la phrase, la main dominante vient au repos sur l'autre main ou le long du corps ou encore au contact d'un objet (par exemple, la table si les interlocuteurs sont assis à une table). S'il s'agit d'une question, cependant, la main dominante reste suspendue en l'air ou est dirigée vers l'interlocuteur.

West (1960) signale l'existence dans le langage gestuel des indiens d'Amérique d'un marqueur gestuel de paragraphe (les mains vers le bas jointes avec doigts fléchis ou croisées l'une sur l'autre). Ainsi est signalé l'épuisement de la thématique qui avait cours jusque-là.

• Prépositions

En ce qui concerne les *prépositions spatiales* (pour les temporelles, on verra la rubrique ci-dessous sur le marquage du temps et des relations temporelles), l'ISL, l'Ameslan et d'autres systèmes gestuels ésotériques disposent de signes particuliers correspondant approximativement aux termes oraux «au devant de», «derrière», «entre», «sur», «sous», «dans», etc. En général, ces signes gestuels sont largement iconiques. Les prépositions correspondant ««vers» et «de» (en provenance de) sont plus rares. Elles peuvent être exprimées en modifiant le geste qui exprime le mouvement de façon à ce que l'origine ou le point d'arrivée de ce dernier soient exprimés en même temps que le mouvement lui-même. Certains usages prépositionnels sont inutiles en langage gestuel ésotérique parce qu'ils sont lexicalisés. Par exemple, «aller vers le haut» ou «monter», et «aller vers le bas» ou «descendre» correspondent à des usages lexicaux différents.

En ce qui concerne l'expression de la *possession* au moyen d'une préposition, Namir et Schlesinger (1978) signale l'existence d'un geste produit en formant un cercle au moyen de l'index et du pouce de la même main, ce geste étant produit séquentiellement entre le geste pour le possesseur et celui désignant l'entité possédée. Il correspond à la préposition déterminative possessive «de» ou «à» en français. Kroeber (1958) signale également un geste de ce type pour exprimer la relation possessive entre deux termes dans le langage gestuel des indiens d'Amérique.

• Pronoms

Diverses données sur les pronoms et leurs usages en langages gestuels sont fournies par Namir et Schlesinger (1978) pour l'ISL, par Stokoe (1972) et Friedman (1975) pour l'Ameslan, par Tylor (1881) et Stoevesand (1970) pour le langage gestuel allemand, et par Goodridge (1960) pour le langage gestuel anglais. Ces indications se recoupent largement.

Les *pronoms* en langage gestuel sont des pointeurs (gestes d'indexation, déictiques ou de pointage). Les pronoms de dialogue (première et deuxième personne, sujets ou objets) sont produits en dirigeant l'index vers soi ou vers l'interlocuteur. Un mouvement de va et vient entre locuteur et interlocuteur signifie «nous deux». De même, une indication du doigt ou de la main vers un groupe de tierces personnes signifie «eux». Si le geste revient vers le locuteur, il signifie «nous» ou «nous tous», etc.

La désignation de personnes absentes (pronoms de troisième personne) se fait en pointant et parfois en dirigeant la tête et le reste du corps vers des interlocuteurs imaginaires situés à gauche ou à droite de l'interlocuteur et préalablement introduits sur la «scène gestuelle».

Les *pronoms et les adjectifs possessifs* sont réalisés au moyen du geste en rond (pouce-index) signalé à la rubrique précédente pour indiquer la possession. Ce geste est effectué avec un mouvement ou une orientation qui varie selon la personne du pronom ou de l'adjectif possessif (éléments de dialogues ou référence de troisième personne).

Enfin, le geste de pointage peut être partiellement incorporé dans le geste qui désigne le verbe. Par exemple, une expression comme «Je te demande...» sera produite au moyen du geste pour le verbe «demander» modulé de façon à indiquer le «je» au départ du geste et le «te» au point d'arrivée. Les pronoms singuliers de première personne («je», «me») ne sont pas toujours produits. Comme de nombreux gestes partent du corps, ils incorporent pour ainsi dire l'élément pronominal de première personne. Ce dernier n'est produit que lorsqu'il y a une raison discursive ou conversationnelle particulière de le formuler explicitement.

• Relations temporelles et aspectuelles

Les signes gestuels qui dénotent l'action, l'état ou le processus ne sont pas infléchis de façon à marquer le temps ou l'aspect. Il existe deux moyens de marquer les relations temporelles dans une variété de langages gestuels ésotériques (cfr Namir et Schlesinger, 1978; Goodridge, 1960; Stokoe et al., 1965; Tylor, 1881; Hirsch, 1961).

Un premier moyen consiste à transposer dans l'espace les *relations temporelles exprimées,* donc à produire une sorte de métaphore spatiale. Pour ce faire, un point de référence fixe (par exemple, le corps du locuteur ou la main non-dominante) est établi qui symbolise le présent ou n'importe quel moment du temps tel qu'il a pu être fixé précédemment dans l'échange. La main dominante effectue alors les signes gestuels qui selon qu'ils sont dirigés vers le devant du corps, vers le corps ou l'arrière du corps — par-dessus l'épaule — renvoient au futur, au présent, ou au passé, respectivement (Friedman, 1975). Par exemple, le signeur peut se pencher vers l'avant ou vers l'arrière en produisant le signe lexical voulu (par exemple, «mois») et cela voudra dire respectivement «le mois prochain», ou «le mois passé». Si le corps ne bouge pas, la référence est au «mois présent».

Il semble s'agir là d'une tendance naturelle car on retrouve ce type de métaphore spatiale gestuelle chez les entendants. En fait, l'utilisation des signifiants spatiaux pour désigner des entités temporelles est très répandue dans les langages oraux (Seiler, 1970).

Un second moyen est lexical. On utilise des signes particuliers correspondant aux prépositions, aux adverbes, ou aux substantifs qui en langage oral désignent les différents repères temporels («passé», «futur», «présent», «maintenant», «tantôt», «avant», «après», «pendant», etc.).

En ce qui concerne *l'aspect,* Namir et Schlesinger (1978) signalent que les usagers de l'ISL peuvent exprimer si un état, une action ou un processus est en cours, s'il est récursif ou habituel mais sans indiquer en quoi les moyens gestuels utilisés consistent. Il semble que le redoublement d'un signe gestuel puisse être utilisé pour signaler le caractère récursif d'un état, d'une action ou d'un processus en ISL et en Ameslan (Fisher, 1973).

- Négatives et interrogatives

L'ISL dispose de trois indicateurs gestuels (ou mimiques) pour signaler la *négation*: (1) le déplacement latéral de la main fermée avec l'index pointant vers le haut; (2) un mouvement de tête avec froncement des sourcils et contraction des muscles de la face; (3) un haussement des épaules avec la même expression faciale qu'au (2). D'autres éléments de négation existent encore selon le rapport de Namir et Schlesinger (1978) comme le fait de tracer un grand X dans l'air. Ce signe est surtout utilisé comme signe d'annulation de ce qui précède lorsque le signeur veut reprendre son message à zéro. Les signifiés «personne» ou «rien» peuvent être réalisés en traçant deux zéros côte à côte en l'air ou en écartant les mains ouvertes, paumes orientées vers le haut.

L'élément qui exprime la négation intervient soit avant, soit après l'entité niée dans la séquence gestuelle. Parfois, cependant, l'élément négatif est placé avant l'entité niée et ensuite répété après cette dernière. Pour d'autres langages de signes gestuels, comme le langage russe des signes gestuels (Geylman, 1964) et celui des indiens d'Amérique (West, 1960), on rapporte une tendance à placer la négation après l'élément nié. En Ameslan notamment (Hoffmeister, 1982), l'élément négatif placé en début d'énoncé nie fréquemment un énoncé précédent (négation dite anaphorique, cfr Bloom, 1970).

En ce qui concerne les *interrogatives,* il faut distinguer entre les questions oui-non (celles qui peuvent recevoir une réponse par «oui» ou par «non») et les questions -Q (-Wh en anglais, ce sont les questions introduites par ou contenant un adjectif, un pronom ou un adverbe interrogatif, par exemple «qui», «quand», «combien», «lequel», «quel», etc.). Les premières sont formées simplement en ISL et en Ameslan au moyen d'une expression faciale et d'une posture particulière surimposée à ce qui serait autrement un énoncé gestuel déclaratif. Pour les questions de la seconde catégorie, l'expression faciale et corporelle est également utilisée en conjonction avec des signes gestuels spécifiques correspondant aux mots interrogatifs utilisés en langage oral (Stokoe, Croneberg et Casterline, 1976).

5.2.3. La syntaxe du LSF

Nous utilisons pour cette analyse l'excellent ouvrage de Moody (1983).

L'information sur laquelle est basé le travail de Moody concerne pratiquement exclusivement les sourds de la région parisienne, et particulièrement ceux qui sont en relation avec le Centre Socioculturel de Vincennes[13]. Il reste évidemment à vérifier dans quelle mesure les indications de Moody sont valables pour le reste de la France et de la Francophonie, y compris la Belgique. En ce qui concerne la Belgique, nous ne disposons d'aucune information systématique sur la syntaxe des langages gestuels en vigueur.

Dans ce qui suit, nous reprenons la disposition adoptée précédemment pour la synthèse syntaxique concernant les langages gestuels envisagés autres que le LSF.

1. Contraintes séquentielles et principe de contiguïté

Moody (1983) signale qu'on ne peut émettre les signes dans n'importe quel ordre en LSF bien que la suite des signes dans un énoncé soit moins importante que leur arrangement dans l'espace et les mouvements qui les animent. Divers cas sont envisagés pour l'ordre des signes. Là aussi, il s'agit de tendances générales et non de dispositions normatives.

Moody ne fournit pas d'information concernant le principe de continuité. Considérant ce qui suit, cependant, il semble que ce principe soit également d'application en LSF.

A. *Le rapport topique-commentaire*: La tendance de faire suivre le topique du commentaire est assez généralisée (exemples, «Voiture appartenir qui?»; glose, «A qui appartient la voiture?»; «Train arriver pas encore»; glose, «Le train n'est pas encore arrivé»).

B. *Les indicateurs de temps et d'aspect*: La tendance semble être de placer les indicateurs de temps avant le verbe et généralement en début de phrase (exemples, « Hier aller théâtre »; glose, « Hier, je suis allé au théâtre »; « Deux semaines partir en vacances »; glose, « Dans deux semaines, je partirai en vacances »). Les indicateurs aspectuels, par contre — exprimant le caractère achevé d'une action, insistant sur sa durée, sa généralité ou sa répétitivité sont le plus souvent placés en fin de phrase (exemple, « Moi acheter voiture fini »; glose, « J'ai acheté une voiture »; « Partir vacances deux semaines »; glose, « Je pars en vacances pour deux semaines ».

On notera ici le contraste positionnel aspect-temps par rapport à l'expression ci-dessus correspondant à « Dans deux semaines, je partirai en vacances »; « Voir plus lui sept ans »; glose: « Je ne le vois plus depuis sept ans »).

C. *L'emphase*: Le signe gestuel mis en évidence emphatiquement est placé en début d'énoncé. Il est souvent accompagné d'un haussement de sourcils (par exemple, « Lui connaître moi »; glose « Lui, je le connais »).

D. *Des signes négatifs et interrogatifs*: Ils se placent ou se répètent en fin d'énoncé (exemple, « Moi d'accord pas »; glose: « Je ne suis pas d'accord »; « Qui accompagne enfant qui? »; glose: « Qui accompagne l'enfant? »).

E. *Modaux et verbes existentiels*: (« Il-faut », « Peux », « Peux-pas », « Pense », « Crois », « Veux », « Veux-pas », etc.). Ils ont tendance à apparaître ou à être répétés en fin de phrase (par exemple, « Je peux faire peux »; glose « Je peux le faire »).

F. *Condition-cause-effet*: La proposition conditionnelle est souvent placée avant la principale (conditionnée). De même, la proposition qui exprime la cause est souvent placée avant celle qui exprime l'effet ou la conséquence (exemples, « Il-pleut moi triste »; glose: « Lorsqu'il pleut, je suis triste »; « Toi aller moi aller »; glose: « Si tu y vas, j'y vais aussi »). Ces propositions conditionnelles et causatives sont proches. En LSF, elles sont produites avec une expression de visage identique.

G. *Ordre des verbes et des substantifs*: En général, les verbes se suivent dans l'ordre chronologique des événements (par exemple, « Cinéma fini, rentrer maison »; glose: « Après le cinéma, je rentre à la maison »). Il semble enfin que les objets plus grands ou statiques soient signés avant les objets plus petits, plus mobiles ou les personnes (toutes choses étant égales par ailleurs). En d'autres termes, on plante d'abord le décor avant de jouer la scène. Par exemple, «Forêt route voiture police approcher»; glose: «L'agent de police s'approche de la voiture sur une route dans la forêt».

H. *Adjectifs possessifs*: Ils se placent immédiatement avant ou après le signe désignant l'entité possédée dans la séquence gestuelle.

2. *Classes formelles, inflexions, foncteurs et techniques gestuelles grammaticales particulières*

L'appartenance du signe gestuel à une *classe formelle* particulière n'est pas indiquée de façon systématique en LSF. Cependant, Moody (1983) signale l'existence d'un changement de mouvement pouvant affecter certains signes de façon à différencier la forme du nom de celle du verbe. Le mouvement du nom est petit et détendu, celui du verbe est plus ample et plus tendu. Dans le cas des verbes d'action, on «sent» dans le geste l'action du verbe (cfr la figure 22).

«boisson»   «boire»

FIG. 22: La différenciation nom/verbe. Le mouvement du nom est moins ample et moins tendu que celui du verbe. On notera également l'inclinaison de la tête lors de la production du verbe. Adapté d'après W. Moody, La langue des signes, *Paris, Ellipses, 1983.*

De même que l'ISL, l'Ameslan, etc., le LSF ne dispose pas d'inflexions morphologiques grammaticales portant sur les signes gestuels qui exprimeraient le genre, le nombre, le cas, l'aspect ou le temps. Mais il a développé d'autres moyens pour codifier ces notions.

- Notions de genre et de nombre

Moody (1983) ne fournit pas d'indication sur le marquage du *genre* en LSF. Cependant, nos contacts avec des sourds de la région liégeoise nous permettent de penser qu'au moins dans le LSF utilisé en Wallonie la distinction de genre est possible au moyen de certains signes gestuels juxtaposés ou intégrés aux autres signes lexicaux (par exemple, en juxtaposant le signe pour «homme» ou «femme» à celui qu'on veut marquer en genre).

La notion de *pluralité* (dualité, triel, etc.) est indiquée de différentes façons en LSF: soit par juxtaposition ou intégration du geste pour rendre la notion de 2, 3, 4 ou plus (consistant à montrer 2, 3, 4 ou davantage de doigts de la main dominante ou des deux mains) dans la configuration du geste qu'on veut pluraliser, soit en redoublant ou en répétant plusieurs fois le signe gestuel, soit enfin en utilisant des gestes spéciaux pour signifier la pluralité («beaucoup», «tous», «toutes», etc.).

On notera que le LSF à la possibilité de différencier le pluriel défini («les») du pluriel indéfini («des») au moyen d'une combinaison de mouvements, expressions du visage et d'un haussement d'épaules (cfr la figure 23).

- Emphase, degré et comparaison

Un moyen de rendre l'*emphase,* par antéposition du constituant dans l'énoncé, a été expliqué plus haut (à la rubrique sur les contraintes et les possibilités séquentielles). D'autres moyens d'insistance existent. On peut redoubler le signe gestuel sur lequel on veut attirer l'attention de l'interlocuteur. Ce redoublement peut servir également à marquer le *degré* comme en ISL et en Ameslan. Le signeur peut également rendre plus fort le sens d'un signe gestuel au moyen de modulations du mouvement accompagnées d'une expression du visage particulière: soit avec un mouvement plus élaboré, soit avec un mouvement plus rapide et plus tendu, ou plus ralenti (figure 24), soit encore séparément ou concurremment avec des expressions du visage plus accentuées: coin des lèvres tiré vers le côté, joues gonflées, yeux grands ouverts ou presque fermés, etc.

Toujours par rapport au *degré,* Moody (1983) signale l'existence d'une foule de petites expressions de la bouche, des joues, et des yeux

«garçon lui» (trois fois défini)

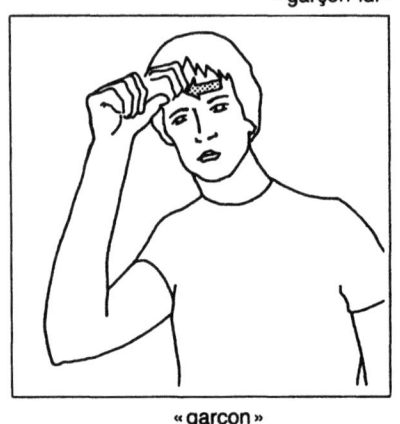 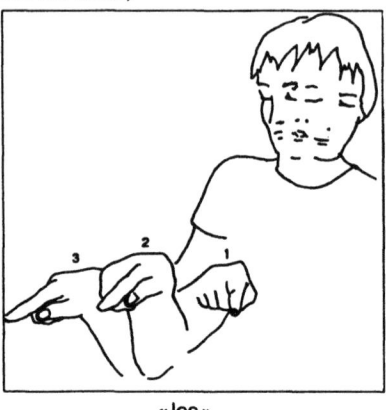

«garçon» «les»
«les garçons»
(le mouvement est tendu, le regard suit le geste)
«les garçons...»

«garçon lui» (trois fois indéfini)

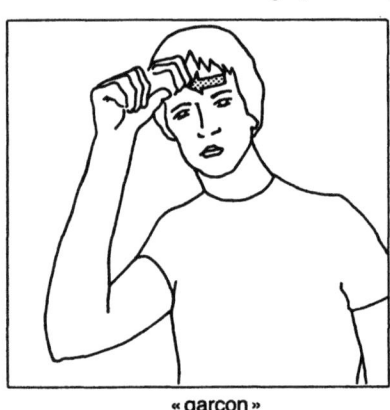 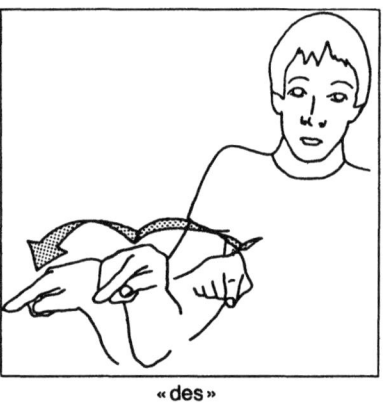

«garçon» «des»
«des garçons»
(le mouvement est moins tendu, le regard ne suit pas le geste, les épaules sont relevées)
«des garçons...»

FIG. 23 : Pluriel défini et indéfini. Contraste basé sur la différence du mouvement manuel, l'expression du visage et le mouvement de l'épaule. D'après W. Moody, La langue des signes, *Paris, Ellipses, 1983, reproduit avec permission.*

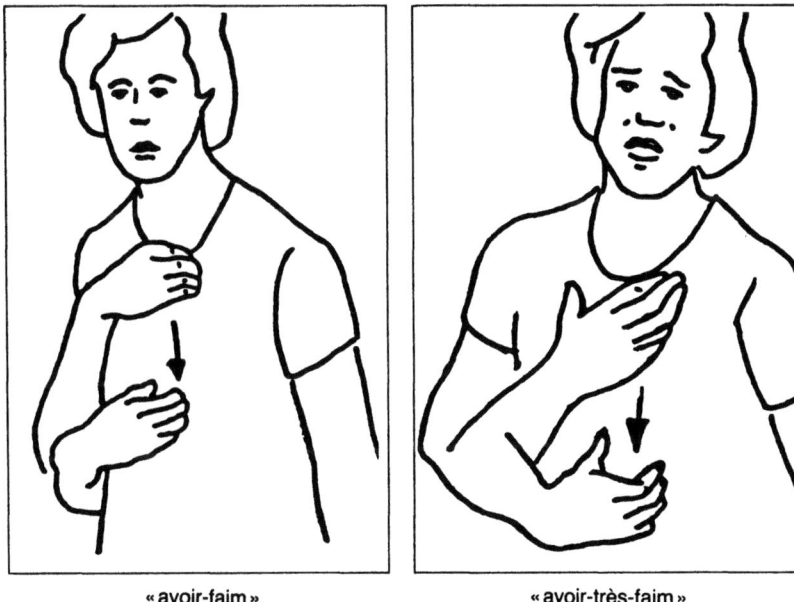

« avoir-faim » « avoir-très-faim »

FIG. 24 : Accentuation d'une signification par ralentissement du mouvement et expressivité faciale. Adapté d'après W. Moody, La langue des signes, *Paris, Ellipses, 1983.*

qui expriment des informations à ce point de vue. Il resterait à les analyser en détail. On peut citer notamment :
- un petit « o » sur les lèvres avec expiration d'air qui peut signifier « très »;
- les yeux presque fermés qui indiquent (soit l'obscurité), soit une grande distance;
- une configuration des lèvres correspondant à la production de la syllabe « pi » intensifie ou ajoute la notion de précision à l'indication gestuelle concomitante.

• Limites des énoncés et des phrases

Bien que Moody ne donne aucune information sur ce point, il faut signaler, dans le LSF utilisé dans la région liégeoise, un geste « tranchant » (formé au moyen de la main dominante ouverte avec les doigts joints placée de profil par rapport au corps et effectuant un mouvement du haut vers le bas et l'avant) qui peut être produit à la fin de l'énoncé de la phrase ou du paragraphe gestuel de façon à en marquer explicitement la fin.

- Pronoms (et prépositions)

Moody (1983) fournit un traitement relativement détaillé de la syntaxe des pronoms en LSF. Voyons les différents types de pronoms séparément.

1. Pronoms personnels

Il existe différentes façons de rendre les pronoms personnels en LSF.

Premièrement, on peut montrer du doigt les personnes ou les choses présentes (gestes d'indexation, déictiques ou de pointage). Ces pronoms sont réalisés par rapport à la ligne «signeur-interlocuteur»: 1re et 2e personnes sur cette ligne («moi», «toi», «nous», «nous deux», «je», etc.); 3e personne d'un côté ou de l'autre de cette ligne («il», «lui», «le», «eux», etc.). La caractéristique du pronom pluriel, indépendamment de la personne, est qu'il consiste en un geste de balayage dans le plan horizontal.

Plusieurs choses doivent encore être signalées. Si le ou les référents du pronom de troisième personne sont physiquement présents dans les environs du signeur, ce dernier les désignera directement au moyen d'un geste de pointage. Si les référents sont absents, il faut d'abord les rendre présents au moins symboliquement avant de pouvoir les désigner déictiquement. On procède de la façon suivante: les référents absents sont introduits séparément au moyen des signes gestuels qui leur correspondent (par exemple, dans l'histoire du petit chaperon rouge: forêt, petite fille, loup, maison de la grand-mère); ce faisant, ils sont localisés à un endroit précis de l'espace situé à gauche ou à droite de l'axe «signeur-interlocuteur»; ils seront ensuite désignés selon les besoins de l'énonciation par un geste de pointage dans la direction de leur location (imaginaire mais conventionalisée précédemment) dans l'espace proximal. On pourrait dire que ces gestes de désignation assurant la référence anaphorique pronominale sont des déictiques «au 2e degré». Cette façon de procéder rend moins nécessaire la production des prépositions spatiales («dans», «devant», «derrière», «sur», «sous», etc.) — pour lesquelles des gestes spécifiques existent — que dans les langages verbaux. En effet, le décor ayant été planté d'abord, la localisation des signes gestuels dans l'espace est suffisante pour spécifier les principales relations spatiales entre les référents envisagés. On ne produira les signes gestuels pour les diverses prépositions que si on veut insister sur telle ou telle relation spatiale particulière. Les narrations en langage gestuel donnent lieu à une véritable théâtralisation de la référence et de l'expression des relations avec mise en scène, décor imaginaire et rotations de la tête, du tronc, et parfois du corps tout entier du narrateur vers les personnes et les choses intervenant dans l'histoire. Enfin, on peut préciser le nombre de personnes impliquées dans la référence personnelle («vous-trois», «eux-quatre», etc.) en combinant le geste pour le chiffre en question et le geste pour le pronom personnel.

Deuxièmement, certains verbes (comme «demander», «donner», «montrer», «dire») incorporent les pronoms personnels dans leur réalisation. Ces verbes modifient leur direction par rapport à la ligne signeur-interlocuteur de façon à spécifier «qui fait quoi à qui» (cfr figure 25).

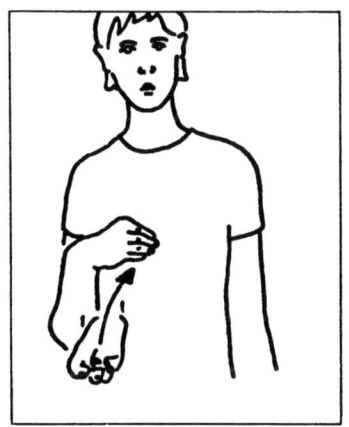
«Tu me donnes»

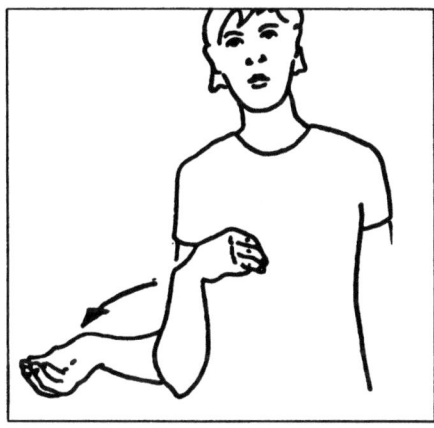
«Je lui donne»

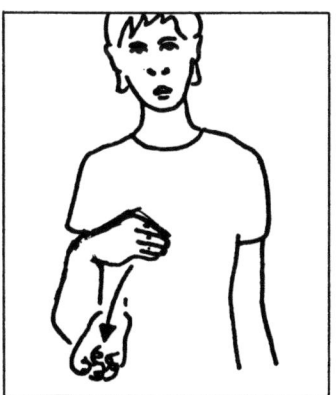
«Je te donne»

FIG. 25: Verbes qui incorporent les pronoms personnels.

Le signeur peut cependant toujours insister sur une personne déterminée en produisant en plus le geste pour le pronom personnel approprié. D'autres verbes n'incorporent pas les pronoms personnels dans leur mouvement. C'est le cas, par exemple, de «faire», «sentir», «aimer», «connaître», etc. Il ne paraît pas y avoir de raison sémantique ou formelle pour la répartition des verbes selon ces deux catégories. C'est apparemment une pure question d'usage.

Troisièmement, enfin, la fonction pronominale personnelle peut être remplie par ce qu'on nomme en langage des signes gestuels «les classificateurs». Il s'agit de signes gestuels qui représentent toute une classe d'objets présentant des caractéristiques similaires. Par exemple, les sourds disposent d'un signe générique pour «pâtisserie» auquel on peut ajouter un geste spécifique qui décrit la forme ou le type particulier du gâteau qu'on veut désigner. Ces classifications ont un double emploi. Ils peuvent servir à décrire. Ils peuvent aussi remplacer les pronoms (sujets ou objets). Il s'agit alors de «semi-pronoms», «semi» au sens où ce type de structure est intermédiaire entre la désignation lexicale et la désignation pronominale habituelle. Des exemples de semi-pronominalisation seraient:
- «*Il* m'aime» («Une personne m'aime»)
- «Je *l'*apporte» («J'apporte quelque chose de petit et rectangulaire»)
- «Je *le* tiens» («Je tiens un récipient à larges bords»)
etc.

2. *Pronoms (et adjectifs) possessifs*

Les pronoms et adjectifs possessifs sont produits en effectuant le même geste que pour exprimer le verbe «appartenir». Les gestes pour ce verbe, les pronoms et les adjectifs possessifs sont indissociables pour la même personne (en d'autres termes, le signe gestuel pour «mon», «le mien», «m'appartient», sera le même; de même pour «ton», «le tien», «t'appartient», etc.). Les signes gestuels possessifs sont effectués aux mêmes emplacements que les pronoms personnels (voir ci-dessus) pour indiquer le possesseur (figure 26).

La pluralité des possesseurs peut être indiquée en ajoutant le signe pour le pronom personnel pluriel. Par contre, le LSF ne paraît pas faire l'accord entre le genre et/ou le nombre de l'entité possédée et l'adjectif ou le pronom possessif (tout comme l'anglais parlé mais à la différence d'autres langues parlées comme le français ou l'espagnol; comparez «his car», «his cars» avec «sa voiture» ou «ses voitures», en français; «su coche», «sus coches», en espagnol).

ETUDES LINGUISTIQUES ET PSYCHOLINGUISTIQUES 137

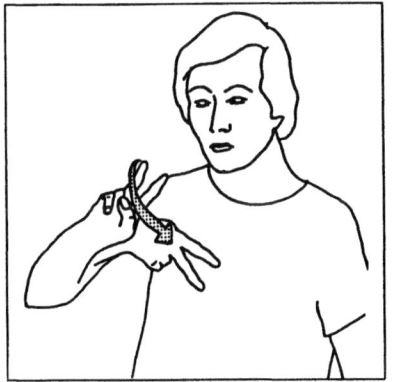
«mon», «le mien», «m'appartient», etc.

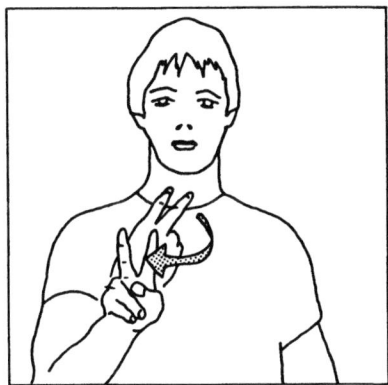
«ton», «le tien», «t'appartient», etc.

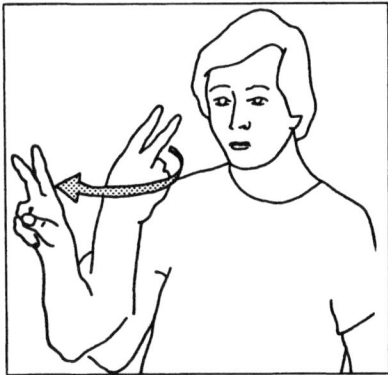
«son», «le sien», «appartient à lui», etc.

Note. Une variante consiste à faire le geste possessif avec la main plate au lieu du double pointage majeur-index utilisé ci-dessus.

FIG. 26: Pronoms et adjectifs possessifs. Adapté d'après W. Moody, La langue des signes, *Paris, Ellipses, 1983.*

3. *Pronoms (et adjectifs) démonstratifs*

Le geste pour les pronoms et les adjectifs démonstratifs (indissociables) se fait soit en pointant avec l'index, soit en indiquant avec la main plate. Cependant, de façon à différencier le démonstratif du geste déictique simple, la bouche forme un «i» avec tension des muscles buccaux et des lèvres (figure 27). Comme pour les autres pronoms, on peut d'abord introduire les référents absents et ensuite les désigner à l'aide des démonstratifs. Le pluriel est marqué en ajoutant au geste singulier le mouvement de balayage horizontal typique de la référence plurale.

«celui-ci»   «celui-là»

FIG. 27: *Pronoms démonstratifs. Adapté d'après W. Moody,* La langue des signes, *Paris, Ellipses, 1983.*

- Relations temporelles et aspectuelles

Comme en ISL et en Ameslan (voir ci-dessus), les verbes du LSF ne sont pas à proprement parler fléchis pour indiquer le temps de l'état, de l'action ou du processus auquel il est fait allusion, ni les caractéristiques aspectuelles de cet état de cette action ou de ce processus.

Le marquage des *relations temporelles* en LSF se fait d'une façon similaire à ce qui a été décrit précédemment pour d'autres langages gestuels comme l'ISL ou l'Ameslan. Essentiellement deux moyens sont utilisés. Un moyen est le recours à la «ligne du temps». Le geste est effectué avec une orientation vers l'avant, vers le corps propre ou vers l'arrière selon que l'on veut signifier une référence au futur, au présent, ou au passé, respectivement. Un second moyen est lexical. Il consiste à spécifier au moyen d'un signe gestuel particulier, généralement situé au début de l'énoncé ou du paragraphe gestuel ou au moins avant le verbe comme on l'a signalé plus haut, la référence temporelle qui fixe le temps pour la suite de l'énonciation. Ces signes gestuels correspondent aux prépositions, adverbes et aux substantifs temporels des langues orales. En langage gestuel, ils sont formés au moyen d'une configuration manuelle particulière orientée d'une certaine façon et positionnée à un endroit de la ligne du temps (d'où leur signification temporelle).

Moody (1983) fournit des informations détaillées sur l'expression de *l'aspect* en LSF (qu'il appelle improprement le temps indéfini). Le résultatif (action terminée, insistance sur le résultat de l'action) est généralement formé en faisant suivre le verbe gestuel — cette indication positionnelle est valable pour les autres marqueurs aspectuels comme on l'a signalé plus haut également — du geste signifiant «fini» ou «terminé» (ou de son inverse «non fini» pour signaler le non résultatif; par exemple, «Il n'a pas fini de s'habiller»). L'action en cours est signalée par le signe «va» redoublé en «va-va». Le caractère récent du passé indiqué par le verbe est marqué par le signe «récent».

Le caractère fréquent, répété, habituel ou régulier d'une action, d'un état, d'un processus ou d'un événement est exprimé au moyen de signes adverbiaux correspondant à des termes ou à des locutions comme «tous les jours», «tous les mois», «tous les mercredis», «souvent», etc. en langage oral. Le redoublement ou la multiplication du geste est également utilisable pour indiquer la fréquence d'une action ou d'un événement («Il vient souvent»). Certains verbes cependant ne peuvent être redoublés. Dans ces cas, les signes adverbiaux doivent être utilisés.

Le duratif court s'exprime en faisant suivre le verbe du signe pour «court». De même, avec le signe pour «longtemps» ou avec un signe qui spécifie (quantifie, par exemple) la durée, pour le duratif long.

La durée, comme les autres indications aspectuelles, peut certes s'exprimer en conjonction avec la référence temporelle. On peut alors exprimer des significations correspondant à celles transmises par les catégories temporelles et aspectuelles des langues orales, comme l'imparfait (durée + passé), le présent en cours (durée + présent), la durée dans le futur, etc.

● Les différents types de phrases

Les différents types de phrases sont réalisés en LSF au moyen de signes manuels particuliers ainsi que des signes de tête et des expressions du visage qui ont une fonction grammaticale. Voyons les différents types de phrases séparément.

1. Les négatives

Elles sont formées au moyen d'un signe de négation (équivalent à «non», «jamais», «rien», etc.) avec en plus un mouvement de la tête de gauche à droite et de droite à gauche que le signeur fait pendant tout le temps de l'énoncé gestuel (Moody, 1983) — cfr la figure 28.

« Ce n'est pas lui »
(littéralement, « Il, lui, non » - avec le geste négatif
de la tête superposé)

FIG. 28: *Les phrases négatives. D'après W. Moody,* La langue des signes, *Paris, Ellipses, 1983, reproduit avec permission.*

Comme on l'a indiqué plus haut, l'élément négatif est souvent placé en fin d'énoncé.

Pour certains signes, toutefois, la négation est comprise dans le signe même par une modification du mouvement qui consiste souvent en un mouvement tournant du poignet (par exemple, l'apposition « aimer — ne pas aimer » ou « vouloir — ne pas vouloir »). Il s'agit alors d'une formulation lexicale et non d'une formulation syntaxique de la négation.

2. Les interrogatives

Comme les langues parlées, l'ISL, l'Ameslan et d'autres langages gestuels, le LSF disposent de questions dites oui-non et de questions-Q. On peut également y poser des pseudo-questions auxquelles le locuteur répond lui-même. Ce sont des questions dites rhétoriques, c'est-à-dire en fait des artifices de conversation.

Les questions oui-non sont produites de la même façon que les déclaratives correspondantes auxquelles on surimpose un haussement des sourcils avec les yeux grands ouverts et souvent une inclinaison de la tête vers l'interlocuteur. *Les questions-Q* sont construites au moyen de signes particuliers (les équivalents gestuels des adjectifs, pronoms et adverbes interrogatifs des langues verbales) — placés soit au début soit à la fin de l'énoncé gestuel — auxquels viennent se superposer une mimique faciale particulière (froncement des sourcils, regard fixe) et une inclinaison de la tête vers l'interlocuteur ou vers l'arrière.

Enfin, *les questions rhétoriques* sont formées de la façon suivante : le signe gestuel spécifiant la question intervient dans le cours de la phrase (par exemple, l'équivalent gestuel de «Je t'invite quand? — la semaine prochaine»). Le signeur hausse simultanément les sourcils et pousse la tête vers le haut ou l'incline vers l'arrière.

• Les (subordonnées) conditionnelles

La phrase qui contient la proposition subordonnée conditionnelle est construite en deux étapes. La proposition conditionnelle souvent placée avant la principale est formée avec un haussement des sourcils et un léger mouvement de tête vers le côté. Au moment d'entamer la proposition principale, les sourcils sont revenus en position neutre.

• Les impératives

L'impératif est indiqué par un regard insistant porté sur l'interlocuteur avec un mouvement très décidé de la tête et un mouvement plus rapide et plus tendu dans la production du signe gestuel pour le verbe (figure 29).

On remarquera que le «poids» porté par l'expression faciale (les mouvements de sourcils, notamment) et les mouvements de tête est considérable dans l'expression des différents types de phrases de même que pour l'emphase (voir ci-dessus).

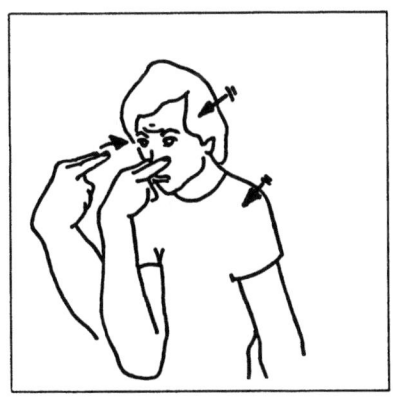
«Regarde-moi!»

«Regardez-moi! (tous les deux)»

FIG. 29: Les phrases impératives. D'après W. Moody, La langue des signes, *Paris, Ellipses, 1983, reproduit avec permission.*

5.2.4. Conclusion

A l'issue de cette analyse des travaux spécialisés, il apparaît que les langages gestuels disposent d'une grammaire et notamment d'une syntaxe relativement élaborées. Le langage gestuel est un langage de l'espace, sa syntaxe est elle aussi largement spatiale bien qu'elle ne soit pas démunie d'une organisation linéaire dans laquelle les relations de contiguïté paraissent jouer un rôle central. Les pages précédentes montrent l'importante participation dans cette syntaxe de l'expression faciale et des attitudes et mouvements du corps. Ces particularités des langages gestuels ont largement échappé à l'observation des premiers chercheurs parce qu'elles sont éloignées des procédés à l'œuvre dans la grammaire des langues parlées. Ainsi ces derniers ont-ils été amenés à suggérer un peu vite que ces langages étaient peu organisés au plan syntaxique. Il n'en est rien comme le démontrent les travaux récents.

Les pages précédentes ont été disposées de façon à pouvoir établir une comparaison au moins minimale entre des systèmes gestuels comme l'ISL et l'Ameslan, d'une part, et le LSF, d'autre part. Il ne s'agit pas d'une mise en correspondance systématique. Les sources techniques disponibles de part et d'autre sont limitées en nombre et restreintes dans la profondeur et l'étendue de leurs analyses. On ne peut se servir de ces données pour établir avec certitude que certains procédés syntaxiques présents dans un langage gestuel déterminé font défaut dans un autre, car il se pourrait que les recherches n'aient pas été au fond de la question.

Quoi qu'il en soit, consultant les données disponibles, on ne manque pas d'être frappé par les similitudes fondamentales entre des langages comme l'ISL, l'Ameslan et le LSF dans l'organisation grammaticale de base. Des différences existent entre ces langages quant au positionnement de certaines entités syntaxiques dans les énoncés. Au total, cependant, ces différences ne sont ni nombreuses, ni importantes. Il paraît exister une plus grande disparité entre ces langages au point de vue des éléments expressifs faciaux et corporels qui interviennent dans la grammaire (types syntaxiques de phrase, par exemple). Mais dans l'ensemble, les disparités grammaticales entre les trois langages gestuels principalement envisagés paraissent relativement mineures, les similitudes étant au premier plan. Se pourrait-il qu'il y ait entre les différents langages gestuels en usage autant et même davantage de similitudes dans l'organisation de base qu'il y en a entre les langues parlées du monde (voir les universaux linguistiques mis en évidence par Greenberg, 1966) ?

Pour revenir, en terminant cette section, à la comparaison entre les grammaires des langues parlées et celles des langages gestuels, on avancera que les premières font un usage beaucoup plus systématique de l'ordre des signes, des foncteurs et des flexions. L'essentiel de la spécification des relations sens-forme (relations sémantiques - organisation formelle) et des différents types syntaxico-pragmatiques d'énoncés (déclaratives, interrogatives, etc.) se fait grâce à ces trois moyens. Le résultat est un langage très contrôlé sur le plan formel avec utilisation grammaticale réduite des éléments supra-segmentaux.

La situation semble être à peu près à l'inverse dans les langages gestuels. Les contraintes séquentielles y sont restreintes ne dépassant guère le principe de contiguïté. Les flexions de signes gestuels à fins grammaticales sont rares. Par contre, les aspects supra-segmentaux (expressivité faciale et corporelle) et les stratégies de pointage (et plus généralement de «théatralisation») sont de première utilité pour organiser grammaticalement l'expression.

5.3. Aspects «sociogestolinguistiques»

Les considérations précédentes relatives à la grammaire et notamment à la syntaxe des langues de signes procèdent d'une convention simplificatrice qu'il nous faut maintenant expliciter. Ces considérations qui portent sur les systèmes de signes utilisés dans les différents pays ne concernent en fait dans chaque cas qu'un nombre limité de sujets. Nous n'avons à ce stade aucune garantie que les indications relevées ont valeur générale pour l'ensemble des sourds qui utilisent ces systèmes. Cette remarque est particulièrement valable et le problème posé particulièrement important en territoire francophone en raison du petit nombre d'observations effectuées. Le risque est grave de généraliser indûment les caractéristiques des codes gestuels utilisés par quelques personnes en des endroits particuliers à l'ensemble des sourds vivant dans ce cas en territoire francophone. Le problème ne concerne pas seulement la syntaxe de la langue des signes mais aussi le lexique gestuel.

5.3.1. *Variantes lexicales et grammaticales*

Moody (1983) signale plusieurs sources de variations. Cependant, il n'est pas clair d'après ses indications si l'essentiel des variations est surtout lexical ou s'il existe de notables différences syntaxiques d'une variété de LSF à une autre. Ce point reste sans doute à établir. On peut distinguer *les variations régionales*. «Les sourds du sud, disent les parisiens, signent d'une manière plus fluide ou plus lente et ont moins souvent recours à la dactylologie. De plus, ils utilisent des signes méconnus à Paris, bien qu'ils y soient compris. Un sourd natif du LSF devine souvent, grâce à l'« accent » régional, la région d'origine d'un interlocuteur inconnu » (Moody, 1983, p. 172).

Co-variant avec la région est l'école fréquentée par les sourds. Bien plus que pour les entendants, l'école est pour les sourds la source de variantes langagières particulières.

Il faut envisager également *les variations de génération à génération*.

La langue des signes comme toutes les langues évolue avec le temps (une étude gestolinguistique diachronique systématique devrait être instituée). Cette évolution, dont on peut penser qu'elle est particulièrement marquée et rapide au temps présent en raison de l'intérêt renouvelé pour les langages gestuels, la reconnaissance dont ils sont l'objet et les exigences lexicales nouvelles liées au progrès technologique et culturel, est déjà bien sensible si on compare dans une même communauté les personnes âgées et les plus jeunes. Des différences notables paraissent exister à première impression au niveau du vocabulaire et peut-être également au niveau du dispositif syntaxique. A plus long terme, Moody (1983) donne l'exemple du signe gestuel pour la notion adverbiale ou prépositionnelle temporelle « après ». Au XIXe siècle, le signe était le geste de la main au niveau du torse avec un mouvement en arrière sous l'aisselle, évoquant l'idée mimée de « après moi ». Le signe moderne s'est déplacé au niveau de l'épaule avec un mouvement vers l'avant pour se conformer aux conventions de la spatialisation du temps (« ligne du temps », d'arrière en avant).

On parle de la nécessité d'unifier le LSF, et c'est sans doute effectivement une nécessité. Il conviendrait cependant que des contacts soient pris entre les pays de la Francophonie pour éviter qu'une telle unification se fasse par nationalités aboutissant à créer plusieurs LSF nationaux au lieu d'un seul « francophone ». Comme il en sera question au paragraphe suivant, une telle unification doit se faire à partir de la « base » et ne pas être imposée par une commission d'experts ou un groupe géographique, politique ou scolaire particulier. A défaut, on court le risque de couper le nouveau code de ses racines ce qui le condamnerait automatiquement à une existence uniquement théorique.

Il faut distinguer, enfin, *les variations selon les situations du discours gestuel et selon les interlocuteurs*. Un natif du LSF adapte son niveau de langue plus ou moins consciemment à son interlocuteur et à la situation dans laquelle il se trouve, exactement comme un entendant en langage oral (cfr Rondal, 1983, 1985). Il utilise un LSF plus familier avec ses amis ou en famille et une variété plus formelle en public. Le niveau de LSF utilisé avec les jeunes enfants recourt à de nombreuses répétitions, à des énoncés plus courts et moins complexes au plan syntaxique, et aux signes qui ont les configurations et les mouvements les plus simples, exactement comme cela se passe mutatis mutandis entre parents et jeunes enfants entendants (cfr aussi le chapitre 6).

Il conviendrait que des travaux d'envergure fussent menés en Belgique francophone, en France, en Suisse francophone et au Québec, de façon à établir les variantes lexicales et grammaticales qui peuvent exister selon les régions, l'âge et l'éducation des personnes sourdes. De tels travaux jetteraient les bases d'une nécessaire sociolinguistique des langages de signes.

Prenons, à titre d'exemple de la nécessité urgente de tels travaux, le récent *Dictionnaire des signes* mis en chantier par la Commission Belge Francophone du Langage des Sourds. Cette commission est composée d'un petit nombre de personnes sourdes et entendantes. Dans son état actuel, l'ouvrage comporte environ 700 signes ainsi que leur équivalent en mots de la langue française.

L'objectif à terme est, aux dires de la commission, de constituer un «véritable dictionnaire officiel des signes du langage des sourds». Les signes fournis correspondent à des mots choisis parmi les plus usités de la langue française selon les tables de fréquence compilées par Gougenheim relatives au français dit fondamental. La méthode de travail de la commission est la suivante. Lors des réunions, les participants se mettent d'accord pour retenir parmi les différents signes qui peuvent exister pour désigner la même notion selon l'origine géographique ou l'école pour sourds fréquentée, «ceux qui se rapprochent le mieux du sens des mots, ceux qui correspondent le mieux à l'image des choses, voire ceux qui nous semblent les plus beaux. Non seulement nous choisissons parmi les signes existants mais nous en créons et selon les besoins sociaux, culturels et scolaires de notre époque comme selon les besoins d'une communication enrichissante» (Préface du Dictionnaire des Signes).

Malgré le caractère louable du travail et la somme d'efforts investie, il faut bien reconnaître que le dictionnaire néglige dans une proportion considérable la réalité sociolinguistique de la langue des signes. Cette négligence pourrait tôt ou tard faire échouer l'entreprise car on ne fabrique pas une langue comme on fabrique un outil. Une langue naturelle n'est jamais créée par décret ou au terme du travail d'une commission. Elle émerge de l'usage. Qu'on nous permette d'émettre quelques remarques et suggestions relatives à l'entreprise en question dans un esprit constructif en espérant qu'elles puissent favoriser la mise en train des travaux qui devraient logiquement être menés en préalable à toute tentative de formalisation.

On regrettera dans la composition du dictionnaire, l'absence de perspectives internationale et régionale. D'autres dictionnaires de signes existent en francophonie, certains depuis le XVIIIe siècle (voir le chapitre historique), certains plus récents comme le travail en cours à Poitiers, en France portant sur un millier de signes (cfr note 4). Pourquoi ne pas envisager une analyse de ces sources et ne pas établir des contacts avec les centres qui s'occupent des sourds et les associations de sourds dans les autres pays francophones de façon à jeter les bases d'une consultation générale qui, à terme, permettrait d'unifier la pratique des langages de signes dans les dits pays. Le travail d'uniformisation est certes envisageable dans un avenir à plus long terme mais il sera bien plus difficile à mener lorsque chaque pays aura créé son propre dictionnaire et sa propre grammaire officielle. Selon toute probabilité, les dictionnaires et grammaires différeront sensiblement. Dès lors qui acceptera de céder du terrain ? N'est-il pas plus sensé d'envisager actuellement l'organisation d'une consultation systématique entre les différents pays francophones portant sur les systèmes de signes en vigueur, chaque pays étant responsable de l'enquête dans les différentes régions du pays. On pourrait alors confronter les données recueillies tant en ce qui concerne la grammaire que les signes et reconnaître et évaluer les variantes existantes.

Il est urgent également d'entreprendre la tâche de recensement des signes et des règles combinatoires dans les différentes régions de la Belgique francophone. A défaut de cette consultation, on aboutira inévitablement à privilégier les usages de quelques utilisateurs ou groupes d'utilisateurs particuliers avec le risque important de voir leurs suggestions repoussées par les autres intéressés. Imaginons la situation correspondante chez les entendants. Un groupe de personnes se réunissent à Charleroi par exemple. Elles proviennent de Namur, de Charleroi et de Bruxelles. Au terme de leurs travaux, elles proposent un nouveau dictionnaire du français de Belgique. Il y a peu de chances de voir ces personnes réussir à imposer leurs vues aux autres régions du pays. Or, c'est la situation dans laquelle nous paraît se trouver actuellement le projet de travail de la Commission Belge Francophone du Langage des Sourds. Ce projet risque fort, de la façon dont il est mené, d'aboutir à la composition d'un lexique en rupture de contact avec les pratiques gestuelles des sourds dans les différentes régions du pays. On ne peut s'attendre à ce que les utilisateurs ainsi dépossédés de leur langue acceptent le nouveau principe et favorisent sa dissémination[14]. Que l'on nous comprenne bien. Il ne s'agit nullement de s'opposer à une tentative de centralisation et d'organisation du langage des signes. Un tel travail est souhaitable et il conviendra de le mener à bien dans le futur. Mais il ne peut réussir que s'il est basé sur un travail de terrain permettant d'obtenir toutes les informations sur les pratiques locales et non sur le «court-circuitage» de ces dernières pour imposer un médium artificiel privilégiant un petit groupe d'experts.

Pourquoi partir enfin des tables de fréquence du «français fondamental» de Gougenheim pour constituer un dictionnaire des signes? Pour quelle raison les pratiques lexicales des entendants devraient-elles servir de modèles pour les sourds? Les dictionnaires du français n'ont pas été constitués à partir des dictionnaires espagnol ou anglais mais bien à partir d'une étude des usages lexicaux des francophones. Ainsi devrait-il en être pour la langue des signes des sourds.

Ces problèmes nous paraissent trouver leur source dans une absence de préoccupation sérieuse pour les aspects sociolinguistiques de la langue des signes. Il est temps que cette perspective soit adoptée de façon à éviter de prolonger certaines erreurs funestes et plus radicalement encore de façon à rendre justice à tous les utilisateurs de la langue des signes et non seulement aux plus visibles.

5.3.2. *Registres gestuels*[15]

Depuis quelques années s'est développée en territoire francophone une controverse qui porte sur l'utilisation du LSF et du FS. Des auteurs comme Mottez (1975-1976; 1981; Mottez et Markowics, 1979) et Cuxac (1983) paraissent avoir pris position contre l'emploi du FS; cet emploi étant assimilé à une tentative de «récupération» par les entendants de la langue des signes. Les sourds devraient rejeter le FS au profit exclusif de leur langue naturelle, le LSF.

Ce type de position comporte deux graves implications négatives. La première est *éducative*. Si le FS est un système intermédiaire entre le LSF et le français parlé, ce qu'il semble effectivement être, ce serait sans doute rendre un mauvais service à l'enfant sourd que de le priver de cette variété de langage gestuel susceptible de favoriser l'apprentissage de la langue parlée et écrite. La seconde implication est *sociale et culturelle*. La langue signée utilisée par les entendants qui ont fait l'effort d'apprendre une technique codifiée d'expression gestuelle est le plus souvent le français signé. Il en va de même dans de nombreux cas pour les personnes devenues sourdes après avoir acquis la langue orale ou même ses rudiments. Refuser aux sourds dont la langue maternelle est le LSF l'accès au FS reviendrait à les isoler davantage encore.

Nous comprenons bien les motivations de la position «anti-FS» d'auteurs comme Mottez et Cuxac. Cette position vise à établir et à faire reconnaître avec toute la force nécessaire le LSF comme la langue maternelle officielle des sourds et le véhicule de la culture sourde. Elle est extrêmement louable. Cependant, même dans cette perspective, le rejet du FS ne se justifie pas. On ne voit pas pourquoi les sourds ne pourraient pas apprendre leur langue maternelle, le LSF, et acquérir ensuite un autre registre gestuel comme le FS[16]. Une telle évolution ne revient nullement à les assujettir au «pouvoir culturel» des entendants, ni à ravaler leur langue maternelle à un niveau inférieur en assurant la promotion d'un code gestuel plus proche de la langue orale. Il ne s'agit pas de choisir entre le LSF et le FS mais bien de chercher à équiper le sourd des connaissances linguistiques utiles à son fonctionnement communicatif et à son éducation tout en respectant, certes et de la manière la plus absolue, son droit à la différence.

NOTES

[1] Traduit par nos soins.
[2] Traduit par nos soins.
[3] D'autres critères et séries de critères ont été proposés. Klima et Bellugi (1976) indiquent qu'un langage doit disposer de phrases pour lesquelles existent des règles précises d'interprétation sémantique ainsi que d'une syntaxe organisée. On doit disposer également d'indications spécifiques concernant ce qui est bien formé et ce qui est mal formé aussi bien au niveau des unités lexicales que des unités syntaxiques. La question de savoir si les langages de signes gestuels se conforment à ces critères de façon satisfaisante est examinée dans la seconde partie du chapitre (voir également Crystal et Craig, 1978; et Osgood, 1980).
[4] Il s'agit d'un dictionnaire comportant environ 1.000 signes gestuels. Le titre en est: «*Les mains qui parlent*». *Eléments de vocabulaire de la langue des signes*». Il a été mis au point à Poitiers au *Centre d'Education Spécialisée pour Sourds-Aveugles* de Larnoy Biard, 86000 Poitiers et concerne donc particulièrement le langage gestuel utilisé dans la région poitevine.
[5] Les travaux de cette commission sont toujours en cours et seuls les premiers volumes du dictionnaire ont vu le jour. Les problèmes que posent ces dictionnaires sont examinés

dans la dernière partie de ce chapitre. Ils représentent le prolongement contemporain d'une longue tradition puisqu'elle remonte à l'Abbé de l'Epée (1776), en passant notamment par l'Abbé Sicard (1808), Pélissier (1856), auteur d'une iconographie de 400 signes gestuels, et l'Abbé Lambert (1865).

[6] Des travaux sont menés à ce sujet en différents endroits des Etats-Unis et notamment au Gallaudet College, à Washington, D.C. (Moores, D., *Communication personnelle*, mars 1983).

[7] En terminant la rédaction du manuscrit, nous prenons connaissance d'un article de Pierre Oléron sur la question de savoir si «le langage gestuel des sourds est une langue?» (Oléron, 1983). L'auteur désigne par «langage», «tout système de communication et d'expression» (p. 411). Il définit comme «langue» tout langage qui est «muni de règles internes qui le rendent *auto-suffisant*. Le second point est relatif à l'*originalité* et à l'*indépendance*. Il s'agit de déterminer si le LGS — langage gestuel des sourds — est bien indépendant chez celui qui l'utilise, des connaissances et des pratiques relatives à la langue dominante — de son milieu culturel — (qu'il connaît et dans lequel, en particulier, s'exprime le chercheur qui procède à l'étude du LGS)» (p. 411). La définition qu'Oléron donne du langage et de la langue (il fait de la langue une «variété» de langage) ne correspond pas à notre définition (cfr le chapitre 1). A la question posée, Oléron répond par la négative et présente plusieurs arguments pour justifier sa réponse :
(1) le caractère non-linguistique de l'analyse du langage gestuel en unités sublexicales;
(2) le «poids» de l'iconicité et la parenté avec la pantomime;
(3) les limitations de la figuration de la grammaire en termes d'espace;
(4) l'impossibilité de négliger la langue orale dans l'apprentissage du langage gestuel par les sourds et son utilisation dans les échanges avec les informateurs sourds.
Le point (2) a été suffisamment discuté jusqu'ici et nous n'y reviendrons pas. Il convient de discuter les points (1), (3) et (4). Nous ne pensons pas que les arguments d'Oléron sur ces points suffisent à valider son refus d'accorder à la langue des signes gestuels le statut de langue à part entière. En ce qui concerne le point (1), l'étage sublexical dans le cas des signes gestuels est constitué par les chérèmes tandis que dans les langues orales on trouve deux étages : l'étage morphologique et l'étage phonologique. Dans les langues gestuelles, les signes sont les équivalents simultanément des morphèmes et des lexèmes des langues parlées. Nous ne comprenons pas pourquoi Oléron veut faire du caractère non-linguistique de l'analyse du langage gestuel en unités sublexicales (il se réfère ici aux chérèmes de Stokoe et à leur triple dimension d'analyse) un argument à l'encontre du statut linguistique de la langue des signes. En effet, le même «reproche» peut être adressé aux langues orales. Les traits distinctifs des phonèmes de ces dernières sont des entités non-linguistiques (caractère voisé ou non, oral ou nasal, continu ou occlusif, apical ou non, etc., des sons).
En ce qui concerne le point (3), les limitations de la grammaire des signes en terme d'espace, invoquées par Oléron est toute relative comme on le verra dans la suite du chapitre. Enfin, l'argument (4) est irrecevable. Il repose sur la confusion entre des systèmes gestuels, comme le LSF ou l'Ameslan, indépendants des langues parlées — et qui échappent donc à l'argument d'Oléron — et d'autres comme le FS ou le SE qui empruntent aux langues orales l'ordre des mots et d'autres dispositifs syntaxiques. La conclusion négative d'Oléron en ce qui concerne le statut linguistique du langage gestuel ne paraît pas pouvoir être maintenue.

[8] Il convient cependant d'éviter toute généralisation. Moody (1983) signale que le LSF dispose d'une façon de représenter la différence entre «nom» et «verbe» au niveau du geste; cette différenciation tient à la façon dont le (même) geste est effectué (cfr la section 5.2.4. du présent chapitre).

[9] Traduit par nos soins.

[10] Traduit par nos soins.

[11] Dans la terminologie de Chafe (1970).

[12] Le phénomène de redoublement en langage gestuel mériterait une analyse approfondie. Il remplit plusieurs fonctions comme on vient de le signaler ou comme on va le voir (pluralité, emphase, degré et récursivité). Mais les choses sont plus complexes. On a signalé également les fréquents redoublements de signe et la tendance répétitive en général chez les utilisateurs natifs des codes gestuels. En outre, certains gestes impliquent la répétition de la même action. Par exemple, en ISL, le signe gestuel pour «tailleur» (la profession) consiste à répéter deux fois le même mouvement d'enfilage d'une aiguille (la pluralité par redoublement s'exprime-t-elle alors au moyen de quatre mouvements identiques d'enfilage?). Dans certains cas enfin, la différence entre un geste simple et redoublé sous-tend une différence de sens. Ainsi toujours en ISL, le geste pour «chance» lorsqu'il est redoublé signifie «prêt» (un prêt d'argent).

[13] Tour du Village, Château de Vincennes, 94300 Vincennes, France.

[14] Les sourds francophones ont une tradition de rejet des systèmes gestuels fabriqués par les entendants, à commencer par les «signes méthodiques» de l'Abbé de l'Epée (voir le chapitre 4). Il convient de rappeler le conseil de l'Abbé Sicard, le successeur de l'Epée à la maison de la rue saint Jacques à Paris: «... l'homme qui parle ne doit pas se mêler d'inventer des signes...» (cité par Berthier, 1840). On doit sans doute aller plus loin. Aucune langue naturelle ne peut être instituée et imposée à une collectivité par un groupe restreint de personnes que ces personnes soient entendantes ou sourdes. Toute l'histoire des civilisations et des langues atteste ce fait. Ce que certains groupes, certaines personnes ou certaines institutions peuvent faire, c'est «gérer la langue», évaluer son évolution, répertorier ses variantes à intervalle régulier. Mais le processus de création linguistique qui est à l'ordre en permanence dans une communauté linguistique est un processus collectif qu'il est inutile et peut être imprudent de chercher à contrôler.

[15] Par *registres gestuels*, nous désignons la connaissance simultanée des variétés standards (ésotériques) et formelles des codes gestuels, LSF et FS, pour les territoires francophones, Ameslan et SE, pour les territoires anglophones. On parle de *bilinguisme bimodal* pour désigner la connaissance simultanée du code verbal et du code gestuel ésotérique (français parlé et LSF, par exemple), et d'*unilinguisme bimodal* (ou bimodalité simple) pour désigner la connaissance simultanée du code verbal et du code gestuel formel (français parlé et FS, par exemple). La première expression «registres gestuels» est quelque peu discutable dans l'usage qui en est fait ici. Les différences entre le LSF et le FS (la situation est identique pour l'anglais) dépassent le niveau de celles qui sont habituellement couvertes par le terme «registre» en sociolinguistique (cfr Fishmann, 1970). Mais elles n'atteignent pas l'ampleur des différences intervenant entre des langues différentes (bilinguisme). On se rappellera que le FS emprunte son lexique gestuel au LSF. Si l'expression n'était pas inélégante (et arithmétiquement douteuse), on pourrait parler dans ce cas de «semi-bilinguisme» unimodal.

[16] La proposition éducative que nous formulons au chapitre 7 va dans cette direction et même au-delà vers un bilinguisme bimodal dans la mesure du possible et le respect du libre arbitre individuel.

Chapitre 6
L'acquisition du langage des signes par les enfants sourds

Il existe relativement peu de recherches dans lesquelles on a cherché à suivre pas à pas l'enfant sourd dans son acquisition du langage des signes gestuels. En fait, comme le signalent Moores et Maestas y Moores (1982), il n'y a pratiquement pas de recherche objective sur les enfants sourds nés de parents sourds (ceux-ci représentent environ 10 % des cas de surdité) jusqu'en 1964. Après cette date, on voit apparaître plusieurs études comparatives des développements communicatif, intellectuel et affectivo-social, ainsi que de l'évolution et des résultats scolaires des enfants sourds nés de parents sourds, entraînés au langage gestuel dès la naissance, et des enfants sourds nés de parents entendants, élevés dans la modalité orale stricte ou dans une double modalité orale et gestuelle (ces derniers cas pouvant varier considérablement selon différents paramètres, comme l'âge du début de l'entraînement à la communication gestuelle, etc.). Ces recherches (par exemple, Stuckless et Birch, 1965; Meadow, 1967; Vernon et Koch, 1970; Brasel, 1975; Feldman, 1975; Goldin-Meadow, 1975; Goldin-Meadow et Feldman, 1975; Curtis, Prutting et Lowell, 1979) — on verra Moores et Maestas y Moores, 1982, pour une synthèse de cette littérature — indiquent généralement que les enfants sourds nés de parents sourds sont (1) plus mûrs, responsables et indépendants, (2) meilleurs sur le plan scolaire (avancement et résultats généraux), (3) présentent un meilleur développement communicatif, en général, et une communication gestuelle nettement plus efficace en particulier, (4) tandis qu'on n'observe pas de différence pour la lecture, l'écriture, la parole et la lecture labiale avec les enfants sourds nés de parents entendants. Ceci, certes, à niveau social, déficit auditif et capacité intellectuelle équivalents.

Ces données suggèrent que le processus d'acquisition du langage chez les enfants sourds nés de parents sourds est relativement normal quand on emploie avec eux la communication gestuelle. Elles suggèrent également que les enfants sourds nés de parents entendants qui utilisent une communication à la fois orale et gestuelle peuvent être avantagés par rapport aux enfants sourds nés de parents entendants qui utilisent une communication exclusivement orale. Ces derniers enfants cherchent en fait très souvent à s'exprimer au moyen de gestes qu'ils inventent pour satisfaire les besoins de la communication.

Mais ce n'est qu'au début des années 1970 qu'on a commencé à disposer de données précises (malheureusement encore trop peu nombreuses) sur l'acquisition du code gestuel par les enfants sourds nés de parents sourds, les enfants entendants nés de parents sourds, et les enfants sourds nés de parents entendants. Ces données seront résumées et discutées dans la deuxième section du chapitre. Il n'est sans doute pas inutile avant cela de fournir quelques indications générales sur le cours du développement du langage oral chez l'enfant entendant.

6.1. L'acquisition du langage chez l'enfant entendant

Le sujet a fait l'objet de plusieurs publications synthétiques en langue française (Rondal, 1980; Moreau et Richelle, 1981; Brédart et Rondal, 1982; Rondal, 1983). On pourra donc se limiter aux grandes lignes et renvoyer le lecteur intéressé aux sources mentionnées pour davantage de détails.

On sait que l'apparition du langage au début de la seconde année (premiers mots compris et produits) est précédée par tout un développement prélinguistique. Celui-ci occupe l'essentiel de la première année de l'enfant et porte sur l'établissement du circuit de communication entre l'enfant et son entourage (mère-enfant, d'abord), la «gymnastique» vocale et auditive que représentent les activités de babillage, l'appréhension des patrons intonatoires dominants dans le langage entendu autour de soi, la connaissance de l'environnement (personnes, objets et relations permanentes et transitoires qui lient ces personnes et ces objets, stabilité et permanence attribuées à ces personnes et objets, apprentissage des comportements sociaux usuels (salutations, marques d'attention), expressivité et communication non verbale au moyen de mimiques, de postures et de gestes, etc.

Les premières reduplications intentionnelles de syllabes, vers le 8ᵉ mois («bababa», «dadada», etc.) signalent la capacité établie d'un meilleur contrôle volontaire sur les productions vocales.

Les premiers mots conventionnels sont habituellement produits vers 12 mois (avec une dispersion de 6 mois autour de cette moyenne). Dès ce moment, le développement du vocabulaire productif se fait assez lentement jusqu'à 18 ou 20 mois, après quoi on assiste souvent à une accélération spectaculaire du développement lexical.

Les premières combinaisons de mots (énoncés à deux mots, puis à trois mots) sont souvent observées vers 18 ou 20 mois. Elles se rapportent à des événements directement associés aux activités et aux contextes de vie immédiats de l'enfant. Quelques relations sémantiques de base s'y trouvent incorporées comme l'expression de la possession, de la localisation des personnes et des objets, la présence, la disparition, la réapparition des personnes et des objets, les relations qui lient les agents et les objets par les actions que les premiers effectuent sur les seconds, l'attribution de qualités diverses aux personnes et aux objets, etc.

Le langage produit à ce moment est dénué de marquages morphologiques grammaticaux. Les prépositions, les auxiliaires, les conjonctions et autres mots fonceurs ne sont pas utilisés, et les énoncés ont une apparence télégraphique. La suite du développement voit l'allongement graduel des énoncés par l'incorporation des mots fonceurs et l'expression d'un plus grand nombre de relations sémantiques par énoncé, ce qui exige une meilleure structuration de ces derniers par le recours aux moyens grammaticaux disponibles dans la langue.

Ces développements graduels intervenant sur les plans réceptif et productif occupent l'essentiel des premières années jusqu'à environ 5 ans. On peut considérer qu'à cet âge, l'enfant en développement normal a acquis une sorte de système linguistique de base qui lui permet de fonctionner adéquatement dans son milieu familial et dans les annexes de celui-ci (famille élargie, voisinage, école).

Il s'en faut de beaucoup, cependant, pour que le développement langagier soit arrivé à son terme. De nombreux éléments du langage n'ont pas encore été appréhendés ou pas correctement à 5 ans. La prononciation des phonèmes peut rester immature chez certains enfants et le développement phonologique productif n'arriver à son terme que vers 6 ou 7 ans. Les acquisitions lexicales sont également loin d'être terminées. En fait, elles ne cessent pas de toute l'existence. On peut considérer qu'un enfant de 5 ans comprend environ 2.000 mots (ce qui ne veut pas dire qu'il les utilise tous) alors que le vocabulaire réceptif d'un adulte moyennement cultivé atteint 20.000 ou 25.000 mots.

Au *plan grammatical*, de nombreuses acquisitions interviennent encore entre 5 et 12 ans. La production et la compréhension purement linguistique des passives, de diverses subordonnées (conditionnelles, temporelles, etc.), l'identification correcte du coréférent des pronoms personnels (le nom auquel le pronom renvoie dans le discours) et quantité d'autres acquisitions se font graduellement après 5 ans avec l'accroissement des capacités d'analyse, d'organisation de la rétention en mémoire et autres capacités cognitives. Ce n'est pas avant 6 ou 7 ans, généralement, que l'enfant a accès, au-delà du sens littéral des mots et des expressions, à leur sens (éventuellement) caché, second, et qu'il peut comprendre et produire des métaphores, jeux de mots, blagues et autres plaisanteries verbales. Avant cela, tout se passe souvent comme si l'enfant adhérait très strictement à la signification littérale (objective et conventionnelle) des éléments langagiers refusant d'envisager quoi que ce soit d'autre à ce point de vue (c'est compréhensible, étant donné le temps et les efforts qu'il lui a fallu pour arriver à ce stade). Par exemple, un enfant de 5 ans à qui l'on dit ou qui entend: «X s'est battu comme un lion», se récriera le plus souvent: «X n'est pas un lion», montrant qu'il n'a pas accès au plan métaphorique de l'expression. De nombreuses illustrations du même type peuvent être trouvées dans l'examen des jeux de mots et des blagues que les enfants de ces âges comprennent de manière erronée. L'accès aux «doubles sens» et autres subtilités sémantiques ne se fait graduellement qu'à partir de 5 ou 6 ans.

Pragmatiquement parlant, l'enfant de 5 ou 6 ans dispose déjà de nombreuses stratégies qu'il utilise avec à propos (emphase, accents d'insistance, etc.), sans compter le marquage syntaxique des différents types de phrases (impératives, interrogatives, déclaratives et exclamatives) qui a déjà été acquis au moins en ce qui concerne ses modalités principales. Pourtant, le sens commun, l'observation familière et les études expérimentales indiquent clairement que l'enfant de 5 ou 6 ans est encore un interlocuteur bien naïf, peu capable par exemple de démêler les raisons pour lesquelles une communication échoue et d'y porter remède. De même, la maîtrise ou le contrôle que l'enfant de 5 ans peut avoir sur la conversation avec une personne non-familière reste rudimentaire. Un développement important doit encore intervenir à ce point de vue au-delà de 6 ans.

Quelles sont les variables importantes à considérer dès lors qu'il s'agit *d'expliquer l'acquisition du langage*? Il est vraisemblable que l'espèce humaine est prédisposée à effectuer ce type d'acquisition. *L'équipement neurologique* dont nous disposons y compris la spécialisation interhémisphérique et intrahémisphérique pour les différentes fonctions et sous-fonctions langagières est hérité bien que l'exposition au langage soit nécessaire pour «faire fonctionner ces structures organiques» et les sensibiliser à leur rôle. Le langage cependant ne s'acquiert pas comme la marche, c'est-à-dire avec beaucoup de maturation et un minimum d'exercice. Le courant Chomskyen a contribué à conforter cette idée fausse mais qui correspond assez bien à la croyance populaire.

A un examen attentif, (cfr Rondal, 1985; Moerk, 1985), il apparaît que l'acquisition du langage chez l'enfant se fait graduellement par approximations successives d'un savoir-faire construit aux standards de fonctionnement adulte. *Le rôle des adultes* dans cette évolution est loin d'être négligeable. On peut penser qu'aucun enfant n'apprendrait jamais à parler sa langue un tant soit peu correctement sans la participation active de l'adulte familier. Celui-ci stimule l'enfant linguistiquement, l'amène à faire attention au langage (par exemple, avec le bébé, en élevant notablement la fréquence du fondamental de sa voix — celle de l'adulte), réduit sensiblement la complexité sémantique et formelle du langage adressé à l'enfant, écoute attentivement les propos de ce dernier, les approuve chaleureusement, parfois les désapprouve, les corrige, ou cherche à les rendre moins ambigus, plus adaptés à la transmission des informations. Ces différents aspects de l'enseignement — apprentissage du langage au sein du couple ou de la triade parent(s)-enfant ont été bien documentés dans la littérature spécialisée récente (cfr Rondal, 1983, 1985). On pense maintenant que l'acquisition graduelle du langage est le produit de l'interaction continue entre l'enseignement implicite du langage auquel se livrent les parents et les adultes concernés (les enseignants des écoles, par exemple) et de l'évolution cognitive de l'enfant entre les premiers mois et 12 ans approximativement.

6.2. Quelques implications pour l'enfant sourd

Il ressort de ce qui précède que le jeune enfant sourd profond doit sans aucun doute comme le jeune enfant entendant, être intégré dès la naissance dans un environnement où il peut apprendre et pratiquer la communication selon la modalité qui lui convient le mieux, c'est-à-dire la modalité gestuelle. Cette indication est particulièrement importante à rappeler aux parents entendants qui ont des enfants sourds.

Sans cette exposition précoce au langage et sans la possibilité de participer activement à un circuit de communication dans lequel il est impliqué avec ses proches, il y a de fortes chances pour que la suite du développement langagier — et partant toute l'éducation — de l'enfant sourd soit gravement retardée et perturbée.

Dans le même ordre d'idée, il est banal de lire dans les ouvrages spécialisés que l'enfant sourd profond babille spontanément jusqu'à 3 ou 4 mois. Et c'est effectivement un fait d'observation. Il s'agit d'une sorte de babillage physiologique indépendant du langage entendu et de la réception auditive elle-même. Chez l'enfant entendant, la fonction auditive vient par la suite contrôler le babil, celui-ci étant de plus en plus influencé par les caractéristiques phonétiques (segmentaires et supra-segmentaires) du langage entendu. C'est à ce moment que, faute d'être soutenu par la fonction auditive, le babillage de l'enfant sourd tend à se réduire et parfois à disparaître. Cette disparition n'est pas inéluctable cependant si les parents s'efforcent de compenser la perte auditive par des productions vocales effectuées face au jeune enfant de façon à ce que ce dernier puisse voir les mouvements des lèvres. Le maintien, au moins partiel, du babillage chez le jeune enfant sourd facilitera l'apprentissage de la production des phonèmes lors de l'acquisition ultérieure du langage oral.

L'insistance, au plan théorique, sur le rôle des déterminants interpersonnels dans le processus d'acquisition du langage est également lourde d'implications pour l'enfant sourd et sa famille. Le problème est particulièrement crucial en ce qui concerne les enfants sourds nés de parents entendants, pour autant que l'on accepte le principe que la langue naturelle des personnes sourdes profondes est la langue des signes gestuels. Les parents de ces enfants ne disposent pas de la compétence nécessaire en langage gestuel. Il est donc vivement souhaitable qu'ils puissent apprendre ce langage aussi rapidement que possible après que le diagnostic de surdité profonde ait été appliqué pour servir d'agents efficaces dans le processus d'apprentissage linguistique de leur enfant.

6.3. Le cas des enfants sourds nés de parents sourds

Les données qui suivent concernent l'acquisition de l'Ameslan par des enfants sourds américains.

6.3.1. Les premiers mois

A notre connaissance, une seule recherche détaillée a été effectuée sur les interactions communicatives précoces entre parents sourds et jeunes enfants «sourds» (entre 0 et 6 mois essentiellement)[1]. Il s'agit de la recherche de Maestas y Moores (1980). On verra également Maestas y Moores et Rondal (1981) à ce sujet.

Maestas y Moores observe que les messages parentaux utilisent un vaste éventail de stratégies de communication — par exemple, la parole, les gestes, l'épellation digitale, des gestes sur le corps de l'enfant, le modelage physique des ébauches gestuelles de l'enfant. Les fonctions pragmatiques de la communication — l'emphase, la déclaration, la requête, etc. — sont identiques à celles des mères entendantes. Les modes de communication les plus habituels utilisés avec les enfants sont la combinaison de vocalisations avec les gestes et les vocalisations seules. Les gestes seuls interviennent relativement peu fréquemment dans la communication des parents avec leurs enfants entre 0 et 6 mois. En d'autres mots, les mères sourdes utilisent avec leurs enfants ce qui peut être considéré comme une approche communicative totale. Un certain nombre de caractéristiques de l'interaction parents-enfants ont pu être identifiés et sont particulièrement intéressantes. Ces catégories comportementales sont présentées et décrites dans ce qui suit (également le tableau 13).

- Modalité

Ni les parents, ni les enfants ne se limitent à une seule modalité dans la communication. Les modes de communication suivants sont fréquents et ont été observés chez tous les enfants : gestes, épellation digitale, parole seule; gestes ou épellation digitale avec parole; gestes ou épellation digitale sans parole mais avec mouvement des lèvres. Bien que l'intelligibilité de la parole des parents variait, tous l'utilisaient dans une certaine mesure. Le mode de communication le plus fréquemment utilisé par les parents était l'utilisation simultanée de la parole et du geste.

- Epellation digitale

Certains parents épellent digitalement et font des gestes avec leur enfant dès le plus jeune âge. Un parent exprimait même par gestes à son bébé âgé d'une semaine la phrase «Ton nom est...» et ensuite épelait digitalement «Arturo».

- Communication intermodale

La mère et l'enfant peuvent utiliser simultanément et avec aisance

158 LE LANGAGE DES SIGNES

Tableau 13. Système de transcription de l'input maternel à l'enfant et exemples de notation. D'après J. Maestas y Moores, A descriptive study of communication modes and pragmatic functions used by three prelinguistic profoundly deaf mothers with their infants one to six months of age in their homes. Thèse doctorale, University of Minnesota, Minneapolis, 1980, reproduit et traduit avec permission

Code	Catégorie
——————————O	Geste seul
O——————————	Geste plus mouvement des lèvres
~~	Geste plus vocalisation
~~	Vocalisation
O___ ___ ___	Mouvement des lèvres seul
O O O O O O	Epellation digitale seule
°O O O O O	Epellation digitale plus mouvement des lèvres
ℓℓℓℓℓℓ	Epellation digitale plus vocalisation
✱——————————	Geste sur le corps de l'enfant
△——————————	Modelage physique des gestes de l'enfant

Exemple de transcription

1) Oui" tu as faim

2) Lève-toi

3) Tu éructes, d'accord"

4) Peut-être deviendras-tu un jour une vedette de cinéma

5) Prends" un" bain"

6) Attends une minute, s'il-te-plaît

7) △J'aime△ ma△ maman

8) *Faim

des modes de communication différents. Par exemple, une mère lisait sur les lèvres de son enfant de 11 mois qui disait «papapapa» et répondait par gestes: «Papa n'est pas à la maison, pour le moment». Au même âge, l'enfant répondait aux gestes «bon» et «non» de la mère avec ce que le chercheur a interprété comme une approximation vocale des mots correspondants dans la langue parlée. Les enfants et les parents semblent pouvoir changer aisément de mode de communication. Le processus de la communication n'est pas unitaire. Que le message soit parlé ou réalisé par gestes semble avoir relativement moins d'importance que le but poursuivi dans la communication.

- Faire des gestes sur le corps de l'enfant

La plupart des gestes utilisés par les adultes sont réalisés dans un espace situé devant leur propre corps. On a observé que des parents faisaient des gestes en utilisant le corps de l'enfant comme point de référence. Par exemple, une mère faisait le geste signifiant «malin» sur le menton de l'enfant plutôt que sur le sien pour indiquer qu'elle voulait désigner l'enfant. D'autres signes comme «faim», «amour», «ton», «laver», «dormir», etc., étaient réalisés sur le corps de l'enfant. L'utilisation fréquente du corps de l'enfant montre que pour le jeune enfant né de parents sourds le langage gestuel implique un grand nombre de contacts physiques.

- Modelage

Ce terme est utilisé pour désigner la guidance physique d'un enfant par l'adulte pour la réalisation d'un geste ou d'une série de gestes. On peut voir de nouveau que le sens du toucher joue un rôle important dans la relation entre parent sourd et enfant. On a observé ce phénomène dès la première semaine de vie d'un enfant à qui on tenait la main pour réaliser le signe «au revoir». A 13 semaines, on apprenait à un enfant le signe pour dire «petit gâteau». D'autres parents habituaient, à 3 mois, les mains de leurs enfants à l'épellation digitale et les aidaient à réaliser des gestes comme «écureuil» et «tortue». Une mère montrait à son enfant de 3 mois comment dire la phrase «J'aime ma maman». Les gestes et les berceuses accompagnés d'un contact physique entre la mère et l'enfant sont fréquents.

- Information kinesthétique

Les mères adressent des gestes à leurs enfants même quand ceux-ci ont les yeux fermés. Par exemple, quand l'enfant est nourri dans les bras de sa mère, il se peut que celle-ci fasse des gestes avec le bras qui tient le bébé. Elle peut également adresser des signes à d'autres enfants ou adultes pendant qu'elle tient le bébé.

- Style gestuel

Puisque l'espace gestuel est plus réduit pour les jeunes enfants que pour les autres personnes, les gestes ont tendance à être moins amples et à se faire près de la figure de l'enfant. On réalise également un nombre relativement élevé de gestes à l'aide d'une seule main, particulièrement quand on tient, nourrit ou lave l'enfant.

- Stratégies d'orientation

A la différence de ce qui se passe entre adultes où les tentatives d'attirer l'attention de l'interlocuteur se font souvent en déplaçant les mains ou les bras, on cherche fréquemment à obtenir l'attention des enfants par le contact physique. Avec le très jeune enfant, la mère prend la figure de celui-ci entre ses mains et l'amène vers la sienne avec douceur tout en faisant des gestes. Plus tard, le même objectif est accompli en déplaçant la figure de l'enfant avec une main ou avec les doigts placés sous le menton. Pour les enfants de plus de 6 mois, la mère peut taper légèrement sur l'épaule ou la jambe de son enfant, ou placer sa main sur le corps de celui-ci de façon à attirer son attention.

Une autre observation intéressante est que le mode de communication est en rapport avec la fonction pragmatique poursuivie dans l'épisode de communication. Bien qu'il existe des variations individuelles, les mères sourdes ont tendance à vocaliser davantage quand la communication est essentiellement affective. Pour les fonctions plus cognitives comme les déclarations ou les questions, la tendance est d'ajouter des gestes à l'échange communicatif.

La recherche de Maestas y Moores montre que les interactions entre les parents sourds et leurs enfants sont d'emblée très riches et contribuent à fournir aux enfants ce qui paraît être un excellent premier environnement communicatif et éducatif.

Parmi les recherches anglophones qui ont porté sur l'acquisition de l'Ameslan par les enfants sourds nés de parents sourds, et dans une mesure nettement moindre, par les enfants entendants nés de parents sourds — ces derniers enfants apprenant simultanément l'Ameslan et l'anglais parlé — il faut citer notamment Schlesinger et Meadow (1972), Bellugi et Klima (1972), Lacy (1972a, 1972b), Boyes-Braem (1973), Wilbur et Jones (1974), Hoffmeister (1975, 1978a, 1978b, 1978c), Kantor (1977), Mc Intire (1977), Ashbrook (1977), et Schlesinger (1978). Envisageons les principaux résultats obtenus selon les composantes du système linguistique gestuel.

6.3.2. Lexique gestuel

L'enfant sourd produit ses premiers signes gestuels environ 2 à 3 mois plus tôt que l'âge auquel l'enfant entendant produit habituellement ses premiers mots. De même, chez les enfants entendants nés de parents sourds et exposés à la fois au langage oral et au langage gestuel, un intervalle de quelques mois existe entre la production des signes gestuels et des mots conventionnels pour désigner les mêmes référents (Wilbur et Jones, 1974). Il paraît y avoir quelque chose au niveau du geste discret qui le rend plus facile à identifier perceptuellement, à associer au signifié, à retenir en mémoire, et/ou à reproduire que le mot, sans qu'on puisse encore se prononcer actuellement sur les raisons exactes de ces différences[2].

En général, cependant, les vocabulaires gestuels et oraux des enfants entendants nés de parents sourds ne se recouvrent que partiellement. Ces enfants ne semblent pas simplement traduire des concepts donnés d'une modalité linguistique dans l'autre mais bien construire deux systèmes référentiels distincts.

Mc Intire (1974) rapporte un vocabulaire composé d'environ 20 signes gestuels à 10 mois chez l'enfant sourd, ce qui correspond à peu près à l'âge auquel certains enfants entendants commencent à produire leurs premiers mots. Schlesinger et Meadow (1972) signalent la production d'une centaine de signes gestuels conventionnels différents vers 20 mois. Il convient de considérer ces indications avec prudence car elles ne concernent qu'un très petit nombre d'enfants et les critères utilisés par les parents et par les chercheurs pour identifier les premiers signes gestuels ne sont pas toujours explicités avec toute la clarté souhaitable.

6.3.3. Acquisitions chérématiques

Les études en matière d'acquisition chérématique se sont limitées aux configurations de la main. Mc Intire (1977) rapporte 4 stades dans le développement des configurations manuelles chez l'enfant : (1) opposition du pouce au reste de la main; (2) extension d'un ou de plusieurs doigts; (3) contact d'un doigt avec le pouce, et (4) configurations plus complexes impliquant, par exemple, le croisement de certains doigts. Au premier stade, l'enfant peut produire les configurations qui correspondent à 5, *S, L, A, G, C* en alphabet dactylologique et une forme de *O* dite « O bébé », qui consiste à reproduire le dessin circulaire du *O* au moyen du pouce et de l'index et non comme il est d'usage chez les adultes au moyen du pouce rejoignant les autres doigts. Au second stade, l'enfant peut produire *B, F* et le « *O* adulte ».

Au stade 3, *I, Y, D, P, 3, V, H* et *W*. Et au stade 4, *X, R, T,* 7, 8, *M, N, E* (cfr la figure 8 qui reprend l'alphabet dactylologique et le système numérique cardinal américains).

De même qu'on observe en langage oral divers phénomènes de substitutions de phonèmes plus faciles à articuler à des phonèmes plus complexes, ou encore de suppressions de certains phonèmes (par exemple dans les groupes consonnantiques difficiles à prononcer) dès qu'il est question de co-articulation, on peut voir en langage gestuel que l'environnement chérématique n'est pas sans influencer la réalisation des chérèmes individuels surtout chez le jeune enfant. Certains chérèmes sont moins bien réalisés ou ne sont pas produits dans certains signes gestuels alors qu'ils sont correctement produits isolément ou dans d'autres contextes plus simples ou en isolation.

6.3.4. Développement sémantique

Schlesinger et Meadow (1972) ont suivi le développement langagier gestuel de deux enfants sourds nés de parents sourds. Ils rapportent que vers 30 mois les enfants comprenaient et exprimaient gestuellement les relations sémantiques typiques: relation agent-action; agent-action-objet; entité-attribution; location, possession, instrumentation, etc. Ces indications sont confirmées par d'autres chercheurs (par exemple, Ashbrook, 1977). Elles permettent d'envisager l'hypothèse selon laquelle le développement sémantique relationnel procède, tant du point de vue productif que du point de vue réceptif d'une façon similaire chez l'enfant sourd et chez l'enfant entendant.

6.3.5. Acquisitions syntaxiques

Les études pertinentes restent relativement peu nombreuses et seuls quelques aspects particuliers du système syntaxique ont été étudiés développementalement comme la négation, la référence spécifique, le marquage du pluriel, l'ordre séquentiel des signes gestuels, la référence anaphorique, pronominale et le pointage. On ne dispose pas à l'heure actuelle d'un ensemble de travaux qui couvrirait tous les aspects du développement syntaxique chez l'enfant sourd. En outre, les travaux disponibles ne concernent que quelques enfants appréhendés selon une approche souvent longitudinale. Voyons ces informations davantage en détail.

1. La négation

Lacy (1972a, 1972b) et Ellenberger, Moores et Hoffmeister (1975) ont analysé les premiers stades du développement de la négation chez les enfants sourds. Deux formes apparaissent en priorité : le hochement négatif de la tête et le signe pour « non » (dérivé de l'épellation digitale combinée pour *N* et *O*). Ces deux formes peuvent être produites simultanément. Ensuite, les enfants surimposent le hochement de tête à une séquence gestuelle affirmative de façon à nier cette dernière, soit produisent le geste combiné pour « non » avant ou après la séquence gestuelle. Cette seconde façon de procéder est semblable à celle qu'utilisent les enfants entendants lorsqu'ils produisent leurs premiers énoncés négatifs à plusieurs mots (cfr Bellugi, 1969; Rondal, 1980). Plus tard, l'utilisation du signe combiné pour « non » disparaît au profit d'autres gestes signifiant « pas » ou « ne pas », « peut pas », etc. qui sont placés à l'intérieur de la séquence gestuelle selon les dispositions du code adulte en Ameslan (c'est-à-dire précédant ou suivant immédiatement l'élément nié). Le « non » placé en début d'énoncé se maintient cependant là aussi comme en langage adulte, s'il s'agit de nier un énoncé précédent produit par le même locuteur ou par un autre locuteur (l'équivalent d'expressions orales comme « non, Paul a acheté une voiture » niant un énoncé précédent du type « Jacques a acheté une voiture »). Il s'agit d'une négation dite anaphorique (Bloom, 1970).

2. *La référence spécifique*

Hoffmeister et Moores (1973) ont étudié le développement de la référence spécifique chez les enfants sourds apprenant l'Ameslan. La référence spécifique à un objet, à une personne, ou à un événement peut se faire directement en pointant vers l'objet, la personne ou l'événement réel, ou en pointant vers des représentations gestuelles de ces référents. La référence spécifique peut également être faite en recourant à des moyens plus formels comme l'utilisation de signes correspondants aux pronoms démonstratifs du langage oral (les indicateurs proximaux-distaux : catégorie proximale : « ceci », « celui-ci », « celle-ci », « celles-ci », « ceux-ci »; catégorie distale : « cela », « celui-là », « celle-là », « celles-là », « ceux-là »). La production des gestes correspondants aux indicateurs formels proximaux et distaux du langage parlé intervient relativement tôt dans le développement gestuel de l'enfant sourd.

3. *L'ordre séquentiel des signes gestuels*

Fischer (1975) et Hoffmeister (1978a, 1978b) ont obtenu des données qui semblent indiquer qu'il existe un ordre séquentiel de base sujet-verbe-objet direct, sujet-verbe et verbe-objet direct dans les productions gestuelles des jeunes enfants sourds (entre approximativement deux et cinq ans, dans les deux études) et que cet ordre séquentiel est largement respecté. Ces indications doivent être considérées comme hypothétiques. Bien qu'elles ne concernent que quelques enfants, leur intérêt est considérable cependant.

On se souvient des indications fournies quant à la séquentialisation des signes gestuels en Ameslan. L'application du principe de contiguïté (cfr le tableau 12) permet davantage de flexibilité dans l'ordre séquentiel des signes gestuels de base chez l'adulte que cela ne semble être le cas dans les données développementales rapportées par Fisher (1975) et Hoffmeister (1978a; 1978b). Il y a trois interprétations possibles. Soit les indications de Fisher et celles d'Hoffmeister n'ont pas valeur générale, ces auteurs n'ayant étudié que quelques enfants dont le développement syntaxique peut être atypique. Soit la conclusion ci-dessus relative à l'ordre séquentiel en Ameslan est incorrecte. Il se peut enfin que les deux séries d'informations soient correctes et que leur opposition signale un fait développemental intéressant, à savoir : l'ordre séquentiel des signes gestuels est plus rigide dans les productions enfantines que dans celles des adultes. Cela pourrait être dû au fait que les enfants ont une préférence pour un ordre des signes gestuels plus rigide. Cela pourrait être dû également à d'éventuelles simplifications intervenant dans le langage gestuel adressé par les adultes aux jeunes enfants. En d'autres termes, les énoncés gestuels adressés par les adultes aux enfants en voie d'acquisition du langage gestuel pourraient être simplifiés du point de vue de l'ordre séquentiel des signes et présenter moins de variété que le langage adulte. Une telle simplification faciliterait le développement et serait responsable de la plus grande régularité observée dans les séquences gestuelles des enfants.

De tels phénomènes ont été rapportés dans l'acquisition des langues orales par les jeunes enfants entendants. Buium (1976) signale qu'en hébreu (langue où l'ordre des mots est relativement libre en raison de l'usage des déclinaisons) les adultes adressent aux jeunes enfants des énoncés où l'ordre des mots est assez régulier de façon apparemment à faciliter leur tâche de décodage. Slobin (1981) relève le même genre de phénomène dans l'acquisition du russe (une langue où l'ordre des mots est également flexible dans la grammaire adulte).

4. La référence anaphorique pronominale et le pointage

Lorsqu'il a déjà été fait mention dans la conversation gestuelle d'un objet ou d'une personne absents, ces référents ayant été introduits symboliquement et situés dans l'espace gestuel selon la technique expliquée au chapitre précédent, il est possible d'y faire à nouveau référence dans la suite de la conversation. Pour ce faire, on utilise des gestes pour les pronoms personnels de troisième personne. C'est ce qu'on entend par la référence anaphorique pronominale (accomplie au moyen des gestes déictiques au 2ᵉ degré). Hoffmeister (1983) a étudié le développement de cette capacité référentielle chez l'enfant sourd. Le problème est particulièrement intéressant car cette capacité est basée sur une intégration complexe de savoir-faire et de connaissances : (1) pouvoir désigner du doigt les objets ou les personnes, (2) pouvoir désigner du doigt des entités imaginaires préalablement introduites, (3) représenter, introduire et situer ces entités dans l'espace gestuel, (4) garder en mémoire leur localisation dans l'espace gestuel pendant le temps de la conversation, etc. Il s'agit donc d'un développement complexe au plan linguistique et au plan cognitif (relations spatiales et mémoire spatiale), qui n'est pas terminé avant 8 ou 9 ans. Au début, les enfants produisent des messages gestuels dans lesquels les référents absents sont représentés par leurs signes chaque fois qu'il est nécessaire. Les messages ainsi formés sont largement redondants (par exemple, «Il y avait une souris»; «La souris courait sur le sol»; «La souris mangeait» etc.). Ensuite (vers 4-5 ans), l'enfant commence à introduire des référents imaginaires et à y renvoyer au moyen des gestes pronominaux. Cependant, dans un premier temps, l'objet imaginaire n'est pas situé dans l'espace gestuel mais bien replacé dans l'environnement réel à l'endroit exact où il se trouvait dans le passé ou en une autre occasion (par exemple «Il y avait un cafard là -dans les tentures-», «Il s'est déplacé et s'est caché là -en un autre endroit-», «Je l'ai tué avec une brosse»). La désignation de l'entité absente référée se fait par l'intermédiaire de l'endroit où elle se trouvait précédemment. Une autre stratégie consiste à désigner par un geste de pointage un objet de l'environnement qui appartient à la même classe ou qui ressemble physiquement à l'objet absent auquel on veut référer. Dès que l'association a été clairement établie pour le bénéfice de l'interlocuteur, on peut progresser dans la conversation sans autre redondance en pointant chaque fois qu'on veut désigner l'autre ou «l'ancien objet» vers le substitut présent physiquement (par exemple, «Quand j'ai ouvert la porte, le lampadaire est tombé et s'est cassé; celui-là près de toi est un nouveau»).

Vers 6-7 ans, l'enfant sourd est capable de passer à la référence anaphorique pronominale à proprement parler, c'est-à-dire de produire les signes gestuels appropriés dans l'espace communicatif de façon à introduire et à localiser les référents absents, et d'utiliser ensuite les gestes de pointage pour désigner ces entités dans le cours de l'énonciation évitant donc toute redondance inutile au niveau de l'usage des signes nominaux. Ce n'est pas avant 8-9 ans cependant que cette fonction complexe est bien stabilisée.

5. *Le marquage du pluriel*

Hoffmeister (1978a) fournit des informations sur l'évolution du marquage du pluriel au moyen du geste de pointage chez deux enfants sourds nés de parents sourds. En un premier stade (vers deux ans), la pluralité d'un référent est indiquée en répétant le pointage autant de fois qu'il y a d'objets. Plus tard, vers 3 ans, le geste de pointage répété est progressivement remplacé par un geste continu dans le plan horizontal désignant les différentes instances du même objet ou les objets différents constituant la référence plurale, technique proche de ou semblable à celle utilisée par les adultes dans le même but.

6.3.6. *L'environnement langagier des enfants sourds nés de parents sourds*

La recherche de Maestas y Moores (1980) montre que les parents sourds stimulent considérablement leurs jeunes enfants pendant la première année en utilisant diverses ressources communicatives et notamment les signes gestuels. Il semble que ces signes soient adaptés dans la mesure où ils sont produits à proximité de l'enfant (près de son visage) et parfois directement sur son corps, ce qui est un autre moyen de polariser l'attention naturellement labile de ce dernier.

Qu'en est-il ensuite dans le développement langagier de l'enfant sourd ? Dispose-t-on d'indications quant à l'existence de simplifications et d'adaptations dans le langage gestuel adressé à l'enfant plus âgé selon ses capacités langagières comme cela a été largement documenté pour l'enfant entendant né de parents entendants (Rondal, 1983, 1985).

A notre connaissance, seule la recherche de Kantor (1977) a porté sur ce sujet. Cet auteur a étudié le langage gestuel adressé par plusieurs mères sourdes à leurs enfants sourds âgés de 9 à 30 mois. Il rapporte que les mères sourdes évitent d'employer les structures les plus complexes de l'Ameslan lorsqu'elles s'adressent à leurs jeunes enfants. A ces âges, la référence est toujours faite vers des objets ou des personnes présents dans l'espace visuel. Aucune référence anaphorique pronominale n'est utilisée. De même, le mouvement typique de certains verbes ne commence pas à être modifié avant environ 24 mois de façon à incorporer le pronom sujet ou objet.

Ces indications modestes et isolées demandent à être vérifiées et étendues. Elles autorisent néanmoins l'hypothèse que l'environnement langagier gestuel du jeune enfant sourd est adapté à ses capacités linguistiques et paraît évoluer avec elles comme cela se passe entre les parents et les enfants entendants.

6.4. Le cas des enfants sourds nés de parents entendants

Quatre vingt dix pour cent des enfants sourds sont nés de parents entendants; il faut le rappeler. On insiste depuis quelques années sur la nécessité pour les parents entendants d'enfants sourds d'apprendre un langage de signes gestuels aussi rapidement que possible de façon à entrer précocement en communication avec l'enfant et à stimuler son développement langagier dans la modalité gestuelle avant de chercher à favoriser l'entraînement à la communication verbale (Moores, 1978; Hoffmeister, 1982). Cependant, les études développementales en matière de langage qui concernent ces enfants restent exceptionnelles. Lorsqu'elles existent elles commencent relativement tardivement. En effet, l'âge moyen de l'identification définitive de la surdité pour les enfants sourds nés de parents entendants est de 20 mois (Friedman, 1976) et les parents entendants ne sont pas toujours encouragés (loin s'en faut) à apprendre un langage gestuel après que la surdité de leur enfant ait été identifiée. Lorsqu'ils le font, ils se tournent souvent non pas vers l'Ameslan (en territoire américain) mais plutôt vers le signed English, un système plus proche de l'anglais parlé.

Schlesinger (1978) fournit quelques informations sur le développement linguistique gestuel de deux enfants âgés de 34 et 40 mois. Les parents n'ont commencé à utiliser un langage gestuel avec ces enfants qu'à partir respectivement de 17 et 36 mois. A 34 mois pour le premier enfant et 40 mois pour le second, donc, après quelques mois seulement de pratique du code gestuel formel, les deux enfants étaient capables de comprendre le contraste sujet-objet, présent progressif-passé, singulier pluriel et affirmatif-négatif. L'enfant le plus âgé utilisait le signe *s* qui marque l'inflexion pour le passé, le pluriel, le présent progressif et la forme possessive en signed English.

Stoloff et Dennis (1978) ont suivi le développement gestuel d'un enfant sourd impliqué dans une communication bimodale avec ses parents à partir de 12 mois. Vers 18 mois, l'enfant était capable de combiner différents signes dans le même énoncé gestuel et son lexique gestuel était en expansion constante.

Quelques indications supplémentaires sont fournies par Hoffmeister et Goodhart (1978) à l'issue d'une étude longitudinale portant sur un enfant sourd né de parents entendants et âgé seulement de 9 mois au début de l'exposition au langage gestuel. A 24 mois, l'enfant était capable de produire des énoncés gestuels composés de deux ou trois signes exprimant les mêmes relations sémantiques que les enfants sourds nés de parents sourds à âge correspondant. La mère de l'enfant utilisait avec ce dernier tantôt l'Ameslan et tantôt le signed English. L'enfant en vint progressivement à signer des séquences typiques de l'un ou l'autre des deux systèmes linguistiques. Vers 30 mois, il utilisait déjà certaines stratégies propres à l'Ameslan pour exprimer certaines significations (répétition du geste pour signaler la pluralité du référent, pointage déictique, référence spécifique, etc.). A 36 mois, sa compétence en Ameslan pouvait être considérée comme à peu près équivalente à celles des enfants sourds nés de parents sourds au même âge.

Une observation importante dans les recherches précédentes est que les acquisitions gestuelles et celles qui concernent le langage oral ne paraissent nullement être en conflit mais semblent pour ainsi dire se stimuler les unes les autres. Tant dans le rapport de Schlesinger (1978) que dans ceux de Stoloff et Dennis (1978) et d'Hoffmeister et Goodhart (1978), le rythme d'acquisition du vocabulaire oral ne subit aucun déclin au moment où l'enfant se met à apprendre également le langage gestuel (ni ensuite). Au contraire, il paraît s'accélérer. Ceci semble conforter l'hypothèse selon laquelle les modalités gestuelle et orale ne sont pas dans une relation fonctionnelle oppositive mais bien dans une relation synergique. Nous reviendrons au chapitre suivant sur ce point qui est évidemment essentiel dans la perspective de la communication totale.

6.5. Conclusions

Malgré le caractère limité des informations disponibles, il semble que l'acquisition du code gestuel ésotérique par les enfants sourds nés de parents sourds se fasse d'une façon ordonnée et qui correspond dans ses grandes lignes à la façon dont les enfants entendants apprennent le langage parlé. Les mêmes processus généraux sont sans doute à l'œuvre de part et d'autre; dispositions neurologiques centrales, base cognitive et facteurs environnementaux (avec notamment la médiation des parents et des autres adultes concernés) — (cfr Rondal et Brédart, 1982).

Une autre indication (partielle) de la «normalité» du processus de développement langagier chez l'enfant sourd né de parents sourds concerne les caractéristiques des imitations gestuelles (linguistiques) de ces enfants. Hoffmeister, Ellenberger et Moores (1976) rapportent que les imitations des jeunes enfants sourds auxquels on propose de répéter des phrases gestuelles procèdent par simplification ou restructuration de l'input si ce dernier dépasse les capacités linguistiques momentanées de ces enfants, comme cela a été observé chez l'enfant entendant (voir, par exemple, Slobin et Welsh, 1973). Les signes gestuels substantifs et les verbes sont mieux retenus que les signes foncteurs aux premiers stades du développement linguistique. Enfin, toujours comme les jeunes enfants entendants, les jeunes enfants sourds répètent mieux et davantage les derniers éléments des messages proposés à l'imitation que les premiers ou que les éléments médians (effet de récence attribuable à l'empan mémoriel à court terme — cfr Rondal, 1978, 1979).

Quant aux indications relatives à l'acquisition du langage gestuel par les enfants sourds nés de parents entendants, elles paraissent aller également dans le sens décrit ci-dessus. Ces indications sont peu nombreuses et il serait imprudent de se prononcer à leur sujet. On a noté toutefois qu'elles semblent autoriser l'hypothèse selon laquelle l'acquisition simultanée d'un langage gestuel et d'un langage oral peut se faire harmonieusement sans préjudices ou retards indus pour l'un ou l'autre système.

NOTES

[1] La recherche ayant porté sur des enfants très jeunes, un diagnostic ferme de surdité n'avait pu encore être posé.
[2] Une indication contradictoire a été apportée par Marchesi au dernier Symposium international de Logopédie de Madrid (1985). Cependant, la recherche en question ne paraît pas avoir pris en charge les enfants sourds avant la fin de la première année d'où la difficulté sans doute à mettre en évidence un décalage chronologique entre la production des premiers signes gestuels et celle des mots correspondant en langage oral.

Chapitre 7
L'éducation des enfants sourds à la communication

Parler de l'éducation des enfants sourds n'est pas chose facile tant ce domaine est, aujourd'hui encore, celui des prises de positions passionnelles. On est loin d'y maintenir en permanence une rigueur scientifique exemplaire. Le problème est complexe et se pose à différents niveaux. En fait, les aspects méthodologiques ne sont pas toujours clairement distingués des finalités de l'action et des options philosophiques, sociologiques ou politiques sous-jacentes.

L'éducation des enfants sourds s'étant développée dans différentes directions, il importe de rechercher, dans chacune d'entre elles, les avantages et les inconvénients en fonction des caractéristiques des enfants et d'être en mesure ainsi de transformer une situation confuse et indésirable en une situation diversifiée mieux adaptée à l'enfant sourd.

La question centrale en ce qui concerne l'enfant sourd est de trouver la façon d'entrer en communication avec lui. Le canal auditif est insuffisant. Il est nécessaire de trouver différents palliatifs à cette carence. Ceci constitue, d'ailleurs, la spécificité première de l'enseignement pour sourds. Le choix des moyens est directement lié à une option théorique sous-jacente, que celle-ci soit ou non clairement exprimée. Les options théoriques se situent entre deux extrêmes : l'oralisme pur et la position dite manualiste. L'évolution actuelle tend vers une synthèse et un élargissement de ces deux tendances sous la forme de la communication totale.

La communication n'est cependant pas le seul aspect à prendre en considération dans l'éducation de l'enfant sourd car ce dernier n'en est pas moins un enfant dans tous les sens du terme. La réflexion doit se situer également au niveau des techniques d'enseignement des matières pédagogiques et des principes éducatifs généraux, par exemple, le regroupement ou non de ces enfants dans des classes spécialisées. Ces questions peuvent être éclairées par l'opinion des adultes sourds qui peuvent témoigner du vécu et des besoins ressentis par les personnes concernées. Cependant, leur avis n'a été jusqu'à une époque récente que rarement sollicité.

Enfin, il est clair que plus le travail avec les familles est précoce, plus l'adaptation des parents à la différence de leur enfant sera meilleure et plus les chances de développement équilibré de celui-ci seront grandes. Encore faut-il savoir quelle forme ce travail doit prendre. C'est ce que nous allons tenter de définir.

7.1. Le débat oralisme-manualisme

7.1.1. La position oraliste stricte

Pour définir brièvement cette approche dans son acception stricte, signalons que le seul mode de communication qu'elle autorise est l'utilisation du langage oral. L'enfant sourd est entraîné à maximiser l'utilisation de ses restes auditifs, améliorés par le port de prothèses. Le versant réceptif est en outre aidé par l'apprentissage de la lecture labiale. D'un point de vue expressif, les enfants sont encouragés à utiliser la parole pour communiquer. Celle-ci est construite au cours d'un travail de démutisation, c'est-à-dire d'éducation systématique de l'articulation.

Les arguments invoqués à l'appui de cette orientation pédagogique sont divers. Il y a, certes, la nécessité de doter l'enfant sourd d'un langage oral aussi développé que possible de façon à lui permettre de s'intégrer efficacement dans l'univers auditivo-oral des entendants. Cette nécessité se double de la croyance selon laquelle le code oral étant plus difficile à acquérir, si on laisse le choix à l'enfant sourd, celui-ci se dirigera invariablement vers le langage gestuel. Il faut donc éviter toute exposition à la communication gestuelle et interdire à l'enfant sourd de s'exprimer au moyen de gestes. On trouve également l'idée selon laquelle le langage gestuel doit être évité parce qu'il est impropre en raison de son caractère concret et iconique à favoriser l'émergence d'une pensée abstraite.

L'approche oraliste stricte peut réussir dans certains cas. Elle exige un investissement considérable en temps et en énergie de la part des parents et des éducateurs. Il est nécessaire que l'enfant dispose d'une guidance auditive au moins minimale grâce aux restes auditifs et à un équipement prothétique efficace, d'une bonne intelligence et qu'il soit capable de bien pratiquer la lecture sur les lèvres.

Ces exigentes conditions ne sont que rarement réunies. Lorsqu'elles le sont, la pratique oraliste stricte peut amener certains parents à transformer le contexte familial en un véritable centre de rééducation langagière 24 heures sur 24 ou presque avec pour conséquence parfois de graves problèmes familiaux et le dégoût graduel de l'enfant sourd pour une communication orale à ce point obsessionnalisée.

Dans la plupart des cas, cependant, comme l'indique Aimard (1982) :

«... l'enfant sourd arrive rarement à l'aisance des enfants entendants, tant dans la compréhension du langage que dans son utilisation» (p. 158)

Les jeux de mots, plaisanteries verbales et les usages métaphoriques et stylistiques du langage lui sont difficilement intelligibles. Les conversations auxquelles participent plus de deux personnes posent des problèmes sérieux parfois insurmontables. Le fonctionnement verbal cognitif et réceptif est source de tension et de fatigue avec centrage sur les éléments formels du discours au détriment du sens.

Coll (1979) décrit les fréquentes colères du sourd, ses réactions d'opposition, son instabilité psycho-motrice. Il signale une tendance à l'isolement bien compréhensible en raison de l'effort soutenu qu'exige toute communication orale.

On pourrait multiplier les citations et les témoignages. Les avis et les données concordent pour attester l'échec fréquent de la méthodologie oraliste stricte. Envisagé au niveau des individus, cet échec est particulièrement dramatique. Lorsqu'il est constaté, il est souvent trop tard pour repartir sur une nouvelle base communicative (par exemple, gestuelle). De précieuses années ont été irrémédiablement gâchées.

7.1.2. Critique de la position oraliste stricte

La position oraliste a été critiquée en raison de son inefficacité et des difficultés qui lui sont propres. Il vient d'en être question. On lui a reproché également de donner du sourd une image négative en insistant sur les limitations de sa parole. Moores (1981) fait remarquer que de nombreux choix oralistes sont dictés non tant par le souci du bien de l'enfant que par celui de satisfaire le désir des parents d'avoir un enfant qui parle «comme les autres». Enfin, la position oraliste stricte base son rejet du geste sur une conception dépassée du langage gestuel. Cette conception à laquelle nous avons déjà fait allusion à plusieurs reprises se retrouve encore dans un texte récent de Coll (1979):

> «Les enfants sourds ont tendance à s'exprimer par gestes, ce qui constitue pour eux une solution de facilité. Point n'est besoin de leur apprendre ce mode de communication, c'est presque spontanément dès qu'ils sont entre eux qu'ils s'en servent. ... Il comporte deux écueils majeurs: d'abord il est pauvre, à savoir par exemple que le geste de la main vers l'arrière indique le passé mais ne peut préciser s'il s'agit d'hier, d'il y a un mois ou d'il y a un an. Ensuite, il est ignoré du monde des entendants et permet seulement aux sourds la communication entre eux ou avec quelques initiés. A notre avis, il ne faut pas apprendre le gestuel aux enfants. L'acquisition de la parole, la méthode orale sont préférables. C'est en effet un leurre que de vouloir apprendre en même temps à l'enfant l'oral et le gestuel. Si celui-ci est utilisé, l'expérience prouve que c'est au détriment de la parole». (p. 123).

Les chapitres précédents prouvent à profusion le caractère gravement erroné de semblables considérations. Diverses recherches et observations (par exemple, Tervoort, 1967) indiquent que la communication par geste répond à un besoin profond chez l'enfant sourd. Même là où les signes gestuels sont interdits, par exemple dans les écoles d'obédience oraliste stricte, on peut voir les enfants sourds gesticuler en cachette les uns avec les autres et inventer des systèmes locaux de communication gestuelle destinés à remplir le vide expressif laissé par une éducation oraliste inefficace. De même, les tenants de l'oralisme strict font valoir que tout investissement au niveau des gestes chez l'enfant se fait nécessairement au détriment de l'apprentissage du code oral par une sorte de loi du moindre effort ou de principe des vases communicants. Nous avons vu qu'il n'en est rien. Dumont (1978) relève également que les méthodes gestuelles ne démotivent nullement l'enfant sourd dans l'apprentissage de la langue parlée et écrite.

Ces indications, les données fournies au chapitre précédent sur le développement communicatif et l'éducation (y compris scolaire) des enfants sourds nés de parents sourds et des enfants sourds nés de parents entendants ainsi que les observations de Tervoort, rappelées ci-dessus, condamnent la méthodologie et la philosophie éducative oraliste stricte (celle qui exclut toute participation gestuelle) chez l'enfant sourd profond. Il ne paraît nullement nécessaire de vouloir s'en tenir à une seule modalité langagière alors que l'apprentissage des deux modalités, gestuelle et orale, est possible, sans danger et bénéfactuelle[1].

Evolution de la position oraliste

Les tenants de l'oralisme ont tenu compte de certaines critiques qui leur ont été faites. On peut voir un exemple de cette évolution dans le chapitre de Morrow-Lettre: «Surdités et langage oral» (1982). Morrow-Lettre déconseille l'utilisation d'une rééducation formelle de type structuraliste qui risque d'aboutir à un langage artificiel et non généralisé en dehors des séances de thérapie, au profit d'une approche «naturelle» plus pragmatique et développementale. Il s'agit d'éviter les exercices systématiques vidés de leur valeur d'échange conversationnel et de sélectionner les stimuli sonores non plus, seulement pour leurs qualités acoustiques mais pour la signification fonctionnelle qu'ils ont dans la vie courante.

7.1.3. La position manualiste stricte

Les tenants de cette option (en fait rarement proposée dans sa forme radicale) veulent assurer à l'enfant sourd dès le plus jeune âge un moyen de communication visuo-manuel qui lui soit facilement accessible. Ce choix et la nécessité de placer l'enfant sourd (précocement dans un contexte communicatif riche et stimulant trouvent une justification dans l'importance habituellement attribuée aux premières années par les psychologues du développement. Moores (1978) signale:

> «Le manque de communication effective pendant les cinq premières années a des implications importantes sur le développement psychoéducatif ultérieur. Les enfants n'obtiennent pas de réponses à leurs questions. Ils n'ont que peu de compréhension et de contrôle sur leur environnement» (p. 118)[2].

Il convient donc de doter l'enfant sourd d'un moyen de communication à sa portée, de s'assurer que ce moyen est également utilisé par l'entourage de l'enfant et que le contexte développemental de l'enfant sourd se rapproche autant que possible de celui que connaît l'enfant entendant, même s'il procède d'une autre modalité communicative.

7.1.4. Critique de la position manualiste stricte

Les critiques habituelles sont bien résumées dans un passage de Dumont (1976):

> «Les partisans d'une méthode gestuelle exclusive restreindraient les enfants sourds à une sous-culture des sourds si les adultes ne favorisaient pas l'émergence de la parole en leur parlant et en les encourageant à parler même s'ils sont atteints de pertes auditives importantes. Les tenants des méthodes gestuelles exclusives empêcheraient que ces enfants participent comme membre à part entière à la société entendante. Ils empêcheraient que l'enfant sourd ait accès à l'éducation scolaire qui se transmet principalement au moyen de la parole. Il serait irréaliste et impossible d'instaurer pour les enfants un système scolaire parallèle au système entendant qui offre des services diversifiés et qualifiés» (p. 28).

S'il ne paraît y avoir aucune raison péremptoire d'éduquer l'enfant sourd dans la modalité orale seule, comme nous l'avons indiqué à la section précédente, il n'y a non plus aucune raison impérative de le confiner dans la pratique unique et isolée du langage gestuel.

7.2. La communication totale

7.2.1. Définition

Pour certains auteurs, la communication totale implique l'utilisation simultanée du langage oral et gestuel (par exemple, Morrow-Lettre, 1982). Pour d'autres, plus nombreux, l'option vise l'emploi des diverses formes de communication disponibles sans souci particulier de hiérarchisation. Denton (1970), par exemple, indique :

« La communication totale inclurait donc tout moyen de communication utile dans toute une série de circonstances : la parole, la lecture labiale, le langage gestuel, l'épellation digitale, l'audition résiduelle, la lecture, l'écriture ainsi que toutes autres méthodes qui pourront être développées dans le futur » (cité in Quigley et Kretschmer, 1983).[3]

Il paraît difficile de ne pas se rallier à cette orientation[4]. Faisant foin de tout dogmatisme, elle instaure un pragmatisme de bon aloi dans un domaine souvent dominé par l'apriorisme et les décisions arbitraires.

Le problème se complique cependant lorsqu'il s'agit de traduire les principes généraux de la communication totale en recommandations et en actions pédagogiques concrètes. On ne peut former l'enfant sourd à toutes les formes de communication en même temps. Il faut établir des priorités. On retrouvera ici et là les tendances théoriques habituelles. Certains programmes de communication totale seront plus oralistes, d'autres plus manualistes. Et c'est sans doute inévitable. Ce qui importe c'est que ces options soient désormais envisagées dans une perspective élargie de communication.

7.2.2. Les différents moyens de communication

Dire que la communication totale donne accès aux différents moyens de communication cités ci-dessus implique, non seulement la maîtrise technique de ceux-ci par le personnel éducatif et scolaire concerné, mais aussi la connaissance de leurs avantages et de leurs limites afin d'éviter toute mauvaise utilisation.

Il serait fastidieux de faire le relevé des études ayant trait à l'emploi de l'une ou de l'autre méthode. Néanmoins, il n'est pas inutile de mentionner quelques éléments d'analyse. Le choix d'une méthode ne se fait pas à la légère à la suite d'un engouement passager ou par méconnaissance de ce qui existe ailleurs. Il doit être le résultat d'une réflexion approfondie.

Dans ce qui suit, nous envisageons les différentes méthodes qui sont utilisées aujourd'hui dans les programmes de communication totale. A notre connaissance, cependant, aucun texte n'a tenté jusqu'ici de spécifier comment il conviendrait d'organiser l'approche communicative totale selon des paramètres comme l'âge des enfants, le niveau de surdité et l'état de surdité ou non des parents, parmi les plus importants à prendre en considération dans toute axiologie de l'éducation de l'enfant sourd à la communication. Nous fournissons la définition d'une telle axiologie dans la dernière partie du chapitre.

1. Les méthodes d'oralisation

Elles continuent à être exploitées dans le contexte de la communication totale. Ces méthodes poursuivent deux buts : (1) la démutisation ou rééducation systématique et analytique de la parole et de l'articulation; (2) l'éducation auditive, c'est-à-dire l'apprentissage de l'utilisation optimale des sons perçus (et de leur image visuelle).

L'exploitation des restes auditifs (appréhension des messages par le canal auditivo-oral) nécessite un appareillage prothétique adapté. Le travail à réaliser par le personnel ayant l'enfant sourd en charge consiste à motiver l'enfant au port de la prothèse et en vérifier régulièrement le bon état de fonctionnement. Mais l'ultime objectif doit être d'apprendre à l'enfant à devenir autonome et capable de vérifier et d'entretenir lui-même son appareil.

Il est conseillé d'entamer l'éducation de l'audition dès le dépistage de la surdité et de structurer l'expérience auditive en situation naturelle afin de transformer l'attitude passive de l'enfant sourd en écoute active. Pour ce faire, il est essentiel de choisir des stimuli significatifs et informatifs. Deux principes de stimulation sont importants (Morrow-Lettre, 1982). Il faut, d'une part, minimiser autant que possible le niveau du bruit ambiant et, d'autre part, diminuer la distance entre l'émetteur et l'enfant. On sera très attentif également à ne pas créer de faux conditionnements, l'enfant cherchant spontanément des repères autres que les repères auditifs qui sont pour lui les plus difficiles à percevoir.

Aucune prothèse ne dispensera l'enfant sourd sévère ou profond de la *lecture labiale*. Cette dernière consiste, après entraînement, à pouvoir interpréter les mouvements articulatoires visibles chez l'interlocuteur tant sur les lèvres qu'au niveau du visage entier. L'audition résiduelle et la lecture labiale sont les seuls moyens qui permettent aux sourds de percevoir le message sonore, et leur maniement est précieux pour la personne ayant une déficience auditive dans les échanges qu'elle aura inévitablement avec les personnes entendantes, majoritairement incompétentes dans les autres systèmes de communication. Il est clair que la lecture labiale suppose la connaissance préalable de la langue (Morrow-Lettre, 1982; Dumont, 1978; Moores, 1978). Elle n'est par conséquent que d'une aide limitée dans l'apprentissage du langage lui-même. Cette indication est lourde de conséquences pour le choix des méthodes d'éducation du jeune enfant sourd. Les résultats des recherches montrent que la lecture labiale est affectée par les variables suivantes: distance, angle d'observation du visage et visibilité des mouvements buccaux (Danthinne, 1982). La combinaison de la lecture labiale et de l'audition résiduelle et/ou prothétique donnent évidemment de meilleurs résultats que la seule lecture labiale. Ce fait explique la compétence habituellement supérieure à ce point de vue des sourds modérément sévères par rapport aux sourds sévères et profonds; compte tenu de ces informations, il est indiqué, comme le préconise Le Huche (1982) d'entraîner à la lecture labiale en faisant d'abord reconnaître labialement des énoncés connus (par l'utilisation du code gestuel ou écrit).

La difficulté à décoder sur les lèvres est due notamment à la présence des «sosies labiaux». Deux systèmes d'aide à la lecture labiale existent à l'heure actuelle: le cued speech (ou LPC, langage parlé complété) et l'AKA (cf. le chapitre 3). Il s'agit de systèmes relativement aisés à apprendre consistant en configurations et en positions de la main. Tous les messages peuvent être codés de cette façon. Il n'en va pas de même pour les systèmes de communication gestuelle (français signé ou LSF) qui requièrent l'acquisition, d'une part, d'un lexique gestuel important et, d'autre part, la maîtrise d'une nouvelle syntaxe (pour le LSF), apprentissage beaucoup plus lent et équivalent à celui d'une langue étrangère.

Ceci peut être un des critères de choix méthodologique pour les parents et les enseignants entendants.

La fluidité dans le maniement de l'AKA ou du cued speech est en rapport avec leur utilisation prolongée. La pratique permet au codage de s'automatiser. Leur utilité dépend essentiellement de leur utilisation constante par l'entourage entendant de l'enfant sourd qui choisit de l'employer.

Un débat s'est fait jour entre partisans du cued speech et de l'AKA. Ce débat est particulièrement vivant en Belgique où l'AKA a été créé.

Nous y avons fait allusion au chapitre 3. On pourrait remplir plusieurs pages avec les arguments invoqués de part et d'autre pour donner la prévalence à l'un des deux systèmes. Les principes de base et les objectifs des deux systèmes sont identiques. Le reste est un problème empirique. La seule façon d'établir si l'un des deux systèmes d'aide présente un avantage net sur l'autre est de les soumettre à l'épreuve expérimentale. Rien n'a été fait en ce sens jusqu'ici à notre connaissance.

On ne perdra pas de vue que ni l'AKA ni le cued speech ne sont des systèmes de communication à part entière. Ce sont des techniques qui peuvent être apprises par les entendants de façon à faciliter la perception visuelle de la parole par l'enfant sourd. Mais il n'est nul besoin pour ce dernier d'apprendre et d'utiliser un système (expressif) d'aide à la lecture labiale. Tout ce qu'il importe de savoir à l'enfant sourd, c'est comment interpréter les positions et les configurations manuelles associées à la production des phonèmes oraux.

Enfin, il faut se rappeler que l'utilisation du cued speech ou de l'AKA bloque une main et fige l'expression faciale, ne permettant pas sinon difficilement la production simultanée des signes gestuels. L'AKA et le cued speech «forcent» donc largement l'enseignant ou le parent à l'oralisme. Les différents systèmes rassemblés dans cette rubrique sous l'appellation «communication totale» ne sont pas complètement superposables[5].

La démutisation
Il s'agit d'un entraînement progressif à la production des phonèmes, des mots et des phrases du langage oral. On utilise les modalités sensorielles auditive, visuelle et kinesthétique et la sensibilité cutanée à cet effet. Gremaud et Alisedo-Costa (1986) fournissent une analyse détaillée des techniques qui interviennent dans cette approche. On consultera cette source pour plus de détails.

Brièvement dit, les activités de démutisation concernent notamment les points suivants:
1. Faire prendre connaissance à l'enfant des mouvements et des positions des organes articulateurs dans la production des phonèmes. On se sert également des images labiales.
2. Faire prendre conscience à l'enfant de l'opposition entre vibration et non-vibration au niveau de la glotte (larynx) dans la production de certains phonèmes (voyelles et consonnes sonores par opposition aux consonnes sourdes).
3. Travailler la production des phonèmes et la voix au moyen d'ap-

pareils dispensateurs de feedbacks visuels relatifs aux productions sonores comme l'oscilloscope.

Fréquemment associée avec les activités de démutisation est la *méthode dite «verbo-tonale»* mise au point il y a quelques années par le Yougoslave Guberina. Il s'agit de partir de la motricité corporelle générale de façon à favoriser la production de la parole. On sensibilisera l'enfant sourd aux vibrations sonores perçues au niveau du corps et amplifiées grâce à des récepteurs particuliers. On cherchera à développer le sens du rythme. Les énoncés du langage oral sont des entités vibratoires et rythmiques ponctuées de pauses. On peut améliorer les capacités langagières réceptives et productives des enfants sourds d'une façon indirecte en travaillant les aspects vibratoires et rythmiques de la parole. Prenant mieux conscience de ses mouvements et de leur rythme, l'enfant sourd sera prêt à se centrer ensuite progressivement sur les actes moteurs spécifiques que représentent la production des phonèmes du langage et leur organisation en séquences dotées de sens. Les sensations motrices et rythmiques corporelles globales ne sont donc pas une fin en soi mais une préparation à la prise de conscience et à l'exécution des mouvements articulatoires.

La méthode verbo-tonale a son utilité sans aucun doute. Elle ne concerne cependant que la parole et non la langue. Pour l'apprentissage de cette dernière, la technique de Guberina ne présente que peu d'intérêt. Il ne convient donc pas qu'elle occupe trop de temps dans le curriculum scolaire des enfants sourds, une place essentielle devant être normalement réservée à l'apprentissage de la langue elle-même.

2. Les méthodes de communication gestuelle

Nous avons précisé dans les chapitres précédents la distinction entre les systèmes gestuels ésotériques comme l'Ameslan, l'ISL et le LSF et les systèmes gestuels formels tels le signed English et le français signé (FS). Au plan éducatif, nous tenterons de mettre en évidence les avantages et les inconvénients de ces deux types de systèmes de communication (voir cependant la section 6 du présent chapitre pour une mise en perspective) d'emblée. Il convient de dissiper un mythe dangereux. Comme y insiste Bouvet (1982),

«Ce n'est pas parce qu'un enfant est sourd qu'il arrive au monde avec une langue dans les mains: *il ne suffit pas de ne pas interdire la communication gestuelle pour que l'enfant sourd s'approprie la langue des signes*. Comme l'enfant entendant, l'enfant sourd a besoin de conditions d'apprentissage très précises pour s'approprier la parole. Cette réalité a été fort méconnue au cours des dernières années où il suffisait de voir des enfants sourds communiquer par gestes entre eux, pour en conclure trop hâtivement qu'ils connaissaient la langue gestuelle, leur langue naturelle» (p. 213)[6].

Comme nous l'avons vu au chapitre 6, le langage gestuel s'apprend. Une autre indication éducative intéressante est fournie par Tervoort et Verbeck (1967). Ces chercheurs ont étudié le développement de la communication gestuelle dans plusieurs pays (Etats-Unis, Pays-Bas et Belgique). Ils relèvent une progression régulière des usages corrects en langages ésotériques selon les grammaires jusqu'à environ 14 ans dans les différentes communautés. Au-delà de cet âge, les sourds américains continuent à progresser dans la maîtrise de la langue des signes tandis que les européens plafonnent. Tervoort et Verbeck attribuent la supériorité des étudiants américains au moins en partie à l'influence positive des adultes sourds instruit avec lesquels ils sont en contact régulier :

> « Le langage gestuel de l'adulte américain sourd vient du dessus et influence fortement la communication de l'adolescent sourd, même à l'université tandis que leurs camarades de l'autre côté de l'océan ne disposent pas d'une telle source. Une fois que le caractère ésotérique d'au moins une partie de la communication privée des sujets est établi, il est évident que le besoin normal de communiquer se traduit mieux dans un système arbitraire adulte que dans un comportement symbolique non contrôlé, à moitié développé et non dirigé « du dessus » par une autorité éducative. Il est clair que le choix doit être : ou des gestes bien contrôlés tendant, d'un point de vue sémantique et syntaxique, vers un niveau adulte ou pas de gestes du tout : mais il faut éviter les systèmes de signes non contrôlés et laissés à eux-mêmes » (Tervoort et Verbeck, 1967, p. 148)[7].

Cette indication est importante. Le contact avec les adultes sourds qui maîtrisent bien la langue des signes est également très souhaitable de façon à fournir aux enfants sourds un modèle du sourd adulte. Les sourds adultes pourront contribuer à transmettre la culture sourde, culture à laquelle les enfants appartiennent par leur handicap auditif.

Dans nos pays, un premier inconvénient majeur quant à l'utilisation des moyens de communication gestuelle sur une grande échelle réside dans le caractère relativement limité des répertoires de gestes disponibles. Pendant un siècle, la communication gestuelle a été interdite dans nos écoles. Elle n'a connu de ce fait qu'un développement restreint. Les limitations des lexiques gestuels entravent l'expression. Il est évident cependant que la réhabilitation du langage gestuel aura pour effet de favoriser son expansion, comme cela a été le cas dans les dernières décennies aux Etats-Unis[8].

Incidemment, Bellugi (1980) affirme sur la base de ses recherches que l'American sign language dispose d'un lexique plus riche qu'on ne pense généralement et plus développé que ce qui apparaît dans les dictionnaires. Les chercheurs ont commencé à décrire ce vaste lexique de signes dans les usages des sourds. C'est seulement maintenant que l'on comprend qu'il y a des règles expressives (gestuelles et faciales) qui augmentent le lexique, grâce à un procédé correspondant à la dérivation en langage oral — c'est-à-dire le passage d'un mot à un autre au moyen d'affixes, par exemple: «bateau», «batelier» — (voir aussi Klima et Bellugi, 1979).

L'utilisation du canal visuo-moteur fournit cependant un énorme avantage pour l'acquisition du langage par l'enfant handicapé auditif. Il constitue un outil d'expression aisé et de l'augmentation des interactions communicatives, il découle un confort affectif non négligeable et une plus grande maîtrise sur l'environnement. La langue des signes gestuels doit être envisagée comme un medium d'enseignement de première importance.

Dans le français signé, la syntaxe française sert de base pour l'organisation des énoncés gestuels. Il est impossible cependant de représenter complètement une langue orale au niveau des signes tout en conservant une aisance dans la conversation. Les études montrent que les utilisateurs du signed English éliminent régulièrement certains éléments de l'anglais afin de raccourcir les phrases et d'accélérer la vitesse de production du discours. Il faut savoir que la production d'une phrase en Ameslan ou en LSF ne prend pas davantage de temps qu'en anglais ou en français parlé. Par contre, la formulation en SE ou en FS est notoirement plus longue si on veut représenter par gestes tous les mots et morphèmes grammaticaux des phrases parlées.

Kluwin (1981) a montré que la différence entre les signeurs expérimentés et les débutants en anglais signé réside dans le fait que les premiers éliminent toujours les mêmes types d'informations grammaticales de leurs productions gestuelles tandis que les seconds sont moins consistants à ce point de vue.

Pour éviter trop de confusion lors de l'utilisation de l'anglais dans sa forme signée, Bornstein, Saulnier et Hamilton (1980) ont proposé un «anglais gestuel» qui retient seulement 14 marqueurs grammaticaux sélectionnés en fonction de leur fréquence d'emploi et de l'importance de leur contribution sémantico-syntaxique. Le système est facilement mémorisable par le signeur débutant sans perte d'information grammaticale essentielle (figure 30).

Les promoteurs du français signé préconisent son utilisation dès le dépistage de la surdité car il favorise l'accès à la langue française. Il est possible de pratiquer *simultanément* le français dans ses modalités orales et gestuelles, ce qui n'est pas le cas sinon très difficilement avec le LSF (Perier, 1983).

Le LSF étant une langue différente grammaticalement du FS, son

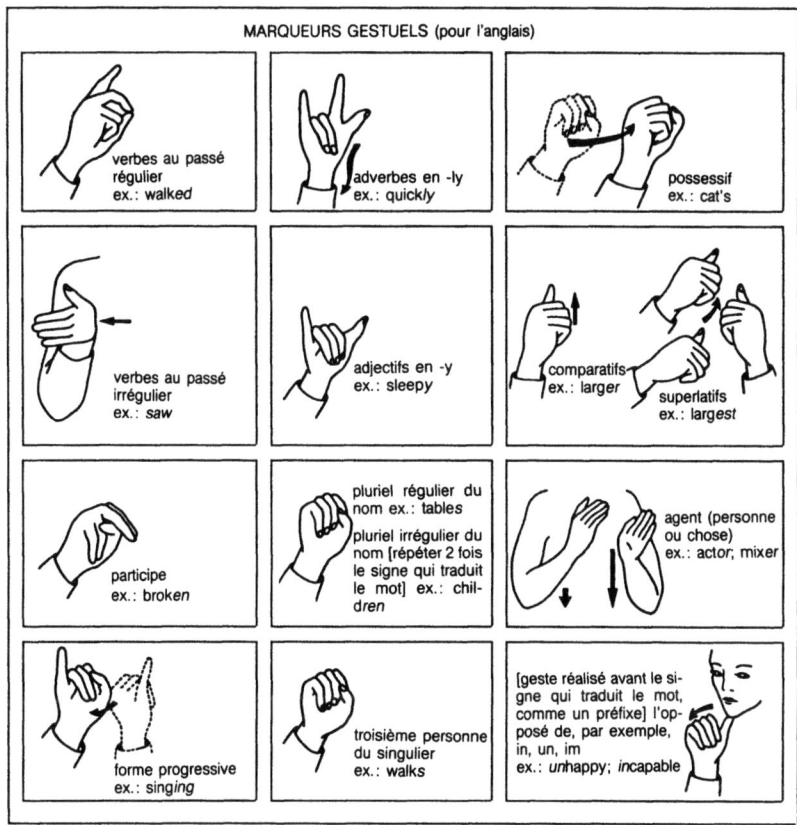

FIG. 30 : *Les marqueurs grammaticaux proposés par Bornstein et al. (1980) pour le Signed English. Adapté d'après H. Bornstein, K. Saulnier et L. Hamilton,* Signed English : A first evaluation, American Annals of the Deaf, *1980, 125. Les marqueurs sont produits après le geste exprimant le mot, sauf le marqueur correspondant à « l'opposé de » qui est placé avant le geste nominal ou verbal.*

acquisition est aussi laborieuse que celle de n'importe quelle langue étrangère. La majorité des parents d'enfants sourds sont entendants. Espérer les voir tous arriver à maîtriser le LSF en quelques mois ou quelques années relève de l'utopie. Néanmoins, l'avantage avec le LSF est de disposer d'un système linguistique homogène. Le français signé est et restera toujours une forme quelque peu artificielle de communication. Par exemple, l'utilisation de l'espace permet de communiquer des relations linguistiques complexes d'une façon relativement simple.

C'est un avantage que le français signé n'exploite pas, d'où pas mal de complexité supplémentaire pour exprimer les mêmes significations qu'en LSF.

L'épellation digitale (alphabet dactylographique)

Comme on l'a expliqué dans les chapitres précédents, il s'agit d'un système qui permet de représenter les lettres de l'alphabet par des configurations manuelles ponctuelles, lesquelles peuvent être combinées séquentiellement de façon à correspondre aux mots du langage écrit.

Le bien-fondé de l'utilisation de l'épellation digitale avec les jeunes enfants sourds a été largement débattu dans la littérature spécialisée. Perier (1982) indique qu'à son avis:

> «Il vaudrait mieux employer le cued speech plutôt que la dactylologie avec des enfants qui n'en sont pas encore au stade de l'écriture puisque la dactylologie est une représentation du langage écrit et, comme telle, s'oppose au langage parlé» (p. 26).

Hoemann (1978), cependant, suggère sur la base de ses recherches que l'alphabet manuel américain, bien que dérivé de la représentation alphabétique des lettres anglaises, n'est pas tant un moyen supplémentaire de coder l'anglais écrit qu'un élément à part entière du système de communication manuelle utilisé par les sourds. Cet auteur indique que l'épellation digitale est acquise comme un moyen de communication manuelle associé plutôt que comme un moyen d'épeler l'anglais. Evans (1982) partage cette opinion et en spécifie quelques implications pédagogiques:

> «Bien que l'épellation digitale soit une représentation manuelle du langage écrit, elle est utilisée en tant que substitut de la parole comme un moyen de communication vivant. C'est donc un moyen de communication manuelle qui joue le même rôle que le langage parlé. Etant isomorphe du langage écrit, dans sa correspondance mot à mot, l'épellation digitale peut transmettre la syntaxe correcte de l'anglais et des autres langages écrits. Son utilisation peut renforcer les capacités de lecture et d'écriture» (p. 224) [9].

Dans la même ligne, Moores (1972) rapporte que les enfants sourds russes acquièrent un bon vocabulaire grâce à une exposition précoce à l'épellation digitale. Divers travaux relatifs à ces questions sont en cours actuellement aux Etats-Unis. Ils paraissent indiquer que les parents et les enseignants sourds utilisent spontanément l'épellation digitale même avec de jeunes enfants sourds pour les mots dont ils ne connaissent pas l'équivalent gestuel. Cette pratique semble avoir un impact positif sur l'apprentissage ultérieur de la lecture. Les recherches expérimentales font cependant encore défaut pour confirmer cette observation.

S'il en était effectivement ainsi, il conviendrait peut-être effectivement d'envisager l'alphabet dactylologique comme un adjuvant du code gestuel lui-même. Son utilisation avec les jeunes enfants sourds devrait alors être conseillée. La maîtrise même relative de ce système chez le jeune enfant sourd ne peut manquer d'avoir une influence positive sur l'apprentissage ultérieur du code écrit. Ce type de dépendance se situe parfaitement dans la ligne des principes généraux de la communication totale.

7.3. Evaluation des différentes approches

Les seules recherches comparatives disponibles actuellement sur les grandes options éducatives (oralisme-manualisme-communication totale) ont été menées aux Etats-Unis.

Une des premières démarches évaluatives a consisté à évaluer le développement des enfants sourds nés de parents sourds par comparaison avec les enfants sourds nés de parents entendants.

Dans l'hypothèse où l'utilisation de la communication manuelle est nuisible, on devrait s'attendre à ce que les enfants sourds nés de parents sourds soient inférieurs aux autres enfants sourds quant aux résultats scolaires, au développement psychosocial et à tous les aspects de la communication, y compris la parole, la lecture labiale, la lecture et l'écriture. Les résultats de ces recherches dont il a été question au chapitre 6 démontrent en fait une supériorité des enfants sourds nés de parents sourds. En outre, les enfants sourds nés de parents entendants qui utilisent une communication à la fois orale et gestuelle peuvent être avantagés par rapport aux enfants sourds nés de parents entendants ressortissant à une communication exclusivement orale.

Ce type de comparaison, pour intéressant et important qu'il soit, ne permet cependant qu'une réponse globale et indirecte à la question de l'efficacité relative des programmes éducatifs selon leurs orientations majeures, oraliste, manualiste ou communicative totale. Des études plus directes ont été menées sur cette question.

Quigley (1969) a comparé des programmes préscolaires pour sourds utilisant soit la méthode dite Rochester (épellation digitale et communication orale), soit une approche oraliste traditionnelle. Dans les différents cas, les enfants sourds éduqués selon la méthode Rochester obtenaient des résultats supérieurs aux autres enfants quant à la plupart des mesures effectuées sur le langage, la communication et les acquisitions scolaires.

Bornstein, Saulnier et Hamilton (1980) ont mené une étude pendant une période de 4 ans de façon à évaluer les effets de l'utilisation du signed English avec les jeunes enfants déficients auditifs. Les sujets de l'étude étaient 20 enfants âgés de 4 ans présentant une perte auditive moyenne de 88 db. Le mode de communication employé tant par les enseignants que par les parents était le signed English et la parole. Les résultats montrent que le niveau de vocabulaire des sujets était équivalent au vocabulaire d'enfants malentendants âgés de plus de 3 ans. Le taux d'acquisition du vocabulaire passif était de plus ou moins 43 % par rapport à celui observé chez des enfants entendants. L'évolution de la compréhension des marqueurs syntaxiques était équivalente à celle des enfants entendants. Les sujets sourds ont continué à utiliser la voix dans les échanges communicatifs malgré l'utilisation de l'anglais signé.

Moores et ses associés, Moores (1978) — voir aussi Moores et Maestas y Moores (1982) — ont effectué une étude longitudinale portant sur 7 programmes éducatifs pour les enfants sourds. Les programmes étaient choisis de façon à représenter les principaux systèmes éducatifs en vigueur aux Etats-Unis (méthodologie oraliste pure, méthode Rochester, communication totale, etc.).

Les différents programmes éducatifs paraissaient tous obtenir des résultats satisfaisants dans l'apprentissage de la lecture. Par contre, l'arithmétique est le point faible général par comparaison avec des enfants entendants de même âge chronologique.

Les sujets furent évalués selon les modalités suivantes:
1. messages imprimés;
2. son seul;
3. sons et lecture labiale;
4. son, lecture labiale et épellation digitale;
5. sons, lecture labiale et signes gestuels.

Le tableau 14 qui résume les données portant sur les aspects réceptifs du langage indique que le moyen le moins efficace est le son seul. La compréhension augmente avec l'ajoute de chaque nouvel élément éducatif. La dernière addition — les gestes — représente le moyen global le plus efficace. Quant aux résultats obtenus avec la lecture labiale associée à l'audition, les 2 programmes qui obtiennent les résultats les plus élevés utilisent la communication gestuelle. Celle-ci ne paraît défavoriser ni l'exploitation des restes auditifs ni le recours à la lecture labiale.

Les travaux menés en vue d'objectiver l'efficacité du cued speech

Tableau 14. Echelle de communication réceptive (résultats en % obtenus lors de la 2ᵉ, 3ᵉ et 4ᵉ année de testing).
D'après D. Moores, K. Weiss et M. Goodwin, Evaluation of programs for hearing impaired children, *Research Report N° 81, University of Minnesota Research, Development and Demonstration Center in Education of Handicapped Children, Minneapolis, 1974, p. 68, reproduit et traduit avec permission.*

Sous-tests	Années		
	2ᵉ	3ᵉ	4ᵉ
Mot imprimé	38	56	76
Son seul	34	43	44
Son et lecture labiale	56	63	68
Son, lecture labiale et épellation digitale	61	72	75
Son, lecture labiale et gestes	72	86	88
Pourcentage total de réponses correctes	50	62	69

restent rares. Dans une étude menée au Canada, Ling et Clarke (1975) ont testé des enfants exposés au cued speech après l'échec d'une éducation purement oraliste. La reconnaissance de la parole chez ces enfants est meilleure avec le cued speech que dans la situation de lecture labiale seule, la performance générale restant faible cependant.

Nicholls (1979) a comparé la réception de la parole dans diverses conditions combinant l'audition, la lecture labiale et le cued speech chez des enfants sourds profonds exposés à ces techniques pendant un minimum de 4 ans. Il ressort de ces observations que les meilleures performances sont obtenues dans la situation où l'on combine lecture labiale, audition et cued speech.

Les résultats des recherches comparatives résumées ci-dessus attestent la supériorité de la communication totale sur les autres approches méthodologiques. En général, plus on fait intervenir de composantes communicatives dans le programme éducatif, plus ce dernier se révèle efficient. On notera également que l'insertion de la communication gestuelle dans les programmes éducatifs n'aboutit pas à réduire sensiblement la performance orale des enfants.

Le débat méthodologique général n'est cependant pas clos. Les tenants de l'approche oraliste stricte font valoir que les écoles oralistes choisies dans les études comparatives reprises ci-dessus ne sont pas les meilleures possibles aux Etats-Unis. Ils avancent des données montrant que dans les meilleurs établissements oralistes du pays les enfants sourds développent une compétence linguistique supérieure à celle des enfants sourds d'autres écoles.

Quigley et Kretschmer (1982) font cependant remarquer que les élèves de ces écoles viennent généralement de milieux socio-économiques plus élevés et ont des quotients intellectuels supérieurs, ce qui ne laisse certainement pas d'influencer les résultats obtenus. Les mêmes auteurs concluent avec réalisme :

> « Il n'y a aucune certitude quant à la supériorité absolue d'une forme de communication ou d'input linguistique sur les autres *pour tous (ou du moins la plupart) des enfants sourds*... Les études indiquent que, lorsque la méthode oraliste est utilisée activement et de manière consistante tant à l'école qu'à l'internat et à la maison, des résultats appréciables peuvent être obtenus, *du moins avec certains types d'enfants sourds*. Les conditions favorables semblent être : des élèves ayant une intelligence supérieure à la moyenne, des parents cultivés, très motivés et un système scolaire, une administration et une équipe de professionnels convaincue de la valeur des méthodes oralistes et bien entraînée à les utiliser... L'équipe et l'administration doivent accepter l'idée que des années d'efforts sont nécessaires pour parvenir au succès. L'énormité de la tâche et des efforts requis pour sa réussite sont évidents.
> Ceci constitue sans doute la faiblesse et la limitation principale de la méthode. Elle est extrêmement difficile à utiliser dans l'ensemble du système scolaire public. Les conditions nécessaires à sa réussite peuvent ne pas s'y trouver réunies. Il est possible que ce soit la raison majeure du succès limité des écoles publiques dans leur éducation oralite... » (1982, p. 321)[10].

La communication totale est sans doute un système éducatif plus prometteur pour la majorité des enfants sourds sans distinction de classe sociale et de niveau intellectuel. C'est la position que défendent Moores et Maestas y Moores (1982) :

> « S'il existe le moindre risque pour un enfant de rencontrer des difficultés en se basant uniquement sur une communication auditivo-vocale, on devrait commencer immédiatement l'utilisation d'une communication gestuo-orale. L'emploi de la communication orale et gestuelle peut faciliter le développement. Refuser la communication gestuelle jusqu'au moment où l'enfant « échoue » par la méthode orale, c'est rendre un mauvais service à ce dernier » (p. 261).

En Europe, à partir du 7e Congrès des Maîtres des Déficients Auditifs (Fribourg, 1981), on a pu remarquer un net assouplissement de la méthode oraliste et une reconnaissance de la valeur de la langue des signes. Une différence se manifeste cependant entre les pays scandinaves et des pays comme la France et la Belgique. Les Nordiques semblent s'acheminer vers une communication bilingue et bimodale et encouragent l'utilisation des langues gestuelles ésotériques. Les Belges optent en général plutôt pour les méthodes de suppléance à la lecture labiale et pour une communication unilingue bimodale — français et français signé. Evolution divergente ou étape supplémentaire avant d'aboutir à la même reconnaissance de la valeur culturelle linguistique et éducative des codes ésotériques? Il est encore trop tôt pour se prononcer. On regrettera cependant que les débats sur le choix des méthodes dans nos pays soient encore davantage basés sur des prises de positions, parfois à la limite de la profession de foi, que sur des recherches objectives. L'éducation de l'enfant sourd a pourtant beaucoup à gagner au développement de telles recherches.

7.4. Quelques modalités récentes d'éducation de l'enfant sourd en Europe francophone

Nous résumons dans ce qui suit, à seule fin exemplative et donc sans souci d'exhaustivité, quelques expériences récentes dans le domaine de l'éducation de l'enfant sourd, en Europe de langue française.

7.4.1. *Apprentissage de la langue écrite sans passer par la langue orale*

Gremaud et Alisedo-Costa (1986) décrivent une expérience éducative menée depuis 1978 simultanément à Fribourg, en Suisse et à Créteil, dans la région parisienne. Son principe pédagogique spécifique est la tentative de faire apprendre directement le langage écrit à l'enfant sourd sans devoir passer par la maîtrise préalable du langage oral. Dans la pratique habituelle, l'apprentissage de la lecture et de l'écriture n'intervient que lorsque l'acquisition du langage oral est en bonne voie.

Concrètement, il s'agit de mettre l'enfant sourd en présence de messages écrits (tableaux d'affichage, pancartes, etc.) qui seront appréhendés globalement dans un premier temps. Il importe que ces messages aient une signification réelle et une valeur fonctionnelle pour l'enfant sourd dans son milieu de vie (consignes, style direct, style indirect, etc.). Indépendamment de la communication écrite, les enfants interagissent avec leurs enseignants entendants au moyen de signes gestuels conventionnels ou non. Un adulte sourd est présent de temps à autre dans la classe et communique avec les enfants au moyen du LSF. La communication orale intervient également en proportion importante dans les interactions entre enseignants et enfants mais elle ne consiste pas en un doublage systématique des échanges écrits. Les auteurs se déclarent satisfaits de l'expérience en cours et des résultats obtenus mais aucun rapport détaillé n'a été publié à notre connaissance.

7.4.2. *La communication unilingue bimodale*

Cette option pédagogique est celle de quelques établissements scolaires pour sourds en Belgique et en France. Nous nous référons particulièrement dans ce qui suit aux principes méthodologiques de l'Ecole Intégrée de Bruxelles (Perier, 1983; Capoullez, 1985b). Il s'agit de favoriser l'apprentissage de la langue orale et du français signé.

«Nous parlons oralement et, en même temps, nous faisons des signes et ces signes, nous les empruntons au lexique de la langue des signes mais nous les mettons dans l'ordre de la syntaxe française» (Perier, 1983, p. 64).

Les enseignants des classes maternelles utilisent le français signé dans leurs interactions avec les jeunes enfants sourds. Le cued speech est introduit à partir du primaire en même temps que l'apprentissage du langage écrit. Il est utilisé de façon à mettre l'accent sur les termes grammaticaux pour exprimer les noms propres (par exemple, ceux des enfants et des enseignants de la classe) et d'une façon générale pour traduire des notions difficiles ou impossibles à rendre en langage gestuel. Dans cette façon de procéder, le rôle de LPC paraît être assez proche de celui assigné à la dactylologie dans les programmes américains. Les arguments théoriques qui justifient les pratiques sont d'ailleurs de même nature de part et d'autre. La dactylologie faciliterait le passage à l'écrit et le cued speech rendrait plus aisé le passage à l'oral. Dans les classes primaires et ensuite secondaires, on utilise, en principe, de plus en plus le LPC au détriment du FS. Le but ultime de l'éducation est d'arriver à oraliser complètement le fonctionnement communicatif de l'individu sourd de façon à pouvoir intégrer idéalement ce dernier dans les circuits scolaires et sociaux des entendants.

7.4.3. *La communication bilingue bimodale*

On peut ici faire référence à l'expérience dirigée par Bouvet (1981) dans le contexte d'une classe maternelle parisienne sous le couvert de la Fondation Borel-Maisonny. Les sujets sont des enfants, sourds profonds, avec une histoire personnelle d'échec de communication malgré un dépistage précoce et une éducation oraliste intensive. Deux maîtresses d'école s'occupent simultanément des enfants. L'une est sourde et pratique le LSF, l'autre est entendante et s'exprime en français oral. Elles font passer les mêmes messages chacune dans sa langue respective. Les activités de la classe recoupent les activités habituelles des classes maternelles. Une partie importante du temps est passée à raconter des histoires aux enfants. A partir de ces narrations, se développe une activité de classe débouchant sur la préparation de la lecture et de l'écriture. Les messages écrits sont mis en relation terme à terme avec les messages oraux de l'institutrice entendante et avec les séquences de signes gestuels de l'institutrice sourde.

On cherche également à favoriser l'intégration des jeunes enfants sourds en les faisant participer régulièrement aux activités d'une classe maternelle composée d'enfants entendants où les enfants sourds disposent d'une interprète LSF-français oral.

La stratégie éducative consiste donc à faire acquérir simultanément deux langues aux jeunes enfants sourds: la langue des signes et la langue orale en polarisant les apprentissages sur une personne — toujours la même — qui pratique la langue en question, selon les recommandations faites dans les situations de bilinguisme simultané pour les enfants entendants (cf. Hamers et Rondal, 1980). Bouvet justifie son option pédagogique en indiquant, d'une part, les difficultés d'acquisition du langage oral chez le jeune enfant sourd avec les techniques habituelles de l'oralisme et, d'autre part, la prise en compte de la demande des adultes sourds quant à la nécessité de doter les enfants sourds de connaissances et de savoir-faire aussi poussés que possible en langage oral.

La démarche intégrative (avec interprète LSF - français oral) tentée par Bouvet nous amène à un autre problème-clé dans l'éducation de l'enfant sourd, problème ardemment débattu aujourd'hui, celui du *contexte éducatif*. Faut-il éduquer l'enfant sourd dans une école spécialisée (enseignement spécial) ou faut-il l'intégrer dans le milieu scolaire «normal» et si c'est ce second volet de l'alternative qui est retenu, quelles modalités particulières convient-il d'envisager dans la démarche d'intégration?

7.5. Le contexte de l'éducation de l'enfant sourd: intégration ou ségrégation?

Moins aiguë que le débat historique portant sur le choix d'un mode de communication principal pour l'enfant sourd, la controverse relative au contexte éducatif est intense depuis quelques années. Le terme «intégration», très à la mode actuellement, sert parfois à justifier des prises de position divergentes.

On s'accorde facilement pour dire que l'objectif ultime de l'éducation de l'enfant sourd est d'en faire des adultes aussi autonomes que possible, capables de s'intégrer dans les sociétés où ils vivent. Mais au-delà de ce consensus élémentaire, les avis diffèrent largement quant aux moyens à utiliser et aux objectifs particuliers à poursuivre. Nous

nous limiterons dans ce qui suit au problème de l'intégration des déficients auditifs à l'intérieur du système scolaire.

La remise en question, il y a une quinzaine d'années, des établissements d'enseignement spécial, indiscutés depuis leur création, est d'abord intervenue aux Etats-Unis. Elle a concerné pendant un temps tout particulièrement le domaine du handicap mental aboutissant à l'abolition ou à la réorganisation sur de nouvelles bases des grandes institutions pour handicapés mentaux. Le mouvement intégrationniste dans le domaine de la surdité, comme dans les autres domaines du handicap, est le reflet d'une préoccupation philosophique et sociale générale, à savoir la reconnaissance du droit des personnes handicapées à mener une existence aussi normale et aussi satisfaisante que possible dans les milieux de vie qui sont ceux de tout un chacun et en corollaire la nécessaire acceptation du handicap, le droit à la différence garanti aux personnes handicapées par la société.

La volonté d'intégrer les sourds dans le monde des entendants dès la période scolaire a favorisé la mise au point de plusieurs options éducatives : (1) l'intégration complète de l'enfant sourd dans une classe ordinaire d'enfants entendants sans support éducatif particulier ; (2) la même solution avec support éducatif ; (3) l'intégration partielle de l'enfant sourd en classe normale pour certains enseignements et activités, d'autres étant menés en école ou classe spécialisée ; (4) l'enseignement en classe intégrée par une équipe d'enseignants (un enseignant pour les enfants entendants et un enseignant pour les enfants sourds) ; (5) des classes spécialisées pour enfants sourds avec des contacts occasionnels (non-académiques) avec des enfants entendants.

Peu d'études empiriques ont été menées à l'heure actuelle afin d'établir quelle solution intégrative doit être préférée en fonction des caractéristiques des enfants et des adolescents sourds (âge, niveau de surdité, maîtrise de la langue orale, capacités intellectuelles, support éducatif disponible, etc.) On s'est centré dans un premier temps sur une description des caractéristiques des enfants sourds intégrés dans des classes normales (selon les diverses modalités de l'intégration signalées ci-dessus et sans que celles-ci soient toujours clairement distinguées, ce qui rend parfois les études difficiles à interpréter) et des enfants sourds maintenus en milieux éducatifs spécialisés (Karschmer et Trybus, 1977; Karschmer et Peterson, 1980; Work, Karschmer et Schildroth, 1982; Moores et Kluwin, 1984).

Il s'avère que les enfants intégrés sont en général plus jeunes, sont souvent de race caucasienne (aux Etats-Unis) et de milieux socio-économiques plus aisés, présentant moins de retard mental, de déficits associés à la surdité et de problèmes émotionnels et comportementaux que les enfants résidentiels spéciaux. Les capacités langagières orales diffèrent notablement, de même que les niveaux d'audition résiduelle, cela au net bénéfice des enfants intégrés. Ces différences sont présentes au départ et constituent donc des facteurs de sélection des enfants dans la démarche d'intégration. Toute autre est la question de savoir quels avantages concrets les enfants sourds sont susceptibles de retirer de l'intégration et quels problèmes, obstacles et difficultés particulières inhérentes à la démarche d'intégration doivent recevoir l'attention des responsables scolaires et des chercheurs.

Il faut éviter de faire de l'intégration scolaire un privilège de classe sociale, de langage oral ou d'intelligence chez l'enfant sourd. Par ailleurs, il est parfaitement légitime pour les parents de chercher à obtenir pour leur enfant sourd le milieu scolaire le mieux approprié compte tenu de ses capacités. De plus, l'intégration scolaire, même partielle, est normalement très gratifiante pour les parents qui y voient avec satisfaction la preuve tangible du processus de normalisation dans lequel leur enfant se trouve engagé.

La question n'est pas tant de savoir s'il faut intégrer l'enfant sourd à la communauté des entendants ou non. Sur les plans sociaux et culturels, la réponse est oui de toute évidence et il s'agit du droit inaliénable de toute personne sourde. Au plan scolaire, nous pouvons cependant nous demander: quelle intégration faut-il favoriser? Cette interrogation est complexe certes mais elle est empirique. Il nous faut déterminer, données à l'appui (et foin d'inutiles prises de position passionnelles et autres pétitions de principe) quelles modalités d'intégration doivent être envisagées dans le cas particulier de chaque enfant sourd en fonction de ses capacités et de ses caractéristiques propres (ainsi que de celles de l'entourage familial). Il nous faut établir les conditions précises d'une intégration susceptible de réussir pour les différents types de cas individuels. Il nous faut également créer les moyens d'assister la démarche d'intégration et préparer les enseignants «récepteurs» de l'ordinaire, prévenir les parents des enfants entendants, etc. Il nous faut nous préoccuper en fait de toutes ces tâches essentielles qui ont été souvent négligées jusqu'ici.

Il serait malencontreux et peu justifié cependant, de chercher à faire disparaître purement et simplement l'enseignement spécialisé. Celui-ci continue et continuera à avoir un grand rôle à jouer dans l'éducation de l'enfant sourd. Ce rôle devra sans doute être modifié par rapport à la situation actuelle s'il s'avère que l'intégration scolaire est une solution éducative possible et efficace. Les structures scolaires spécialisées peuvent et doivent sans doute servir de «centre ressource et d'orientation» dans la nouvelle perspective de l'intégration. Il est peu vraisemblable que l'intégration complète dans le milieu scolaire ordinaire puisse jamais constituer une solution éducative satisfaisante pour la majorité des enfants sourds profonds. En ce qui les concerne, on doit envisager au mieux une intégration scolaire partielle, ce qui signifie que l'école spécialisée (maternelle, primaire et secondaire) aura toujours sa raison d'être. Mais il y a plus. L'école spéciale peut, à condition de s'organiser dans cette direction, devenir le «gérant de l'intégration» en établissant les contacts nécessaires avec les établissements d'enseignement ordinaire et les parents, cela en veillant à ce que les horaires et les pédagogies particulières soient harmonisées. L'école spéciale peut également servir de «base» pour l'organisation d'une intervention précoce dans et avec la collaboration des familles, pour la distribution aux parents qui le souhaitent d'informations récentes sur le développement de l'enfant, les problèmes de l'enfant sourd et pour entraîner ces mêmes parents et les autres adultes intéressés à la pratique des langages gestuels, du LPC, etc. Dans cette perspective, il se pourrait que la finalité et les modes d'organisation des établissements d'enseignements spécial doivent être sensiblement modifiés et adaptés dans le futur.

7.6. Pour une axiologie diversifiée de l'éducation des enfants sourds à la communication

Les problèmes de l'éducation de l'enfant sourd sont complexes et loin d'être résolus. Il est indispensable de conserver en mémoire les principales variables de cette équation compliquée. Nous les présentons ici sans souci de hiérarchisation.

1. Les niveaux de surdité diffèrent considérablement d'un enfant à l'autre.

2. Les troubles associés de même que les capacités intellectuelles (susceptibles de compenser partiellement les conséquences du handicap auditif) des enfants sourds varient également de manière importante.

3. Quatre-vingt dix pour cent des enfants sourds naissent de parents entendants.

4. Les parents ont le droit de choisir le mode d'éducation communicatif de leur enfant. Il est souhaitable cependant que ce choix s'exerce en pleine connaissance de cause. Un choix véritable ne peut être qu'un choix informé.

5. Les sourds ont le droit de disposer d'une langue et d'une culture propre. C'est leur responsabilité d'exercer ce droit ou d'y renoncer.
6. Les sourds ont également le droit d'être intégrés à la société et à la culture des entendants s'ils le désirent. Ce droit implique qu'il leur soit donné une éducation qui favorise cette intégration dès l'âge scolaire dans la mesure du possible (le possible devant être défini par référence aux sujets sourds et non au système scolaire lequel doit être adapté en conséquence).

Les points 4 et 5 sont potentiellement contradictoires. Il n'y a évidemment aucun moyen de consulter le jeune enfant sourd sur le point de savoir quel système de communication il souhaite apprendre préférentiellement et comment il se voit fonctionner plus tard en tant qu'adulte. Il s'ensuit que les parents, tant sourds qu'entendants, des enfants sourds se devraient toujours de favoriser le bilinguisme ou au moins la bimodalité unilingue chez leurs enfants, de façon à laisser à ces derniers toutes leurs chances au moment de se diriger plus tard dans l'une ou l'autre direction communicative particulière. Rien n'est peut-être plus injuste, en fin de compte et plus arbitraire que de décider pour un enfant sourd qu'il devra se développer dans telle ou telle direction à l'exclusion de toute autre potentialité! On court ainsi le risque d'hypothéquer gravement son avenir.

On ajoutera à ce qui précède la notion d'*intervention précoce* en matière d'éducation et notamment d'éducation à la communication, avec l'enfant sourd. Par intervention précoce, il faut entendre les pratiques éducatives mises en place très tôt (dès la naissnce si possible; en principe dès la confirmation du handicap auditif — sévère ou profond) et menées par l'intermédiaire de la famille sous la supervision de professionnels qualifiés (psychologues, logopèdes, médecins). L'objectif est de minimiser l'impact du handicap auditif sur le développement de l'enfant en organisant l'environnement familial de façon appropriée et en apprenant aux parents comment procéder dans l'éducation de leur enfant handicapé.

Les psychologues insistent beaucoup sur l'importance particulière des premières années dans le développement de l'enfant. De nombreux travaux (cf. Lamb et Campos, 1982; Lipsitt, 1981; Osofsky, 1979, pour des synthèses récentes) ont attiré l'attention sur les apprentissages (perceptifs, sociaux, cognitifs, prélinguistiques et linguistiques) qui interviennent pendant les premières années. Il ne s'agit pas de prétendre que les années suivantes sont dénuées d'importance (cf. Kagan, 1984) mais les premières années jettent les bases de toute l'organisation psychologique. Toute déficience environnementale importante pendant cette période sensible est susceptible d'avoir des conséquences négatives graves sur la suite du développement. Le problème est aigu dans les pathologies sensorielles (cécité, surdité) puisque nous dérivons l'essentiel de nos connaissances environnementales à partir de nos récepteurs sensoriels. Le problème est particulièrement sérieux dans le cas des surdités puisque la privation auditive exclut pratiquement l'enfant du monde de la communication verbale avec toutes les conséquences que cela implique sur les plans communicatif, social et psychologique.

Il s'agit d'intervenir efficacement aussitôt que possible dans la vie de l'enfant de façon à prévenir les conséquences négatives de la privation sensorielle et communicative liée à la surdité. Mais il y a plus que cela, particulièrement avec les parents entendants des jeunes enfants sourds. Ces parents doivent être informés des réalités biologiques, médicales, psychologique et sociales de la surdité. Un enfant handicapé est toujours une grande source d'angoisse et de culpabilité pour les parents. On doit ainsi pouvoir répondre à leurs interrogations et chercher à les déculpabiliser. Les mécanismes selon lesquels les familles s'adaptent à la nouvelle situation et cherchent à résoudre les problèmes personnels liés à la présence d'un handicap grave chez l'enfant sont cependant mal connus. Il est donc temps que les professionnels se mettent à étudier sérieusement ces questions. Il y a dans la surdité d'un enfant bien plus qu'une «simple» perte de capacité auditive. L'univers familial tout entier s'en trouve profondément modifié. Des sentiments de frustration et de désespoir sont fréquents et naturels. Il faut que les parents puissent trouver assistance et guidance s'ils le souhaitent et que cette assistance soit disponible en dehors des milieux médicaux où le centrage pathologique trop marqué empêche souvent l'émergence d'une attitude plus objective vis-à-vis du handicap.

L'information, l'aide et l'assistance aux parents ont une importance primordiale. Elles conditionnent la façon dont les parents vont envisager le handicap de leur enfant, leur motivation à intervenir dans le processus éducatif, les représentations qu'ils se font de la surdité, du monde des adultes sourds, etc. Tellement de stéréotypes négatifs et d'idées reçues circulent encore à propos de la surdité, qu'il est impératif de fournir aux parents aussitôt que possible une information de qualité sur ces questions. Des contacts avec des adultes sourds pourront aider certains parents à mieux réaliser que le sourd est une personne normale.

Comment envisager concrètement *les contenus d'un programme d'intervention précoce (et la suite de l'éducation à la communication de l'enfant sourd)*?[11]

Un certain nombre de programmes sont en vigueur dans différents pays comme les Etats-Unis, les pays scandinaves et la France. Certains d'entre eux favorisent nettement soit le mode de communication oral (par exemple le programme français décrit par Busquet et Mottier, 1978, basé sur la sensibilisation auditive et la démutisation) soit le mode de communication gestuel (par exemple, le programme proposé par les Américains Hoffmeister et Shettle, 1981, s'efforçant d'orienter les parents et les enfants vers l'usage intensif du langage gestuel). Il est peu justifié de proposer un seul modèle et de prier les parents et les enfants sourds de s'y conformer même si administrativement les choses s'en trouvent effectivement simplifiées. On doit tenir compte de la diversité du phénomène surdité. Nous avons rappelé quelques-unes des variables-clés au début de cette section.

Il conviendrait à notre sens de proposer deux grandes options définies aussi souplement que possible et d'assurer entre elles des passerelles permettant aux parents et/ou aux enfants qui le désireraient de changer d'option plus tard dans le développement. Il serait également souhaitable que les deux options proposées finissent en quelque sorte par se recouper plutôt que de s'écarter toujours plus l'une de l'autre. Nous nous expliquons à ce propos dans ce qui suit. Le tableau 15 résume les principales phases de notre suggestion.

Les options proposées s'inscrivent toutes les deux dans la perspective («la philosophie générale») de la communication totale. Elles sont (seraient) ouvertes à tous en principe bien que l'une ou l'autre soit davantage conseillable à certains sujets selon diverses caractéristiques dont les principales figurent dans la première colonne du tableau 15. Mais c'est cependant aux familles qu'il incombe de choisir. Ce choix doit s'effectuer en fonction des informations pertinentes que les professionnels mettent à leur dispostion et en s'efforçant autant que possible de ne pas hypothéquer toute décision future venant de l'enfant sourd lui-même quant à l'élection d'un système de communication. L'option 1 «oralo-gestuelle» met l'accent sur l'apprentissage du langage parlé tout en exposant d'emblée l'enfant au français signé. Dans le cours des années suivantes, on passerait à l'utilisation conjointe du cued speech ou de l'AKA et à une exposition précoce au langage écrit dans ses modalités productives et réceptives. L'intégration scolaire de l'enfant sourd est également envisageable dès le niveau de l'école maternelle en prenant toutes les précautions nécessaires et en assistant l'enfant et sa famille dans cette entreprise délicate. Plus tard et graduellement, l'enfant serait exposé au LSF qu'il aurait l'occasion d'apprendre comme une langue ou un registre, différent du FS mais partageant avec ce dernier un même lexique gestuel. L'apprentissage du LSF se

Tableau 15. *Axiologie de l'éducation à la communication de l'enfant sourd: une hypothèse bi-optionnelle.*

OPTION 1: ORALO-GESTUELLE

Enfants et familles «cibles»[1]	Premières années	Années suivantes	Plus tard et progressivement
- Enfants sourds nés de parents entendants - Cas de surdité modérément sévère à sévère - Cas de surdité non-congénitale - Enfants à QI élevés, bon niveau socio-économique, implication maximale des parents garantie.	LANGAGE ORAL (sensibilisation auditive démutisation, etc.) FS ————	Ecriture, lecture ———— Cued speech ou AKA ———— Intégration scolaire éventuelle ———— LSF ————	

OPTION 2: GESTUO-ORALE

	Premières années	Années suivantes	Plus tard et progressivement
- Enfants sourds nés de parents sourds - Cas de surdité profonde - Cas de surdité congénitale	LSF ———— Langage oral ————	Ecriture, lecture ———— Dactylologie ———— Intégration scolaire éventuelle[2] ———— FS ————	

1. Par familles et enfants «cibles», il faut entendre ceux à qui cette option serait particulièrement conseillable.
2. L'intégration devrait sans doute être assistée au maximum au moins au début dans ces cas (interprète LSF-français oral disponible).

ferait dans cette orientation essentiellement en dehors de la famille. La responsabilité initiale des parents dans le cadre de l'option 1 serait, une fois le diagnostic posé, d'apprendre aussi rapidement que possible le français signé et ensuite le cued speech ou l'AKA et de les mettre en pratique journalièrement dans la communication avec l'enfant. Il est également important dans cette perspective que les parents ne cherchent pas à isoler leur enfant du monde des sourds. Une fois plus âgé, l'enfant sourd éduqué de cette façon et même disposant de bonnes capacités en langage parlé se devrait de faire l'effort de continuer à apprendre le LSF et de le pratiquer afin de s'intégrer également dans la communauté des sourds. L'objectif de l'éducation à la communication dans le contexte de l'option 1 serait donc de faire des enfants des personnes bilingues et bimodales, étant entendu que la plus grande partie des efforts éducatifs porterait sur le code oral.

A l'inverse, l'option 2 « gestuo-orale » met l'accent sur la pratique du langage gestuel ésotérique (LSF) tout en exposant, également d'entrée de jeu, l'enfant sourd au langage oral (au moins à concurrence de quelques heures par semaine en recourant à des éducateurs entendants, dans le cas des enfants sourds nés de parents sourds. On passerait ensuite à l'apprentissage de la dactylologie et parallèlement à celui du code écrit tout en continuant certes l'apprentissage des codes gestuel et oral. L'intégration scolaire est également envisageable dès l'école maternelle. Mais comme on l'a indiqué au tableau 15, il est vraisemblable qu'elle doive être assistée (au moins au début) par une procédure d'interprétariat LSF-français oral et une préparation particulière des enseignants récepteurs. Plus tard, ces enfants seraient exposés au FS et encouragés à apprendre ce nouveau langage partageant avec le LSF le même vocabulaire gestuel. Ce type d'apprentissage plus tardif serait à encourager chez les sujets éduqués dans l'option 2 de façon à ce qu'ils puissent interagir linguistiquement avec des personnes entendantes qui auraient fait l'effort d'apprendre le FS et avec d'autres personnes sourdes éduquées dans la perspective de l'option 1. Il serait important pour les enfants éduqués dans la perspective de l'option 2 que leurs parents cherchent à les mettre en contact avec le mode des entendants et maintiennent ce contact afin d'éviter de les enfermer dans un véritable ghetto linguistique et culturel.

L'hypothèse bi-optionnelle proposée ci-dessus, nous en sommes conscients, n'est certes pas la plus facile à mettre en pratique. Il s'agit d'un plan de travail et de développement exigeant pour les enfants, les parents et les enseignants. Cette hypothèse dont seule la mise à l'épreuve systématique pourrait établir, évidemment, si elle est réellement applicable, aurait le grand avantage de faire des enfants sourds des sujets bilingues et bimodaux au terme du développement communicatif.

Nous pensons que la bilinguisation et la bimodalisation du fonctionnement langagier constitueraient une bonne façon de résoudre une fois pour toutes les questions récurrentes portant sur le choix, le caractère plus approprié, la supériorité, etc., d'un code communicatif sur l'autre dans le cas des personnes sourdes. On ne voit pas pourquoi un enfant sourd bien stimulé et bien entouré dès la naissance, doté de capacités intellectuelles normales et placé dans un programme éducatif intelligemment mené ne pourrait pas développer une double compétence linguistique du type de celle proposée ici. Tous les niveaux de compétence linguistique peuvent exister dans la pratique d'une langue. Chaque enfant sourd, selon ses capacités et motivations propres, pourrait aller plus ou moins loin dans les apprentissages proposés relativement à la langue et/ou à la modalité langagière non-dominante dans l'option choisie (soit la modalité gestuelle dans l'option 1 et la modalité orale dans l'option 2).

7.7. La formation des enseignants et des professionnels

L'entraînement de l'enfant sourd à la communication, la formation des parents, l'intervention précoce, les apprentissages linguistiques à l'école posent de délicats problèmes quant à la préparation des enseignants et des professionnels concernés. Parmi ces derniers; nous pensons tout particulièrement aux orthophonistes ou logopèdes travaillant dans le contexte de l'éducation de l'enfant sourd.

A côté d'une information de qualité sur les problèmes particuliers, psychologiques, médicaux, génétiques, sociaux, etc., associés à la surdité, la préparation des enseignants et des professionnels de l'éducation de l'enfant sourd se devrait, cela va de soi, de comporter un important volet linguistique. Ce volet comporte un double aspect. D'une part, il s'agirait de disposer de connaissances détaillées et mises à jour sur la nature du développement langagier de l'enfant sourd et sur la nature et les caractéristiques des systèmes linguistiques impliqués (langage oral, langage écrit, langage gestuel, systèmes d'aide à la lecture labiale, etc.). Imagine-t-on en effet qu'un instituteur chargé d'apprendre à lire à un groupe d'enfants ne dispose pas de connaissances approfondies sur la nature de la tâche lexique et sur le système que constitue la langue écrite de sa communauté linguistique ?

Il s'agirait, d'autre part, de pouvoir pratiquer les systèmes langagiers en question avec un minimum d'habileté. Peut-on concevoir pour poursuivre la comparaison que le même instituteur chargé d'apprendre à communiquer à un groupe d'enfants ne dispose d'aucune connaissance quant à la langue propre de la communauté à laquelle appartiennent ses élèves?

La formation des enseignants et des professionnels de l'enseignement spécial pour handicapés auditifs laisse largement à désirer dans nos pays surtout en ce qui concerne les connaissances linguistiques et la pratique du langage gestuel et des autres systèmes de communication non verbaux. C'est là une lacune importante qu'il serait nécessaire de combler. Mais il y a plus encore. Dans un pays comme la Belgique, aucun texte de loi ou règlement officiel n'oblige un enseignant à disposer d'une formation adéquate spécifique pour fonctionner dans l'enseignement spécial (qu'il s'agisse de l'enseignement spécial destiné aux enfants handicapés auditifs ou d'une autre forme d'enseignement spécial). Certes, beaucoup n'attendent pas l'obligation légale pour se spécialiser et certains le font avec beaucoup de motivation, d'intérêt et de conscience professionnelle. Mais il faut malheureusement reconnaître que ce n'est pas le cas de tous les enseignants du spécial ni même de la majorité d'entre eux. Comment l'Etat belge peut-il justifier une telle situation qui est un véritable camouflet pour les personnes handicapées? D'une part, on crée des structures d'enseignement spécial et, d'autre part, on omet avec une belle inconséquence de rédiger le moindre texte de loi visant à exiger des praticiens du spécial qu'ils soient pourvus du complément de formation professionnelle nécessaire (ce qui dispense sans doute d'avoir à les rémunérer davantage, toute formation supplémentaire se payant bien naturellement sur le marché du travail). Il y a là une situation anormale, malsaine et hautement préjudiciable à l'éducation des personnes relevant des enseignements spécialisés. A quand la solution de bon sens le plus élémentaire sur cette question?

Il importe évidemment au premier chef que les enseignants et les professionnels, particulièrement les logopèdes, chargés de l'éducation de l'enfant sourd puissent communiquer avec ce dernier en langage gestuel, connaissent l'alphabet dactylologique, puissent l'utiliser et soient capables de produire les gestes et les mouvements du cued speech ou de l'AKA en s'exprimant oralement de façon à assister la lecture labiale de leur élève. On ne peut évidemment exiger des enseignants et des professionnels concernés qu'ils se forment à ces langages et à ces techniques, parfois longues à apprendre et encore plus longues à pratiquer couramment, en y consacrant la totalité de leurs loisirs pendant des années et cela sans rétribution particulière. Une formation de base dans cette direction devrait être dispensée en option au sein des écoles normales et des écoles supérieures où sont formés les enseignants et les logopèdes. Sur cette base, une formation continue pourrait être envisagée et organisée dans le contexte même de l'école spéciale ou dans une structure connexe. Encore conviendrait-il que cette spécialisation soit reconnue légalement, voire exigée des praticiens du spécial et qu'elles interviennent à titre de facteur important dans la carrière des intéressés (nomination, promotion, etc.) conjointement avec l'expérience ou l'ancienneté, critère le plus souvent pris en considération dans nos pays, comme si le fait de «vieillir sous le harnais» constituait jamais à lui seul un garant absolu de compétence accrue.

NOTES

[1] Sur un plan théorique général l'hypothèse pavlolienne de la prévalence de l'analyseur moteur dans le fonctionnement nerveux central et celle de l'activation corticale locale et/ou généralisée par réafférentation des influx kinesthésiques (Luria, 1966; Sokolov, 1967) fournissent une base à partir de laquelle on peut attendre une relation synergique entre expressivité gestuelle et expressivité verbale (Rondal, 1975). On signalera également dans la même ligne de pensée les résultats très positifs des tentatives expérimentales effectuées avec des sujets handicapés mentaux sévères et profonds consistant à coupler les apprentissages lexicaux verbaux avec des gestes symboliques correspondant ou même à faire précéder l'apprentissage lexical verbal par l'apprentissage gestuel (cf. Rondal, 1985, pour une revue et une discussion de cette littérature).
[2] Traduit par nos soins.
[3] Traduit par nos soins.
[4] Selon Hoffmeister et Panko (1980), plus de 95 % des programmes d'éducation pour enfants sourds aux Etats-Unis ont adopté la philosophie générale de la communication totale. Nous ne disposons pas d'une statistique correspondante en ce qui concerne les pays d'Europe.
[5] On rapporte cependant au moins un cas d'utilisation conjointe spontanée du cued speech et du français signé par une mère d'enfant sourd (Capoullez, 1985a).
[6] Danielle Bouvet utilise le terme «parole» dans son livre au sens de performance gestuelle. On regrettera cet usage qui peut être source de confusion.
[7] Traduit par nos soins.
[8] Nous avons signalé les travaux récents ou en cours en Belgique et en France à propos de la constitution de nouveaux dictionnaires du langage gestuel. Il serait souhaitable que des travaux systématiques soient également entrepris de façon à avancer nos connaissances quant à la grammaire du LSF.
[9] Traduit par nos soins.
[10] Traduit par nos soins. (C'est nous qui soulignons dans le texte de Quigley et Kretschmer).
[11] On ne peut évidemment dissocier les décisions à prendre au niveau de l'éducation précoce de l'enfant sourd de celles qui interviendront plus tard. Une éducation précoce qui met l'essentiel de l'accent sur l'apprentissage et l'utilisation des codes gestuels pendant plusieurs années ne peut être simplement arrêtée à 7 ans (par exemple) de façon à y substituer une approche désormais oraliste. C'est pourquoi il convient de situer l'intervention précoce dans la perspective générale de l'éducation à la communication de l'enfant sourd et des options éducatives qu'on veut y favoriser.

Conclusion générale

L'excursion proposée au long de l'ouvrage nous a mené des confins du langage oral aux mécanismes complexes et encore insuffisamment compris du langage des signes. On a pu apprécier le caractère essentiellement arbitraire, et donc largement interchangeable, des solutions apportées par les langages naturels au problème fondamental de la correspondance idée-forme et à celui non moins fondamental de l'organisation de l'expression. Les langages gestuels apportent des solutions originales à ces problèmes. Des solutions qui diffèrent sensiblement de celles mises en avant par les langages parlés mais qui n'en sont pas moins exactement sur le même pied théorique, pour ainsi dire, que ces dernières. Les spécialistes des disciplines langagières ont mis beaucoup de temps à s'en rendre compte (et tous n'y sont pas encore arrivés), tant il est vrai que savant ou non, on est toujours prisonnier de ses propres pratiques et de ses préjugés.

Les langages parlés et gestuels sont des réponses au problème général de la communication. Ils privilégient chacun une option particulière sur un continuum d'options quant aux moyens qui peuvent être mis en œuvre pour fonder et organiser cette communication. Ce faisant, ils présentent chacun leurs propres avantages et les inconvénients qui sont associés à ces avantages. Nous nous sommes étendus longuement sur ces questions dans le cours de l'ouvrage.

L'excursion entreprise nous a également conduit à travers l'histoire récente de la surdité, et particulièrement de l'éducation de l'enfant sourd. L'histoire de l'éducation de l'enfant sourd est d'un intérêt considérable. Elle atteste clairement de l'influence dramatiquement négative que peuvent avoir les idées reçues et les préjugés de toutes sortes sur la conduite des affaires humaines (éducatives, dans ce cas). Il est positivement incroyable qu'il ait fallu attendre la seconde partie du vingtième siècle (et l'évolution n'est pas terminée partout) pour en arriver à une solution éducative générale, celle de la communication totale, qui paraît tenir du bon sens le plus élémentaire. Toutes sortes de croyances fausses et mal placées ont entravé l'évolution vers la situation actuelle et celle-ci, on l'a vu, est loin d'être entièrement clarifiée à l'heure présente.

Un optimisme raisonnable semble permis quant au futur de l'éducation de l'enfant sourd. Le débat oralisme-manualisme qui a sévi durement pendant si longtemps paraît en bonne voie de résolution. Les travaux spécialisés sur les codes gestuels et leurs utilisateurs montrent chaque jour davantage que ces systèmes alternatifs de communication sont des langages à part entière. Ils suscitent un intérêt croissant dans la population en général.

Notre souhait en terminant cette rédaction est que le domaine de l'éducation de l'enfant sourd débarassé de son lourd héritage historique et des préjugés qui l'ont encombré depuis toujours puisse enfin faire l'objet d'une véritable approche scientifique.

Achevé de rédiger, Honolulu, le 13 mai 1985.

Glossaire des termes techniques fréquemment utilisés dans l'ouvrage

AKA : Alphabet des kinèmes assistés. Système d'aide à la lecture labiale.

ALPHABET DACTYLOLOGIQUE : Système de gestes où chaque lettre de l'alphabet correspond à une configuration particulière de la main et des doigts.

AMESLAN : Langage gestuel ésotérique utilisé par les sourds américains. C'est l'équivalent du LSF pour les territoires américains.

ARBITRARITE : Caractéristique du signe linguistique par laquelle le signifiant est structurellement indépendant du signifié.

ASL : American Sign Language. Désignation de la classe des langages gestuels comprenant l'Ameslan et le SE, pratiqués en Amérique du Nord.

ASPECT : Information non-temporelle fournie par la conjugaison du verbe (par exemple, finition de l'action rapportée, répétitivité, etc.).

ATTRIBUTION : Le fait d'attribuer une qualité ou une quantité à un objet, une personne ou un événement.

BILINGUISME BIMODAL : Connaissance simultanée du code verbal et du code gestuel ésotérique (par exemple, français et langue des signes française).

CHERÈME(S) : Composantes analytiques du geste réparties en trois classes (position dans l'espace, configuration de la main et mouvement).

CLASSES FORMELLES : Catégories grammaticales de lexèmes (verbes, adverbes, adjectifs, etc.).

COMMUNICATION INTERMODALE : Passage d'une modalité à l'autre (geste, mot, dactylologie) dans le même épisode de communication.

COMMUNICATION TOTALE : Philosophie et méthodes éducatives visant à faire acquérir à l'enfant sourd divers modes alternatifs et substitutifs de communication (langue signée, langue parlée, langue écrite, dactylologie, etc.).

Cs (LPC) : Cued speech ou langage parlé complété. Système gestuel d'aide à la lecture labiale (différent de l'AKA).

DÉMUTISATION : Education de la sensibilité auditive et entraînement à la production de la parole.

DISCOURS (TEXTE) : Ensemble des paragraphes produits en un intervalle de temps déterminé.

DOUBLE ARTICULATION (DU LANGAGE) : Propriété des langues naturelles grâce à laquelle un petit nombre de phonèmes combinés permet de produire tous les morphèmes lesquels recombinés donnent tous les lexèmes de la langue.

ÉNONCÉ : Séquence de lexèmes (ou de signes gestuels) séparée de ce qui précède et de ce qui suit par une pause clairement perceptible.

ESPACE GESTUEL : Espace délimité autour du corps du signeur où sont produits les signes gestuels.

FEEDBACK : Action ou information en retour (rétroaction ou rétroinformation).

FONCTEURS : Lexèmes dont la fonction est surtout grammaticale (structuration du discours) — prépositions, pronoms, conjonctions, auxiliaires.

Fs : Français signé. C'est le français parlé traduit en gestes. Les gestes sont empruntés au LSF, l'ordonnancement correspond à la syntaxe du français.

GESTES DÉICTIQUES : Gestes qui signalent (par monstration) une orientation, une direction ou une position par référence au signeur.

IMPÉDANCEMÉTRIE : Enregistrement des variations d'intensité de l'onde sonore réfléchie par le tympan selon les variations de pression d'air induites dans le canal auditif. La courbe obtenue (tympanogramme) permet de mettre en évidence d'éventuelles pathologies de l'oreille moyenne.

INFLEXION : Modification de la partie désinentielle d'un lexème de façon à exprimer une signification grammaticale (temps, pluriel, etc.).

INTÉGRATION (SCOLAIRE) : Démarche éducative visant à instruire l'enfant sourd en milieu scolaire normal tout ou partie du temps.

INTERVENTION PRÉCOCE : Eventail des techniques d'aide aux parents ayant un enfant déficient auditif et de stimulation et d'entraînement de l'enfant à la communication dès le plus jeune âge.

INTONATION : Mélodie du discours.

ISL : Israeli sign language (langage gestuel ésotérique des sourds vivant en Israël).

LANGAGE GESTUEL ÉSOTÉRIQUE : Langage gestuel naturel (conventionnel) des sourds (LSF, Ameslan, ISL, etc.), par opposition aux codes gestuels formels (FS, SE, etc.) qui empruntent leur syntaxe aux langues parlées.

LECTURE LABIALE : Lecture de la parole sur les lèvres.

LEXÈME(S) : Mots de la langue verbale (signes de la langue gestuelle).

LSF : Langue des signes française ou langage des signes français.

MALENTENDANT : Personne dont le niveau d'audition résiduelle va de 35 à 69 dB I.S.O.

MANUALISME (GESTUALISME) : Philosophie et méthodes éducatives visant à faire acquérir la pratique de la langue gestuelle (de préférence ésotérique) à l'enfant sourd.

MÉTAPHORE : Emploi imagé du langage («mettre un tigre ou un dromadaire dans son moteur»).

MORPHÈME(S) : Séquences organisées de phonèmes dotées de signification. Certaines de ces séquences peuvent être produites en séparation et constituent des lexèmes ou mots («sur» est un morphème et un lexème en même temps). D'autres ne peuvent intervenir qu'en combinaison avec d'autres morphèmes au sein des mots — (par exemple, le morphème grammatical «er» qui constituent la désinence de l'infinitif des verbes du premier groupe).

NÉGATION ANAPHORIQUE : Négation figurant au début d'un énoncé et qui nie l'énoncé précédent et non celui dans lequel elle se trouve.

ORALISME : Philosophie et méthodes éducatives visant à faire acquérir la pratique de la langue parlée à l'enfant sourd.

PARAGRAPHE : Groupe séquentiel d'énoncés centrés autour d'une même thématique.

PARAVERBAL : Accompagnants vocaux, expressions faciales, gestes et postures corporelles qui servent de «toile de fond» à l'expression verbale.

PHONÈME(S) (SYSTÈME DÈS PHONÈMES) : Système formé par les sons qui dans une langue interviennent pour former les morphèmes et les lexèmes (mots). Ces sons sont en eux-mêmes dénués de sens.

PHRASE : Séquence organisée de lexèmes comportant au minimum un nom (ou un pronom) et un verbe conjugué dans une relation sujet-verbe (à l'exception des impératives qui se dispensent d'exprimer le sujet).

RÉFÉRENCE ANAPHORIQUE PRONOMINALE : Opération par laquelle un pronom renvoie à un référent nominal ou gestuel préalablement introduit dans la conversation.

REGISTRE(S) LINGUISTIQUE(S) : Variantes existant à l'intérieur du même système linguistique.

RESTES AUDITIFS : Capacité auditive résiduelle chez la personne non-sourde totale.

SE : Signed English. L'équivalent du FS pour l'anglais.

SIGNAUX KINÉTIQUES : Ensemble des modifications posturales et des gestes accompagnant la communication orale.

SIGNE : Entité «à double face», composée d'un signifiant (moyen utilisé) et d'un signifié (sens). Dans l'expression «le langage des signes», le terme signe veut dire «mouvement ou geste conventionnel destiné à communiquer».

SIGNES MÉTHODES : Technique gestuelle inventée par l'Abbé de l'Epée au XVIIIe siècle pour reproduire le français écrit.

SURDITÉ CONGÉNITALE : Surdité présente à la naissance.

SURDITÉ NEURO-SENSORIELLE : Déficience auditive due à une atteinte accidentelle ou dégénérative des fibres nerveuses ou des cellules réceptrices de l'oreille interne.

SURDITÉ DE TRANSMISSION : Déficience auditive due à une atteinte de l'oreille externe ou moyenne.

SYNTAGME : Séquence organisée de lexèmes se rapportant à un nom, un verbe ou une préposition.

TOPIQUE : Sujet de conversation. Ce dont il est question dans un énoncé ou un paragraphe.

TRAIT(S) DISTINCTIF(S) : éléments discrets qui entrent dans la composition d'un phonème (ou d'un chérème).

UNILINGUISME BIMODAL : Connaissance simultanée du code verbal et du code gestuel formel correspondant (par exemple, français et français signé).

Iconographie

Légendes des tableaux

1. Système de communication.
2. Fonctions du langage.
3. L'alphabet des kinèmes assistés (AKA).
4. Etiologie des surdités de transmission.
5. Etiologie des surdités neuro-sensorielles.
6. Classification des déficiences auditives.
7. Principaux systèmes de communication manuelle en usage aux Etats-Unis.
8. Symboles TAB pour transcrire les signes gestuels de l'American Sign Language.
9. Symboles DEZ pour transcrire les signes gestuels de l'American Sign Language.
10. Symboles SIG pour transcrire les signes gestuels de l'American Sign Language.
11. Traits distinctifs des configurations manuelles en ASL obtenus par Lane, Boyes-Braem et Bellugi (1976).
12. Principe de contiguïté et groupes mobiles en langage gestuel ésotérique.
13. Système de transcription de l'input maternel à l'enfant et exemples de notation.
14. Echelle de communication réceptive (résultats en % obtenus lors de la 2e, 3e et 4e année de testing).
15. Axiologie de l'éducation à la communication de l'enfant sourd: une hypothèse bi-optionnelle.

Légendes des figures

1. L'espace gestuel.
2. Signes gestuels pour «samedi», «semaine», «septembre» et «sœur».
3. Geste où la main dominante fait le signe et où l'autre main sert de support ou de point de référence.
4. Signe gestuel pour «chaque».

5. Exemples de configurations de la main et des doigts.
6. Signes gestuels pour «je te donne».
7. Signes gestuels pour les chiffres de 1 à 20 en LSF.
8. L'alphabet dactylologique (et les dix premiers nombres) en usage aux Etats-Unis.
9. L'alphabet dactylologique russe.
10. L'alphabet dactylologique (phonétique) Hanyu Pinyin et le syllabaire digital chinois.
11. Le cued speech ou LPC (langage parlé complété).
12. Gestes pour «les enfants» en Cued speech (LPC).
13. Degrés de surdité.
14. Prothèse auditive «à fil».
15. Prothèse auditive «contour d'oreille».
16. Signe gestuel pour «connaître».
17. Signes gestuels pour «penser» (1) et pour «se demander» (2).
18. Exemple d'humour gestuel par production simultanée et intégration de deux signes (excité - déprimé).
19. Exemple d'humour gestuel par prolongement d'un signe et production contingente d'un autre signe («yeux - expert»).
20. Exemple d'humour gestuel par substitution d'une partie de geste à une autre partie du geste («habile - dégonflé»).
21. Exemple d'humour gestuel par mélange de deux signes («comprendre - comprendre un peu»).
22. La différenciation nom/verbe.
23. Pluriel défini et indéfini.
24. Accentuation d'une signification par ralentissement du mouvement et expressivité faciale.
25. Verbes qui incorporent les pronoms personnels.
26. Pronoms et adjectifs possessifs.
27. Pronoms démonstratifs.
28. Les phrases négatives.
29. Les phrases impératives.
30. Les marqueurs grammaticaux proposés par Bornstein et al. (1980) pour le signed English.

Bibliographie

ABERNATHY A., An historical sketch of the manual alphabets. *American Annals of the Deaf*, 1959, *104*, 232-240.
AIMARD P., *L'enfant et son langage*, Villeurbanne: SIMEP, 1978.
ALEGRIA J., Le langage gestuel: analyse de sa structure et de son incidence sur le développement de l'enfant sourd. *Psychologica Belgica*, 1979, *19*, 1-18.
ALTSHULER K., Psychiatric considerations in the adult deaf. *American Annals of the Deaf*, 1962, *107*, 560-561.
ALTSHULER K., Several patterns and family relationships. In J. Rainer, K. Altshuler et F. Kallman (eds), *Family and mental health problems in a deaf population*. New York State Psychiatric Institute, 1963.
ALTSHULER K. et RAINER J., (eds), *Mental health and the deaf: Approaches and prospects*. Washington D.C.: Department of health, Education and Welfare, Social and Rehabilitation Service, 1968.
ARGENTIN G., Le système de gestes. In R. Ghiglione (ed.), *Le contrat de communication: Théories et expérimentations* (vol. 8). Paris: Presses de l'Université de Paris-VIII, 1983.
ARGYLE M., *Bodily communication*. Londres: Methuen, 1975.
ASHBROOK E., *Development of semantic relations in the acquisition of ASL*. Manuscrit non publié, Salk Institute, La Jolla, California, 1977.
BAROFF G., *A psychomotor, psychometric and projective study of mentally defective twins*. Thèse doctorale, New York University, 1955.
BELLUGI U., *The acquisition of negation*. Thèse doctorale, Harvard University, 1967.
BELLUGI U., How signs express complex meaning. In C. Baker and R. Battison (eds), *Signs language and the deaf community*. Silver Spring, Maryland: National Association of the Deaf, 1980.
BELLUGI U. et KLIMA E., The roots of language in the sign talk of the deaf. *Psychology Today*, 1972, *76*, 61-64.
BELLUGI U. et KLIMA E., Aspects of sign language and its structure. In F. Kavanagh et E. Cutting (eds), *The role of speech in language*. Cambridge, Mass.: the M.I.T. Press, 1975.

BELLUGI U. et SIPLE P., Remembering with and without words. In F. Bresson (ed.), *Problèmes de Psycholinguistique*. Paris: Centre National de la Recherche Scientifique, 1974.
BENVENISTE E., *Problèmes de linguistique générale*. Paris: Gallimard, 1966.
BERTHIER F., *Les sourds-muets avant et depuis l'Abbé de l'Epée*. Paris: Baillère, 1840.
BIRDWHISTELL R., *Kinesics and contact*. Philadelphie: University of Pennsylvania Press, 1970.
BLANCHET A., *La surdi-mutité. Traité philosophique et médical* (2 volumes). Paris: Baillère, 1850-1852.
BLOOM L., *Language development: form and function in emerging grammar*. Cambridge, Mass.: M.I.T. Press, 1970.
BLOOMFIELD L., *Language*, New York: Holt, 1933.
BONNET J., *Reducion de las letras y arte para enseñar a hablar los mudos*. Madrid: Francisco Arbaco de Angelo, 1620.
BORNSTEIN H., A description of some current sign systems designed to represent English. *American Annals of the Deaf*, 1973, *118*, 454-470.
BORNSTEIN H., SAULNIER K. et HAMILTON L., *Signed English: A first evaluation. American Annals of the Deaf*, 1980, *125*, 467-481.
BOUVET D., *La parole de l'enfant sourd*. Paris: Presses Universitaires de France, 1982.
BOUVRON A.M., Le système proxémique. In R. Ghiglione (ed.), *Le contrat de communication: Théories et expérimentations* (Vol. 8). Paris: Presses de l'Université de Paris-VIII, 1983.
BOYES-BRAEM P., *A study of the DEZ in American Sign Language*. Manuscrit non publié, The Salk Institute, La Jolla, California, 1973.
BOYES-BRAEM P., *The acquisition of hanshape in American Sign Language*. Manuscrit non publié, The Salk Institute, La Jolla, California, 1974.
BREDART S. et RONDAL J.A., *L'analyse du langage chez l'enfant*. Bruxelles: Mardaga, 1982.
BROWN R., *A first language*. Cambridge, Mass.: Harvard University Press, 1973.
BRUNER J. et collaborateurs, *Studies in Cognitive Growth*. New York: Wiley, 1966.
BRUNER J., *Savoir faire, savoir dire*. Paris: Presses Universitaires de France, 1983.
BUIUM N., Interrogative types in parental speech to language learning children: A linguistic universal? *Journal of Psycholinguistic Research*, 1976, *5*, 135-147.
BUSQUET D. et MOTTIER C., *L'enfant sourd: développement psychologique et rééducation*. Paris: Baillère, 1978.
CAPOULLEZ J.M., *Communication personnelle*, mars 1985(a).
CAPOULLEZ J.M., *L'éducation des déficients auditifs*. Communication présentée au 3e Symposium international de Logopédie, Madrid, 1985 (b).
CHAFE W., *Meaning and the structure of language*. Chicago: The University of Chicago Press, 1980.
CHOMSKY N., *Syntactic structures*. La Haye: Mouton, 1957.
CHOMSKY N., The general properties of language. In C. Millikan et F. Darley (eds), *Brain mechanisms underlying speech and language*. New York: Grune et Stratton, 1967.
CLARK E., How children describe time and order. In C. Ferguson et D. Slobin (eds), *Studies of child language development*. New York: Holt, 1973.
CLARK C. et WOODCOCK R., Graphic systems of communication. In L. Lloyd (ed.), *Communication assessment and intervention strategies*. Baltimore: University Park Press, 1976.
COLL J., *L'enfant malentendant*. Toulouse: Privat, 1979.
COVINGTON V., Juncture in American Sign Language. *Sign Language Studies*, 1973, *2*, 29-38.

CRYSTAL D. et CRAIG E., Contrived sign language. In I. Schlesinger et L. Namir (eds), *Sign language of the deaf*. New York: Academie Press, 1978.
CURTISS S., PRUTTING C. et COWELL E., Pragmatic and semantic development in young children with impaired hearing. *Journal of Speech and Hearing Research*, 1979, 22, 534-552.
CUXAC C., *Le langage des sourds*, Paris: Payot, 1983.
DANTHINNE I., «*L'AKA*». Mémoire de licence en psychologie, Université de Liège, 1982.
DENIS M., *L'image mentale*. Paris: Press Universitaires de France, 1979.
DIX M.R. et HALLPIKE C.S., The peep-show, a new technique for pure-tone audiometry in young children. *British Medical Journal*, 1947, 2, 719-723.
DOISE W. et MUGNY G., *Le développement social de l'intelligence*. Paris: Interéditions, 1981.
DENTON D., Remarks in support of a system of total communication for deaf children. In *Symposium on communication* (ouvrage collectif). Maryland School for the Deaf, Frederick, Maryland, 1970.
DESTOMBES F., (ed.), *Aides manuelles à la lecture labiale et perspectives d'aides automatiques*. Manuscrit non publié, Université de Paris-VIII, 1982.
DUMONT, R., *Impact de la surdité sur le développement du jeune enfant et sur son éducation*. Thèse de maîtrise, Université Laval, Québec, 1978.
EKMAN C. et FRIESEN W., The repertoire of nonverbal behavior: categories, origine, usage, coding. *Semiotica*, 1969, *1*, 49-98.
ELLENBERGER R., MOORES D. et HOFFMEISTER R., *The acquisition of negation* (Research report n° 80). Minneapolis: The Research, Development and Demonstration Center in Education of Handicapped Children, University of Minnesota, 1975.
EVANS L., «*Total communication*». *Structure and Strategy*. Washington, D.C.: Gallaudet College Press, 1982.
FALBERG R., *The language of silence*. Wichita, Kansas: Wichita Social Services for the Deaf, 1963.
FELDMAN H., *The spontaneous creation of a lexicon by deaf children of hearing parents*. Thèse doctorale, University of Pennsylvania, Philadelphie, 1975.
FERREIRO E., *Les relations temporelles dans le langage de l'enfant*. Genève: Droz, 1971.
FISHER C., *The deaf child's acquisition of verb inflection in American Sign Language*. Communication présentée à l'Annual Meeting of the Linguistic Society of America, San Diego, 1973.
FISHER S., Influences of word order change in ASL. In C. Li (ed.), *Word order and word change*. Austin, Texas: University of Texas Press, 1975.
FISHMAN J., *Sociolinguistique*. Paris: Editions de Minuit, 1970.
FRASER C., BELLUGI U. et BROWN R., Control of grammar in imitation, comprehension and production. *Journal of Verbal Learning and Verbal Behavior*, 1963, 2, 121-135.
FREUD S., *La science des rêves*. Paris: Alcan, 1903.
FRIEDMAN L., Space, time and person reference in American Sign Language. *Language*, 1975, *51*, 940-961.
FRIEDMAN L., The manifestation of subject, object and topic in the ASL. In C. Li (ed.), *Subject and Topic*. New York: Academic Press, 1976.
FRIEDMAN L., *On the other hand. New perspectives on American Sign Language*. New York: Academic Press, 1977.
FRISHBERG N., Arbitrariness and iconicity: Historical change in American Sign Language. *Language*, 1975, *5*, 696-717.

FRISINA A., *Conference of executives of American schools for the deaf.* Washington, D.C., 1974.
FURTH H., Research with the deaf: implications for language and cognition. *Psychological Bulletin*, 1964, *62*, 145-162.
FURTH H., *Thinking without language.* New York: The Free Press, 1966.
FURTH H., Education for thinking. *Journal of Rehabilitation of the Deaf*, 1971, *5*, 7-71.
FURTH H., The role of language in the child's development. Proceedings of the 1973, Convention of American Teachers of the Deaf. Washington, D.C.: U.S. Government Printing Office, 1974.
FUSFELD I., How the deaf communicate: Manual language. *American Annals of the Deaf*, 1958, *103*, 264-282.
GARVEY C., Requests and responses in children's speech. *Journal of Child Language*, 1975, *2*, 41-63.
GERANDO J.M. (de), *De l'éducation des sourds-muets de naissance* (2ᵉ volume). Paris: Alcan, 1827.
GERANKA L., *Alphabet dactylologique russe* (en russe). Moscou: Institut de Défectologie, 1972.
GEYLMAN I., The hand alphabet and speech gestures of deafmutes. In E. Smith (ed.), *Workshop on interpreting for the deaf.* Muncie, Indiana: Ball State Teachers College, 1964.
GOLDIN-MEADOW S., *The representation of semantic relations in a manual language created by deaf children.* Thèse doctorale, University of Pennsylvania, Philadelphie, 1975.
GOLDIN-MEADOW S. et FELDMAN H., The creation of a communication system: a study of deaf children of hearing parents. *Sign Language Studies*, 1975, *8*, 225-234.
GOODRIDGE F., *The language of the silent world.* Carlisle: British Deaf and Dumb Association, 1960.
GREENBERG J., *Universals of language.* Cambridge, Mass.: The M.I.T. Press, 1963.
GREENBERG J., *Linguistic Universals.* La Haye: Mouton, 1966.
GREMAUD G. et ALISEDO-COSTA G., Troubles de l'audition, in J.A. Rondal et B. Piérart (eds.), *Manuel de psychopédagogie de l'éducation spéciale.* Bruxelles: Labor, 1986, sous presse.
GUTMANN A. et TURNURE J., Mother's production of hand gestures while communicating with their preschool children under various task conditions. *Developmental Psychology*, 1979, *15*, 96-101.
HALLIDAY M., *Learning how to mean.* Londres: Arnold, 1975.
HAMERS J. et RONDAL J.A., Bilinguisme. In J.A. Rondal et M. Hurtig (eds), *Introduction à la psychologie de l'enfant* (Vol. 2). Bruxelles: Mardaga, 1981.
HAYDUK L., Personal space: an evaluative and orienting overview. *Psychological Bulletin*, 1978, *85*, 117-134.
HERMAN L., RICHARDS D. et WOLZ J., Comprehension of sentences by bottlenosed dolphins. *Cognition*, 1984., *16*, 129-219.
HEWES G., The philogeny of Sign Language. In I. Schlesinger et L. Namir (eds), *Sign Language of the Deaf.* New York, Academic Press, 1976.
HIRSCH A., Zur genese der taubstummengebärde. *Neue Blätter der Taubstummenkunde*, 1961, *15*, 240-252.
HOFFMEISTER R.J., *In consideration of pointig.* Manuscrit non publié, Minneapolis, University of Minnesota, 1975.
HOFFMEISTER R.J., *The influential point* (Draft), 1977.
HOFFMEISTER R.J., *The acquisition of ASL. by deaf children of deaf parents. The development of the demonstrative pronouns, locatives and personal pronouns.* Thèse doctorale. The University of Minnesota, Minneapolis, 1978(a).

HOFFMEISTER R.J., *An analysis of possessive constructions in the ASL. of a young deaf child of deaf parents.* Manuscrit non publié, Temple University, Philadelphie, 1978(b).
HOFFMEISTER R.J., *Word order acquisition in ASL.*: Communication présentée à la Third Annual Conference on Child Language, Boston University, Boston, 1978(c).
HOFFMEISTER R.J., Acquisition of sign languages by deaf children. In H. Hoeman et R. Wibur (eds), *Communication in two societies.* Monographs in Social Aspects of Deafness, Gallauded College, Washington, D.C., 1982.
HOFFMEISTER R.J., *The acquisition of pronominal anaphora in ASL. by deaf children.* In B. Smets (ed.), *Studies in the acquisition of anaphora*, Reidel Publisching Co., Boston, 1983.
HOFFMEISTER R.J. et MOORES D., *The acquisition of specific reference in a deaf child from parents.* (Research report n° 53). Minneapolis: The Research, Development and Demonstration, Center in Education of the Handicapped, University of Minnesota, 1973.
HOFFMEISTER R.J., ELLENBERGER R. et MOORES D., *Sign language development in deaf children of deaf parents.* (Research report in 101). Minneapolis: The Research, Development and Demonstration, Center in Education of Handicapped Children, University of Minnesota, 1976.
HOFFMEISTER R.J. et GOODHART W., *A semantic and syntactic analysis of the sign language behavior of a deaf child of hearing parents.* Communication présentée au Symposium du Massachusetts Institute of Technology on Sign Language, Cambridge, Massachusetts, 1978.
HOFFMEISTER R.J. et PANKO D., *What problems within language environments are deaf students vulnerable to?* Communication présentée à la Third Annual Conference for Service Providers, Massachusetts Office of Deafness, Boston, 1980.
HOFFMEISTER R.J. et SHETTLE C., *Results of a family sign language intervention program.* Communication présentée au 50th Meeting of the Convention of American Instructors of the Deaf, Rochester, New York, 1981.
HUTT C., Etude d'un corpus: Dictionnaire du langage gestuel chez les Trappistes. *Langage*, 1968, *10*, 107-118.
IRSA, *L'alphabet des kinèmes assistés.* Bruxelles, 1985.
JACOBSON R., On the relations between visual and auditory signs. In R. Jacobson, *Selected Writings* (Vol. 2). La Haye: Mouton, 1967.
KAGAN J., *The nature of the child.* New York: Basic Book, 1984.
KANTOR R., *The acquisition of classifiers in American Sign Language.* Thèse de maîtrise, Boston University, 1977.
KARSCHMER M. et PETERSEN L., *Commuter students at residential school for the deaf.* Washington, D.C.: Gallaudet College, Office of Demographic Studies, 1980.
KARSCHMER M. et TRYBUS R., *Who are the deaf children in «Mainstream» programs?* Washington, D.C.: Gallaudet College, Officer of Demographic Studies, 1977.
KLIMA E. et BELLUGI U., *The Signs of language.* Cambridge, Mass.: Harvard University Press, 1979.
KLIMA E. et BELLUGI U., Poetry and song in a language without sound. *Cognition*, 1976, *4*, 45-97.
KLUWIN T.N., The grammaticality of manual representations of English in classroom settings. *American Annals of the Deaf*, 1981, *126*, 417-421.
KROEBER A., Sign language inquiry. *International Journal of American Linguistics*, 1958, *24*, 1-19.
LACY A., *Development of Pola's questions.* Manuscrit non publié, The Salk Institute, La Jolla, Californie, 1972(a).

LACY A., *Development of Sonia's negations*. Manuscrit non publié, The Salk Institute, La Jolla, Californie, 1972(b).
LAMB M. et CAMPOS J., *Development in infancy*. New York: Random House, 1982.
LAMBERT, Abbé R., *Le langage de la physionomie et du geste mis à la portée de tous*. Paris: Lecoffre, 1865.
LANE H., BOYES-BRAEM P. et BELLUGI U., Preliminaries to a distinctive feature analysis of handshapes in American Sign Language. *Cognitive Psychology*, 1976, *8*, 263-289.
LENNEBERG E., *Biological foundations of language*. New York: Wiley, 1967.
LE HUCHE F., A propos de la lecture labiale. *Bulletin d'Audiophonologie*, 1984, *17*, 99-107.
LEONTIEV A.A., Inner speech and the process of grammatical generation of utterance. *Soviet Psychology*, 1969, 7, 11-16.
L'EPEE, Abbé C.M. (de), *Institution des sourds et muets par la voie des signes méthodes*. Paris, 1776.
LEPOT-FROMENT C., *L'enfant sourd raconté par ses parents*. Louvain-la-Neuve: Cabay, 1981.
LING D. et CLARKE B., Cued Speech: an evaluative study. *American Annals of the Deaf*, 1975, *12*, 480-488.
LIPSITT L. (ed.), *Advances in infancy research*. New York: Ablex, 1981.
LURIA A.R., *Higher cortical functions in man*. New York: Basic Books, 1965.
LURIA A.R., *The role of speech in the regulation of normal and abnormal behaviour*. Londres: Pergamon, 1961.
MAC CALL E., *A generative grammar of sign*. Thèse de maîtrise, University of Iowa, Des Moines, 1965.
MAC INTIRE M., *A modified model for the description of language acquisition in a deaf child*. Thèse de maîtrise, California State University, Northridge, 1974.
MAESTAS Y MOORES J., *A descriptive study of communication modes and pragmatic functions used by three prelinguistic profoundly deaf mothers with their infants one to six months of age in their homes*. Thèse doctorale, University of Minnesota, Minneapolis, 1980.
MAESTAS Y MOORES J. et RONDAL J.A., Le premier environnement linguistique des enfants nés de parents sourds. *Enfance*, 1981, 4-5, 245-251.
MALLERY G., *Sign language among the north American Indians compared with that among other people and deafmutes*. First Annual report of the Bureau of Ethnology to the Smithsonian Institution, Washington, D.C., 1879.
MARCHESI A., *El lenguage de sign en la educacion temprana de los ninos sordos*. Communication faite au 3e Congrès International de Logopédie, Madrid, 1985.
MARTINET A., *Eléments de linguistique générale*. Paris: Colin, 1970.
MEADOW K., Early manual communication in relation to the deaf child's intellectual social and intellectual functioning. *American Annals of the Deaf*, 1968, *113*, 29-41.
MOERK E., *The mother of Eve as a first language teacher*. New York: Ablex, 1983.
MOODY B., *La langue des signes*. Paris: Ellipes, 1983.
MOORES D.F., *Communication personnelle*, juin 1983.
MOORES D.F., Neo-oralism and the education of the deaf in the Soviet-Union. *Exceptional Children*, 1972, *38*, 377-384.
MOORES D.F., *Educating the Deaf: Psychology, principales and practices*. Boston: Houghton Mifflin, 1978.
MOORES D.F. et MAESTAS Y MOORES J., Communication totale. In J.A. Rondal et X. Seron (eds), *Troubles du Langage. Diagnostic et rééducation*. Bruxelles: Mardaga, 1982.

MOORES D.F., Mc INTYRE C.K. et WEISS K.L., *Evaluation of programs for hearing impaired children* (Research report n° 39). Minneapolis: the Reseach, Development and Demonstration Center in Education of Handicaped Children, University of Minnesota, 1972.

MOORES D.F. et KLUWIN T.N., Issues in school placement. In M. Karschmer (ed.), Hearing-impaired school-aged population in the United States. Washington, D.C.: Gallaudet College Press, 1984.

MOREAU M.L. et RICHELLE M., *L'acquisition du langage*. Bruxelles: Mardaga, 1981.

MORROW-LETTRE C., Surdité et langage oral. In J.A. Rondal et X. Seron (eds), *Troubles du Langage. Diagnostic et rééducation*. Bruxelles: Mardaga, 1982.

MOTTEZ B., *A propos d'une langue stigmatisée, la langue des signes*. Paris: Ecole des Hautes Etudes en Sciences Sociales, Centre d'Etudes des Mouvements Sociaux, 1976.

MOTTEZ B. et MARKOWICZ H., *Intégration ou droit à la différence?* Paris: Ecole des Hautes Etudes en Sciences Sociales, Centre d'Etudes des Mouvements Sociaux, 1979.

MYKLEBUST H., Towards a new understanding of the deaf child. *American Annals of the Deaf*, 1953, *98*, 345-357.

NAMIR L. et SCHLESINGER I., The grammar of sign language. In I. Schlesinger et L. Namir (eds), *Sign language of the Deaf*. New York: Academic Press, 1978.

NICHOLLS G.H., *Cued Speech and the reception of spoken language*. Thèse de maîtrise, Mc Gill University, Montréal, 1979.

OLERON P., Le langage gestuel des sourds est-il une langue? *Rééducation Orthophonique*, 1983, *21*, 409-430.

OLERON P., Etudes sur le langage des sourds-muets. I. Les procédés d'expression. *L'Année Psychologique*, 1952, *52*, 47-81.

OLERON P., *Elements de répertoire du langage gestuel*. Paris: CNRS, 1974.

OLERON P., *Le langage gestuel des sourds: syntaxe et communication*. Paris: CNRS, 1978.

OLERON P., Aspects récents de l'étude psychologique des enfants sourds. In *Les enfants handicapés*, Symposium de l'Association de Psychologie Scientifique de Langue Française, Paris, Presses Universitaires de France, 1981.

OLERON P. et HERREN M., L'acquisition des conservations et le langage. Etude comparative sur des enfants sourds et entendants. *Enfance*, 1961, 201-219.

OLERON P., *Langage et développement mental*. Bruxelles: Dessart, 1973.

OSGOOD C., *Lectures on language performance*. New York: Springer, 1980.

OSOFSKY J. (ed.), *Handbook of infant development*. New York: Wiley, 1979.

PAYNE S., *Rubinsthein and the philosophical foundation of Soviet psychology*. New York: Humanities Press, 1968.

PELISSIER P., *Iconographie des signes faisant partie de l'enseignement primaire des sourds-muets*. Paris: Dupont, 1856.

PERIER O., Position du Cued Speech par rapport aux autres méthodes. *In Journée d'Etude de l'Association pour la Promotion et le Développement du LPC, 1983*.

PIAGET J., *La formation du symbole chez l'enfant*. Neuchâtel: Delachaux et Niestlé, 1945.

PIAGET J., Le langage et la pensée. In *Six Etudes de Psychologie*. Genève: Gonthier, 1964.

PIAGET J., Revue de Bruner, J.S. et al., Studies in Cognitive growth. *Contemporary Psychology*, 1967, *12*, 530-532.

PIAGET J., *Le structuralisme*. Paris: Presses Universitaires de France, 1968.

PINTNER R., FUEFELD I. et BRUNSWIG L., Personality tests of deaf adults. *Journal of Genetic Psychology*, 1937, *51*, 305-317.

PINTNER R., EISENSON J. et STANTON M., *The psychology of the physically handicapped*. New York: Crafts, 1941.
PORTER T.A., Hearing aids in a presidential school. *American Annals of the Deaf*, 1973, *118*, 31-33.
PREMACK D., A functionnal analysis of language. *Journal of the Experimental Analysis of Behavior*, 1970, *14*, 107-125.
QUIGLEY S. et KRETSCHMER R.E., *The education of deaf children. Issues, theory and practice*. Baltimore: University Park Press, 1982.
QUIGLEY S., *The influence of fingerspelling on the development of language, communication and educational achievement in deaf children*, Urbana, Illinois: Institute for Research on Exceptional Children, 1969.
RAINER J. et ALTSHULER K., (eds), *Comprehensive mental health services for the deaf*. New York: Columbia University Press, 1966.
RAINER J. et ALTSHULER K. (eds), *Psychiatry and the deaf*. Washington, D.C.: Department of Health, Education and Welfare, Social and Rehabilitation Service, 1967.
RAINER J. et ALTSHULER K. (eds), *Expanded mental health for the deaf*. Washington, D.C.: Department of Health Education and Welfare, Social and Rehabilitation Service, 1970.
REMY VALADE M.L., *Etude sur la lexicologie et la grammaire du langage naturel des signes*, Paris, 1854.
RICHELLE M., *L'acquisition du langage*, Bruxelles: Dessart, 1971.
RONDAL J.A., Deaf Children: Language development an education. *Psychologica Belgica*, 1975, *15*, 63-74.
RONDAL J.A., *Langage et éducation*. Bruxelles: Mardaga, 1978.
RONDAL J.A., Verbal imitation by Down syndrome and nonretarded children. *American Journal of Mental Deficiency*, 1980, *85*, 318-321.
RONDAL J.A., *L'interaction adulte-enfant et la construction du langage*. Bruxelles: Mardaga, 1983.
RONDAL J.A., *Adult-child interaction and the process of language acquisition*. New York: Praeger, 1985(a).
RONDAL J.A., *Langage et communication chez les handicapés mentaux: Théorie, évaluation et intervention*. Bruxelles: Mardaga, 1985(b).
RONDAL J.A. et BREDART S., Le développement linguistique. In J.A. Rondal et X. Seron (eds) *Troubles du Langage. Diagnostic et rééducation*. Bruxelles: Mardaga, 1982.
ROSENSTEIN J., Perception, cognition and language in deaf children. *Exceptional Children*, 1961, *27*, 276-284.
RUMBAUGH D., GILL T. et VON GLASERFELD E., Reading and sentence completion by a chimpanzee. *Science*, 1973, *182*, 731-733.
SALOMAN J., Psychiatric implications of deafness. *Mental Hygiene*, 1943, *17*, 37-52.
SCHLESINGER I. et MEADOW K., *Sound and sign: Childhood deafness and mental health*. Berkeley: University of California Press, 1972(a).
SCHLESINGER I. et MEADOW K., Development of maturity in deaf children. *Exceptional Children*, 1972, *39*, 461-487(b).
SCHLESINGER I., The grammar of sign language and the problems of language unversals. In J. Morton (ed.), *Biological and social factors in psycholinguistics*. London: Logos Press, 971.
SCHLESINGER I., The acquisition of bimodal language. In I. Schlesinger et L. Namir (eds), *Sign language of the deaf: Psychological, linguistic and sociological perspectives*. New York: Academic Press, 1978.

SCHLESINGER I. et NAMIR L., *Sign language of the deaf. Psychological, linguistic and sociological perspectives.* New York: Academic Press, 1978.
SEILER H., Semantic information in grammar. The problem of syntactical relations. *Semiotica,* 1970, *2,* 321-334.
SICARD, Abbé A., *Théorie des signes ou introduction à l'étude des langues.* Paris, 1808.
SKINNER B.F., *Verbal behavior.* New York: Appleton Century Crofts, 1957.
SLOBIN D., Communication personnelle, mai 1981.
SLOBIN D. et WELSH C.A., Elicited imitations as a research tool in development psycholinguistics. In A. Ferguson et D. Slobin (eds) *Studies of Child Language Development.* New York: Holt, Rinehart and Winston, 1973.
SMEDSLUND J., Les origines sociales de la décentration. *In Psychologie et épistémologie génétiques* (Hommage à Jean Piaget). Paris: Dunod, 1966.
SOKOLOV A.N., Speech motor afferentation and the problem of brain mechanism of thought. *Voprosy Psikologii,* 1967, *13,* 18-25.
SOMMER R., *Personal space.* Englewood Cliffs, New Jersey: Prentice Hall, 1969.
STEIN L., MERRIL N. et DALHBERG P., *Counseling parents of hearing impaired children: A psychotherapeutic model.* Communication présentée à l'American Speech and Hearing Association National Convention, Las Vegas, Nevada, 1974.
STOEVESAND B., *Tansend Tanbstummengebärden.* Berlin: Bruckner, 1970.
STOKOE W., *Sign language structure.* Studies in linguistics, Occasional Paper n" 8, University of Buffalo, Buffalo, 1958.
STOKOE W., *Sign language structure: An outline of the visual communication systems of the American deaf.* Studies in Linguistic, Occasional Papers n" 12. University of Buffalo, Buffalo, 1960.
STOKOE W., *Semiotics and human sign languages.* La Haye: Mouton, 1972(a).
STOKOE W., *The study of sign language.* Silver Spring, Maryland: National Association of the Deaf, 1972(b).
STOKOE W., *Sign syntax and human language capacity. Forum lecture in the Linguistics Institute,* Ann Arbor, Michigan, 1973(a).
STOKOE, W., *Linguistics, sign language and total communication.* Manuscrit non publié, Washington, D.C., Gallaudet College, 1973(b).
STOKOE W., Classification and description of sign languages. In T.A. Sebeok (ed.), *Current trends in Linguistics.* La Haye: Mouton, 1974.
STOKOE W., The use of sign language in teaching English. In J. Maestas y Moores (ed.), *Proceeding of the Minnesota Special Study Institute in Education of the Deaf.* Minneapolis: University of Minnesota, 1975.
STOKOE W., Problems in sign language research. In I.M. Schlesinger et L. Namir (eds), *Sign language of the deaf. Psychological, linguistic and sociological perspectives.* New York: Academic Press, 1978.
STOKOE W., CASTERLINE D. et CRONEBERG C., *A dictionnary of American Sign Language.* Silver Spring, Maryland: Linstok Press, 1976.
STOLOFF L., DENNIS Z. et MATTHEN R., American Annals of the Deaf, 1978, *123,* 452-459.
STUCKLESS E. et BIRCH J., The influence of early manual communication on the linguistic development of deaf children. *American Annals of the Deaf,* 1965, *11,* 452-460, 499-504.
SUPPES P., *A survey of cognition in handicapped children.* (Technical Report n" 197). Institute for Mathematical Studies in the Social Sciences, Stanford University, 1972.
SUZUKI T. et OGIBA Y., Conditioned orientation reflex audiometry. *Archives of Otolaryngology,* 1961, *74,* 192-198.
TERVOORT B.T., Esoteric symbolism in the communication behavior of young deaf children. *American Annals of the Deaf,* 1961, *106,* 436-480.

TERVOORT B. et VERBECK A., *Analysis of communicative structure patterns in deaf children*. Groningen: Onderzoek, 1967.
THYBUS R.J. et KARSCHMER M.A., School achievement scores of hearing impaired children: National data on achievement status and growth patterns. *American Annals of the Deaf*, 1977, *122*, 62-69.
TWENEY R. et HOEMAN H., Back translation: A method for the analysis of manual languages. *Sign Language Studies*, 1973, *2*, 51-72.
TYLOR E., The gesture language. *American Annals of the Deaf*. 1881, *23*, 162-178, 251-260.
VAN HOUT A. et SERON X., *L'aphasie de l'enfant*. Bruxelles: Mardaga, 1983.
VERNON M., Relationship of language to the thinking process. *Archives of Genetic Psychiatry*, 1967, *16*, 325-333.
VYGOTSKY L.S., *Thought and language*. Cambridge: Mass. The MIT Press, 1962.
VYGOTSKY L.S., (M. Cole, V. John-Steiner, A. Scribner et G. Souberman, éditeurs), *Mind in society: the development of higher psychological process*. Cambridge, Mass.: Harvard University Press, 1978.
VYGOTSKY L.S., *The genesis of higher mental functions*. In J. Werstsch (ed.), *The concept of activity in soviet psychology*. New York: Sharpe, 1981.
WALES R., Comparing and contrasting. In J. Morton (ed.), *Biological and social factors in psycholinguistics. Londres: Logos Press, 1971.*
WEST L.M., *The sign language: An analysis* (2 Vol.). Ann Arbor, Michigan, University Microfilms, 1960.
WILBUR R. et JONES M., Some aspects of the bilingual/bimodal acquisition of sign language and English by three hearing children of deaf parents. In M. La Galy, R. Fox et A. Bruck (eds), *Paper from the tenth Regional Meeting of the Chicago Linguistic Society*. Chicago: Linguistic Society, 1974.
WOLK S., KARSCHMER M. et SCHILDROTH A., *Patterns of academic and non academic integration among hearing impaired students in special education*, Washington, D.C.: Gallaudet College, Center for Assessment and Demographic Studies, 1982.
WUNDT W., *Volkerpsychologie. Die Sprache* (Vol. 1, parties 1 et 2). Leipzig: Engelmann, 1900.
WUNDT W., *Die Sprache*. Leipzig: Engelmann, 1904.
ZHINKIN N., *Mechanisms of speech* (traduit du russe). La Haye: Mouton, 1968.
ZHOU, Y., The chinese finger alphabet and the chinese finger syllabary. *Sign Language Studies*, 1980, *28*, 209-216.
ZINK G.D., Hearing aids children wear: A longitudinal study of performance. *Volta Review*, 1972, *74*, 41-51.

CHEZ LE MÊME ÉDITEUR

PSYCHOLOGIE ET SCIENCES HUMAINES
collection publiée sous la direction de MARC RICHELLE

1 Dr Paul Chauchard : LA MAITRISE DE SOI. *9ᵉ éd.*
7 Paul-A. Osterrieth : FAIRE DES ADULTES. *16ᵉ éd.*
9 Daniel Widlöcher : L'INTERPRETATION DES DESSINS D'ENFANTS. *9ᵉ éd.*
11 Berthe Reymond-Rivier : LE DEVELOPPEMENT SOCIAL DE L'ENFANT ET DE L'ADOLESCENT. *9ᵉ éd.*
22 H. T. Klinkhamer-Steketée : PSYCHOTHERAPIE PAR LE JEU. *3ᵉ éd.*
24 Marc Richelle : POURQUOI LES PSYCHOLOGUES? *6ᵉ éd.*
25 Lucien Israel : LE MEDECIN FACE AU MALADE. *5ᵉ éd.*
26 Francine Robaye-Geelen : L'ENFANT AU CERVEAU BLESSE. *2ᵉ éd.*
27 B.F. Skinner : LA REVOLUTION SCIENTIFIQUE DE L'ENSEIGNEMENT. *3ᵉ éd.*
29 J.C. Ruwet : ETHOLOGIE : BIOLOGIE DU COMPORTEMENT. *3ᵉ éd.*
38 B.-F. Skinner : L'ANALYSE EXPERIMENTALE DU COMPORTEMENT. *2ᵉ éd.*
40 R. Droz et M. Rahmy : LIRE PIAGET. *3ᵉ éd.*
42 Denis Szabo, Denis Gagné, Alice Parizeau : L'ADOLESCENT ET LA SOCIETE. *2ᵉ éd.*
43 Pierre Oléron : LANGAGE ET DEVELOPPEMENT MENTAL. *2ᵉ éd.*
45 Gertrud L. Wyatt : LA RELATION MERE-ENFANT ET L'ACQUISITION DU LANGAGE. *2ᵉ éd.*
49 T. Ayllon et N. Azrin : TRAITEMENT COMPORTEMENTAL EN INSTITUTION PSYCHIATRIQUE
52 G. Kellens : BANQUEROUTE ET BANQUEROUTIERS
55 Alain Lieury : LA MEMOIRE
58 Jean-Marie Paisse : L'UNIVERS SYMBOLIQUE DE L'ENFANT ARRIERE MENTAL
59 Jacques Van Rillaer : L'AGRESSIVITE HUMAINE
61 Jérôme Kagan : COMPRENDRE L'ENFANT
62 Michel S. Gazzaniga : LE CERVEAU DEDOUBLE
64 X. Seron, J.L. Lambert, M. Van der Linden : LA MODIFICATION DU COMPORTEMENT
65 W. Huber : INTRODUCTION A LA PSYCHOLOGIE DE LA PERSONNALITE. *2ᵉ éd.*
66 Emile Meurice : PSYCHIATRIE ET VIE SOCIALE
67 J. Château, H. Gratiot-Alphandéry, R. Doron et P. Cazayus : LES GRANDES PSYCHOLOGIES MODERNES
68 P. Sifnéos : PSYCHOTHERAPIE BREVE ET CRISE EMOTIONNELLE
69 Marc Richelle : B.F. SKINNER OU LE PERIL BEHAVIORISTE
70 J.P. Bronckart : THEORIES DU LANGAGE
71 Anika Lemaire : JACQUES LACAN. *2ᵉ éd. revue et augmentée.*
72 J.L. Lambert : INTRODUCTION A L'ARRIERATION MENTALE
73 T.G.R. Bower : DEVELOPPEMENT PSYCHOLOGIQUE DE LA PREMIERE ENFANCE
74 J. Rondal : LANGAGE ET EDUCATION
75 Sheila Kitzinger : PREPARER A L'ACCOUCHEMENT
76 Ovide Fontaine : INTRODUCTION AUX THERAPIES COMPORTEMENTALES
77 Jacques-Philippe Leyens : PSYCHOLOGIE SOCIALE. *2ᵉ éd.*
78 Jean Rondal : VOTRE ENFANT APPREND A PARLER
79 Michel Legrand : LE TEST DE SZONDI
80 H.J. Eysenck : LA NEVROSE ET VOUS
81 Albert Demaret : ETHOLOGIE ET PSYCHIATRIE
82 Jean-Luc Lambert et Jean A. Rondal : LE MONGOLISME
83 Albert Bandura : L'APPRENTISSAGE SOCIAL
84 Xavier Seron : APHASIE ET NEUROPSYCHOLOGIE
85 Roger Rondeau : LES GROUPES EN CRISE?

86 J. Danset-Léger : L'ENFANT ET LES IMAGES DE LA LITTERATURE ENFANTINE
87 Herbert S. Terrace : NIM. UN CHIMPANZE QUI A APPRIS LE LANGAGE GESTUEL
88 Roger Gilbert : BON POUR ENSEIGNER?
89 Wing, Cooper et Sartorius : GUIDE POUR UN EXAMEN PSYCHIATRIQUE
90 Jean Costermans : PSYCHOLOGIE DU LANGAGE
91 Françoise Macar : LE TEMPS, PERSPECTIVES PSYCHOPHYSIOLOGIQUES
92 Jacques Van Rillaer : LES ILLUSIONS DE LA PSYCHANALYSE. 2e éd.
93 Alain Lieury : LES PROCEDES MNEMOTECHNIQUES
94 Georges Thinès : PHENOMENOLOGIE ET SCIENCE DU COMPORTEMENT
95 Rudolph Schaffer : COMPORTEMENT MATERNEL
96 Daniel Stern : MERE ET ENFANT, LES PREMIERES RELATIONS
97 R. Kempe & C. Kempe : L'ENFANCE TORTUREE
98 Jean-Luc Lambert : ENSEIGNEMENT SPECIAL ET HANDICAP MENTAL
99 Jean Morval : INTRODUCTION A LA PSYCHOLOGIE DE L'ENVIRONNEMENT
100 Pierre Oleron et al. : SAVOIRS ET SAVOIR-FAIRE PSYCHOLOGIQUES CHEZ L'ENFANT
101 Bernard I. Murstein : STYLES DE VIE INTIME
102 Rondal/Lambert/Chipman : PSYCHOLINGUISTIQUE ET HANDICAP MENTAL
103 Brédart/Rondal : L'ANALYSE DU LANGAGE CHEZ L'ENFANT
104 David Malan : PSYCHODYNAMIQUE ET PSYCHOTHERAPIE INDIVIDUELLE
105 Philippe Muller : WAGNER PAR SES REVES
106 John Eccles : LE MYSTERE HUMAIN
107 Xavier Seron : REEDUQUER LE CERVEAU
108 Moreau/Richelle : L'ACQUISITION DU LANGAGE
109 Georges Nizard : ANALYSE TRANSACTIONNELLE ET SOIN INFIRMIER
110 Howard Gardner : GRIBOUILLAGES ET DESSINS D'ENFANTS, LEUR SIGNIFICATION
111 Wilson/Otto : LA FEMME MODERNE ET L'ALCOOL
112 Edwards : DESSINER GRACE AU CERVEAU DROIT
113 Rondal : L'INTERACTION ADULTE-ENFANT
114 Blancheteau : L'APPRENTISSAGE CHEZ L'ANIMAL
115 Boutin : FORMATION ET DEVELOPPEMENTS
116 Húsen : L'ECOLE EN QUESTION
117 Ferrero/Besse : L'ENFANT ET SES COMPLEXES
118 R. Bruyer : LE VISAGE ET L'EXPRESSION FACIALE
119 J.P. Leyens : SOMMES-NOUS TOUS DES PSYCHOLOGUES?
120 J. Château : L'INTELLIGENCE OU LES INTELLIGENCES?
121 M. Claes : L'EXPERIENCE ADOLESCENTE
122 J. Hayes et P. Nutman : COMPRENDRE LES CHOMEURS
123 S. Sturdivant : LES FEMMES ET LA PSYCHOTHERAPIE
124 A. Pomerleau et G. Malcuit : L'ENFANT ET SON ENVIRONNEMENT
125 A. Van Hout et X. Seron : L'APHASIE DE L'ENFANT
126 A. Vergote : RELIGION, FOI, INCROYANCE
127 Sivadon/Fernandez-Zoïla : TEMPS DE TRAVAIL, TEMPS DE VIVRE
128 Born : JEUNES DEVIANTS OU DELINQUANTS JUVENILES?
129 Hamers/Blanc : BILINGUALITE ET BILINGUISME
130 Legrand : PSYCHANALYSE, SCIENCE, SOCIETE
131 Le Camus : PRATIQUES PSYCHOMOTRICES
132 Lars Fredén : ASPECTS PSYCHOSOCIAUX DE LA DEPRESSION
133 Mount : LA FAMILLE SUBVERSIVE
134 Magerotte : MANUEL D'EDUCATION COMPORTEMENTALE CLINIQUE
135 Dailly/Moscato : LATERALISATION ET LATERALITE CHEZ L'ENFANT
136 Bonnet/Tamine-Gardes : QUAND L'ENFANT PARLE DU LANGAGE
137 Bruyer : LES SCIENCES HUMAINES ET LES DROITS DE L'HOMME

138 Taulelle : L'ENFANT A LA RENCONTRE DU LANGAGE
139 de Boucaud : PSYCHOLOGIE DE L'ENFANT ASTHMATIQUE
140 Duruz : NARCISSE EN QUETE DE SOI
141 Feyereisen/de Lannoy : PSYCHOLOGIE DU GESTE
142 Florin et al. : LE LANGAGE A L'ECOLE MATERNELLE
143 Debuyst : MODELE ETHOLOGIQUE ET CRIMINOLOGIE
144 Ashton/Stepney : FUMER
145 Winkel et al. : L'IMAGE DE LA FEMME DANS LES LIVRES SCOLAIRES
146 Bideau/Richelle : PSYCHOLOGIE DEVELOPPEMENTALE
147 Schmid-Kitsikis : THEORIE CLINIQUE ET FONCTIONNEMENT MENTAL
148 Guggenbühl/Craig : POUVOIR ET RELATION D'AIDE
149 Rondal : LANGAGE ET COMMUNICATION CHEZ LES HANDICAPES MENTAUX
150 Moscato et al. : FONCTIONNEMENT COGNITIF ET INDIVIDUALITE
151 Château : L'HUMANISATION OU LES PREMIERS PAS DES VALEURS HUMAINES
152 Avery/Litwack : NEE TROP TOT
153 Rondal : LE DEVELOPPEMENT DU LANGAGE CHEZ L'ENFANT TRISOMIQUE 21
154 Kellens : QU'AS-TU FAIT DE TON FRERE?
155 Rondal/Henrot : LE LANGAGE DES SIGNES
156 Lafontaine : LE PARTI PRIS DES MOTS
157 Bonnet/Hoc/Tiberghien : AUTOMATIQUE, INTELLIGENCE ARTIFICIELLE ET PSYCHOLOGIE
158 Giovannini et al. : PSYCHOLOGIE ET SANTE
159 Wilmotte et al. : LE SUICIDE
160 Giurgea : L'HERITAGE DE PAVLOV
161 Ionescu : MANUEL D'INTERVENTION EN DEFICIENCE MENTALE N° 1
162 Ionescu : MANUEL D'INTERVENTION EN DEFICIENCE MENTALE N° 2
163 Pieraut-Le Bonniec : CONNAITRE ET LE DIRE
164 Huber : PSYCHOLOGIE CLINIQUE AUJOURD'HUI
165 Rondal et al. : PROBLEMES DE PSYCHOLINGUISTIQUE
166 Slukin : LE LIEN MATERNEL
167 Baudour : L'AMOUR CONDAMNE
168 Wilwerth : VISAGES DE LA LITTERATURE FEMININE
169 Edwards : VISION, DESSIN, CREATIVITE
170 Lutte : LIBERER L'ADOLESCENCE
171 Defays : L'ESPRIT EN FRICHE
172 Broome Walace : PSYCHOLOGIE ET PROBLEMES GYNECOLOGIQUES
173 Aimard : LES BEBES DE L'HUMOUR
174 Perruchet : LES AUTOMATISMES COGNITIFS
175 Bawin-Legros : FAMILLES, MARIAGE, DIVORCE
176 Pourtois/Desmet : EPISTEMOLOGIE ET INSTRUMENTATION EN SCIENCES HUMAINES
177 Sloboda : L'ESPRIT MUSICIEN
178 Fraisse : POUR LA PSYCHOLOGIE SCIENTIFIQUE
179 Ruffiot : PSYCHOLOGIE DU SIDA
180 McAdams/Deliège : LA MUSIQUE ET LES SCIENCES COGNITIVES
181 Argentin : QUAND FAIRE C'EST DIRE...
182 Van der Linden : LES TROUBLES DE LA MEMOIRE
183 Lecuyer : BEBES ASTRONOMES, BEBES PSYCHOLOGUES : L'INTELLIGENCE DE LA 1re ANNEE
184 Immelmann : DICTIONNAIRE DE L'ETHOLOGIE
185 Collectif : ACTEUR SOCIAL ET DELINQUANCE
186 Fontana : GERER LE STRESS
187 Bouchard : DE LA PHENOMENOLOGIE A LA PSYCHANALYSE
188 Chanceaulme : MOURIR, ULTIME TENDRESSE
189 Rivière : LA PSYCHOLOGIE DE VYGOTSKY

190 Lecoq : APPRENTISSAGE DE LA LECTURE ET DYSLEXIE
191 de Montmolin/Amalberti/Theureau : MODÈLES DE L'ANALYSE DU TRAVAIL
192 Minary : MODÈLES SYSTÉMIQUES ET PSYCHOLOGIE
193 Grégoire : ÉVALUER L'INTELLIGENCE DE L'ENFANT
194 Gommers/van den Bosch/de Aguilar : POUR UNE VIEILLESSE AUTONOME
195 Van Rillaer : LA GESTION DE SOI
196 Lecas : L'ATTENTION VISUELLE
197 Macquet : TOXICOMANIES ET FORMES DE LA VIE QUOTIDIENNE
198 Giurgea : LE VIEILLISSEMENT CÉRÉBRAL
199 Pillon : LA MÉMOIRE DES MOTS
200 Pouthas/Jouen : LES COMPORTEMENTS DU BÉBÉ : EXPRESSION DE SON SAVOIR ?
201 Montangero/Maurice-Naville : PIAGET OU L'INTELLIGENCE EN MARCHE
202 Colin A. Epsie : LE TRAITEMENT PSYCHOLOGIQUE DE L'INSOMNIE
203 Samalin-Amboise : VIVRE À DEUX
204 Bourhis/Leyens : STÉRÉOTYPES, DISCRIMINATION ET RELATIONS INTERGROUPES
205 Feltz/Lambert : ENTRE LE CORPS ET L'ESPRIT
206 Francès : MOTIVATION ET EFFICIENCE AU TRAVAIL
207 Houziaux : ÉDUCATION DU PATIENT ET ORDINATEUR
208 Roques : SORTIR DU CHÔMAGE
209 Bléandonu : L'ANALYSE DES RÊVES ET LE REGARD MENTAL
210 Born/Delville/Mercier/Snad/Beeckmans : LES ABUS SEXUELS D'ENFANTS
211 Siguan : L'EUROPE DES LANGUES
212 de Bonis : CONNAÎTRE LES ÉMOTIONS HUMAINES
213 Retschitzki/Gurtner : L'ENFANT ET L'ORDINATEUR
214 Leyens/Yzerbyt/Schadron : STÉRÉOTYPES ET COGNITION SOCIALE

Manuels et Traités

    Droz-Richelle : MANUEL DE PSYCHOLOGIE
    Hurtig-Rondal : MANUEL DE PSYCHOLOGIE DE L'ENFANT (Tome 1)
    Hurtig-Rondal : MANUEL DE PSYCHOLOGIE DE L'ENFANT (Tome 2)
    Hurtig-Rondal : MANUEL DE PSYCHOLOGIE DE L'ENFANT (Tome 3)
    Rondal-Seron : LES TROUBLES DU LANGAGE (DIAGNOSTIC ET REEDUCATION)
    Fontaine/Cottraux/Ladouceur : CLINIQUES DE THERAPIE COMPORTEMENTALE
    Godefroid : LES CHEMINS DE LA PSYCHOLOGIE